_____

Para

_____

De

_____

Fecha

Historias bíblicas para la familia

LAS
MARAVILLOSAS
OBRAS DE DIOS

Historias bíblicas para la familia

LAS MARAVILLOSAS OBRAS DE DIOS

Escrito por STARR MEADE
Ilustrado por TIM O'CONNOR

Tyndale House Publishers, Inc.
Carol Stream, Illinois, EE. UU.

Visite Tyndale para niños: tyndale.com/kids.

TYNDALE y el logotipo de la pluma son marcas registradas de Tyndale House Publishers, Inc. El logotipo de Tyndale Niños y el logotipo de Tyndale Kids son marcas de Tyndale House Publishers, Inc.

Las maravillosas obras de Dios: Historias bíblicas para la familia

© 2019 por Starr Meade (texto) y Tim O'Connor (ilustraciones). Todos los derechos reservados.

Originalmente publicado en inglés por Crossway, un ministerio editorial de Good News Publishers, Wheaton, IL 60187, EE. UU., con el título *Wondrous Works of God: A Family Bible Story Book* © 2012 por Starr Meade (texto) y Tim O'Connor (ilustraciones). Esta edición fue publicada bajo acuerdo con Crossway. Todos los derechos reservados.

Wondrous Works of God: A Family Bible Story Book copyright © 2012 Starr Meade (text) and Tim O'Connor (illustrations). Published by Crossway, a publishing ministry of Good News Publishers, Wheaton, IL 60187, U.S.A. This edition published by arrangement with Crossway. All rights reserved.

Ilustraciones de la portada y del interior: Tim O'Connor

Traducción al español: Adriana Powell Traducciones

Edición en español: Christine Kindberg

Las citas bíblicas sin otra indicación han sido tomadas de la *Santa Biblia*, Nueva Traducción Viviente, © 2010 Tyndale House Foundation. Usada con permiso de Tyndale House Publishers, Inc., 351 Executive Dr., Carol Stream, IL 60188, Estados Unidos de América. Todos los derechos reservados.

Las citas bíblicas indicadas con NVI han sido tomadas de la Santa Biblia, *Nueva Versión Internacional,*® *NVI.*® © 1999 por Biblica, Inc.® Usada con permiso. Todos los derechos reservados mundialmente.

Las citas bíblicas indicadas con RVR60 han sido tomadas de la versión Reina-Valera © 1960 Sociedades Bíblicas en América Latina; © renovado 1988 Sociedades Bíblicas Unidas. Usada con permiso. Reina-Valera 1960® es una marca registrada de la American Bible Society, y se puede usar solamente bajo licencia.

Para información sobre la fabricación de este producto, favor de llamar al 1-800-323-9400.

Para información acerca de descuentos especiales para compras al por mayor, por favor contacte a Tyndale House Publishers a través de espanol@tyndale.com.

Library of Congress Cataloging-in-Publication Data
Names: Meade, Starr, date- author.
Title: Las maravillosas obras de Dios : historias bíblicas para la familia / Starr Meade.
Description: Carol Stream, Illinois, EE. UU. : Tyndale House Publishers, Inc., [2019] | Translation of: Wondrous works of God. | Audience: Ages 4-8.
Identifiers: LCCN 2018061453 | ISBN 9781496438348 (hc)
Subjects: LCSH: Bible stories, English. | Reformed Church—Doctrines.
Classification: LCC BS511.3 .M42513 2019 | DDC 220.9/505—dc23 LC record available at https://lccn.loc.gov/2018061453

Impreso en China
Printed in China

25 24 23 22 21 20 19
 7   6   5   4   3   2   1

*Para las dos más recientes demostraciones de
la gracia de Dios a nuestra familia: Rhyon y Maddex.
Que Dios se les revele por el resto de sus vidas.*

Contenido

Una nota de la autora para los padres .14

1. Dios crea a Eva 17
2. Caín mata a Abel 20
3. Job sufre y confía en Dios 23
4. Abram rescata a Lot 26
5. Abraham ora por Lot y este se salva 29
6. Agar e Ismael 32
7. Dios provee una esposa para Isaac .35
8. Jacob, Raquel y el resto de la familia 38
9. Jacob lucha con Dios 41
10. Dios salva al bebé Moisés 45
11. La primera Pascua 48
12. Moisés ve la gloria de Dios 51
13. El informe de los doce espías 54
14. La rebelión de Coré 57
15. La serpiente en el poste 60

16. Balaam y la burra 63

17. Derrotados en Hai. 66

18. El sol se detiene. 69

19. Dios usa a Débora y a Barac 72

20. Gedeón y la lana de oveja 75

21. Noemí, Rut y Booz. 78

22. Ana pide un hijo 81

23. Dios llama a Samuel como profeta 84

24. Un ídolo cae delante de Dios 87

25. Saúl y Jonatán 90

26. Saúl persigue a David. 93

27. David y Abigail. 96

28. Muere Saúl y David es coronado rey. 99

29. David huye de Absalón 102

30. David hace un censo. 105

31. David reúne dinero para un templo. 108

32. Ascenso y caída de Salomón. 111

33. El viñedo de Nabot 114

34. Micaías da un mensaje de Dios a Acab. 117

35. Josafat envía un coro a la batalla 120

36. Elías y el rey Ocozías 123

37. Eliseo reemplaza a Elías. 127

38. Eliseo ayuda a una viuda 130

39. Eliseo resucita a un niño de la muerte 133

40. Eliseo promete que habrá comida 136

41. Joás escapa de Atalía 139

42. Oseas y su esposa. 142

43. La soberbia de Uzías. 145

44. Isaías promete un Salvador. 148

45. Ezequías y Manasés 151

46. La queja de Habacuc. 154

47. Las reformas de Josías 157

48. La fidelidad de Jeremías. 160

49. Jeremías y la caída de Jerusalén 163

50. La gloria de Dios abandona su templo 166

51. Ezequiel tiene una visión de huesos secos. 169

52. Ezequiel recibe una visión del nuevo templo. 172

53. Daniel: joven, anciano y fiel 175

54. La visión de Daniel 178

55. Nehemías reconstruye los muros de Jerusalén. 181

56. El ángel se aparece a María. 184

57. Los pastores adoran a Jesús 187

58. El niño Jesús en el templo 190

59. Juan da testimonio de Jesús 193

60. Jesús transforma el agua en vino. 196

61. Jesús llama a Mateo 199

62. Jesús explica la ley del día de descanso 202

63. Jesús elige a doce apóstoles 205

64. Jesús sana al siervo de un centurión 208

65. Jesús resucita al hijo de una viuda 211

66. Una mujer pecadora recibe el perdón 214

67. Jesús resucita a la hija de Jairo 217

68. Jesús camina sobre el agua 220

69. Pedro confiesa a Jesús como el Cristo 223

70. El siervo que no perdona 226

71. La parábola del rico insensato 229

72. Dos parábolas: La moneda perdida y la oveja perdida 232

73. Jesús sana a diez leprosos 235

74. El joven rico 238

75. La parábola del gran banquete 241

76. La parábola de los agricultores malvados 244

77. La parábola de las diez jóvenes 247

78. La parábola de los talentos 250

79. Jesús lava los pies de sus discípulos 253

80. Jesús es arrestado y juzgado....................... 256

81. Jesús muere en la cruz 259

82. Jesús resucita de la muerte 262

83. Jesús establece la gran comisión 265

84. El sermón de Pedro en Pentecostés 268

85. La iglesia primitiva enfrenta pruebas 271

86. La iglesia elige a siete para servir................... 274

87. Un ángel libera a Pedro de la prisión 277

88. La iglesia envía misioneros 280

89. El naufragio y la mordedura de víbora 283

90. El dragón y el bebé 286

UNA NOTA DE LA AUTORA PARA LOS PADRES

Ante todo, la Biblia es un relato. Eso es maravilloso, por dos razones.

Es maravilloso que la Biblia sea ante todo un relato porque marca una diferencia entre el cristianismo y las demás religiones que existen. Otras religiones están compuestas por un conjunto de principios, filosofías nobles o normas sobre el modo de vivir. Cuando incluyen narraciones, se tratan con frecuencia de cosas que ocurrieron en un tiempo o un lugar oculto a los ojos de la gente común. No es así en el caso de la Biblia. Los grandes sucesos de la Biblia, indispensables para su enseñanza, ocurrieron en momentos concretos de la historia, en lugares reales. Los registros de la historia y de la arqueología concuerdan con el registro bíblico. Los grandes sucesos de la Biblia tuvieron testigos presenciales. Es más, los escritores del Nuevo Testamento y los apóstoles, y aun el propio Jesús, insistieron con fuerza en que los milagros de Jesús, su muerte en la cruz y su resurrección no habían ocurrido en secreto: sucedieron allí, a la luz, y mucha gente los vio. Una religión que se basa en supuestos sucesos que nadie vio, o en la imaginación y las ideas de un ser humano caído (no importa lo sabias que sean), sencillamente no puede compararse con una religión que se basa en la irrupción de Dios en la historia humana por medio de sucesos que la gente vio y oyó. Es algo maravilloso para nuestra confianza en la Palabra de Dios el hecho de que una gran parte de ella sea un relato.

Que la Biblia sea ante todo un relato también es maravilloso porque nos facilita trasmitírsela a los niños. Los niños y las niñas piensan de manera concreta. Piensan elaborando ejemplos. A menudo, cuando se le pide a un niño que defina una palabra que conoce —digamos «compasión»—, su respuesta será algo como esto: «La compasión es como... digamos que estás caminando por la acera y ves a un niño pequeño caerse, tal vez se cae de su bici, se lastima la rodilla y está llorando, y vas y lo ayudas». Los niños definen los términos pensando en ejemplos sobre el modo en que las cosas se ven en la vida real. Queremos enseñarles a nuestros hijos acerca del Dios a quien amamos y adoramos. No hay conceptos tan grandiosos y tan abstractos (y, en consecuencia, tan difíciles) como las verdades acerca de Dios. Es muy bueno, entonces, para nosotros y para nuestros hijos, que Dios quiera ser conocido. Por eso no solo nos dice cómo es él; nos lo muestra. Dios se revela en los relatos. Comenzando con una narración de cómo llegó todo a existir, en Génesis 1, y siguiendo hasta el relato de lo que ocurrirá al final, Dios nos ofrece una historia. Es la más grande de las aventuras, el romance más dulce, la épica más extraordinaria del bien contra el mal en el universo. Es el registro de la decisión de Dios de formar un pueblo que sería su pueblo, al que se proponía amar y bendecir eternamente; y para lograrlo, se propuso hacer todo lo que fuera necesario, aun en contra de tremendas dificultades. Los niños pueden ver a Dios en las Escrituras por medio de los relatos de lo que él hizo por su pueblo... y nosotros también podemos verlo.

Sin embargo, es imprescindible que leamos los relatos de la Biblia de manera correcta. Cuando leemos los relatos como si fueran unidades aisladas, los sacamos de contexto. Lea un capítulo de una novela de Dickens al azar o, peor todavía, lea una sola página al azar, y tendrá una idea completamente inadecuada de lo que el autor está tratando de comunicar o de cómo realmente es el personaje de esa página. Muchos de nosotros leemos —y enseñamos— la Biblia de ese modo. Tratamos de encontrar el sentido de un relato suelto y aislado. Por consiguiente, no llegamos a reconocer lo que Dios revela de sí mismo mientras obra hacia la salvación de su pueblo. Debemos pensar en términos de la maravillosa historia completa de la redención de Dios. Esa historia de la salvación comenzó cuando Dios creó el mundo, continuó con su promesa de un remedio para la caída, quedó expresada por medio de sus pactos, creció y se desarrolló en el transcurso de su interacción con su pueblo en el Antiguo Testamento y, finalmente, floreció en toda su gloria cuando vino Jesús, como había sido siempre su propósito, a morir y resucitar por su pueblo.

Cada relato bíblico debe ser narrado a la luz de esta gran historia. Debemos preguntarnos: ¿Cómo encaja este relato en la historia de la salvación que Dios provee en Cristo? Debemos buscar lo que Dios revela de sí mismo por medio de lo que hace aquí, en esta historia.

Con esta meta en mente ha sido escrita esta colección de relatos bíblicos. En el texto incluimos con letras de color afirmaciones que resumen las verdades centrales de nuestra fe cristiana, y términos teológicos que posiblemente serán poco conocidos aparecen en negritas. Este volumen, *Las maravillosas obras de Dios*, comienza al principio de la Biblia y transcurre a lo largo de la historia de redención hasta su culminación, con noventa historias de la Biblia. La meta es relatar cada historia de un modo que mantenga visible la gran historia y muestre claramente el carácter de Dios. Al final de cada historia he incluido una o más sugerencias de preguntas para iniciar una conversación adicional o actividades para reforzar la verdad del relato.

¡Los niños no son los únicos que disfrutan de los relatos! A todos nos gusta una buena historia, y la Biblia contiene algunas de las mejores. Que este libro sea de provecho para usted y sus hijos. Que las historias no sean solo un entretenimiento o una enseñanza sobre cómo ser buenos; mi deseo es que muestren quién es Dios y cuáles son las maravillosas obras que él llevó a cabo para lograr la salvación de su pueblo.

Starr Meade

DIOS CREA A EVA
Dios da buenos regalos
Génesis 2:7-25

1

No importa dónde estés cuando leas esto, a tu alrededor hay cosas para ver, cosas para oír, cosas para tocar... quizás hasta cosas para oler o degustar. Cada una de esas cosas que te rodean fue creada por Dios o fue hecha a partir de cosas que él creó.

El universo está colmado de tantas creaciones hermosas, musicales, sabrosas y fragantes porque Dios lo hizo todo para mostrar su gloria. Con solo mirar las cosas

> «Todo lo que es bueno y perfecto es un regalo que desciende a nosotros de parte de Dios nuestro Padre, quien creó todas las luces de los cielos. Él nunca cambia ni varía como una sombra en movimiento».
>
> Santiago 1:17

magníficas que ha hecho, aun las personas que nunca han oído o leído la Biblia pueden saber que hay un Dios, que él es eterno y que tiene enorme poder.

Génesis 1 nos dice que cada vez que Dios terminaba de crear algo, veía que era bueno. Cuando creó la luz, «Dios vio que la luz era buena». Cuando separó las aguas de la tierra y cubrió la tierra con toda clase de vegetación, «Dios vio que esto era bueno». Colocó el sol, la luna y las estrellas en los cielos, «y Dios vio que esto era bueno». Llenó las aguas con criaturas vivas, llenó los cielos con aves, creó animales para que vivieran sobre la tierra, y cada vez, «Dios vio que esto era bueno».

Antes de haber creado un solo ser humano, Dios había colmado su mundo de cosas buenas para que las personas las disfrutaran. Entonces hizo al primer ser humano para disfrutar de ellas. La Biblia nos dice que Dios creó a los seres humanos a su propia imagen. De ese modo, los seres humanos podrían alegrarse en lo que Dios creó porque verían la gloria de Dios revelada en ello.

El primer ser humano fue un varón, y su nombre fue Adán. Dios lo creó del polvo de la tierra y sopló en su nariz aliento de vida. Dios colocó a Adán en el jardín de Edén y le dio la agradable tarea de cuidar ese jardín.

Pero Dios se dio cuenta de que en este maravilloso universo algo *no* estaba bien. «No es bueno que el hombre esté solo», dijo Dios. El hombre fue creado a imagen de Dios, y Dios es amor. Dios quería que Adán tuviera alguien a quien amar, alguien a quien cuidar, proveer y entregarse. Dios quería que Adán tuviera otro ser humano —como él, pero sin ser *exactamente* como él—, alguien que lo ayudara y lo completara, alguien con quien pudiera hablar. Uno por uno, Dios le trajo a Adán cada animal, cada ave, cada criatura para que Adán le pusiera nombre. Pero aun después de tantas criaturas diferentes, ninguna de ellas era la apropiada para Adán. Seguía solo.

Entonces Dios hizo que Adán se quedara profundamente dormido. Mientras Adán dormía, Dios tomó una costilla de su cuerpo, luego cerró la carne de donde la había tomado. De esa costilla, Dios formó una mujer. Igual que Adán, ella fue hecha a imagen de Dios. Ella podría hablar con Adán; compartiría cosas con él y adoraría a Dios con él. Al mismo tiempo, la mujer era diferente de Adán. Había cosas que a él le faltaban que ella podía proveer. Cosas que ella necesitaba, él se las podía dar.

Dios le presentó la mujer a Adán, y de inmediato Adán vio que ella era ¡exactamente para él! La nombró Eva y, de todos los regalos excelentes que Dios le había dado, Adán consideró que Eva era el mejor. Adán y Eva fueron el primer esposo y esposa que vivieron juntos en el primer matrimonio. La Biblia nos dice que el amor entre un esposo y una esposa nos da una imagen de cómo es el amor que Cristo tiene por su iglesia.

Desde el comienzo, el matrimonio ha sido un buen regalo de Dios. Los esposos y las esposas se aman, se ayudan y se completan el uno al otro. Juntos, muestran cómo es el amor de Dios. Del matrimonio de un esposo y una esposa viene otro buen regalo: la familia. Dios coloca a todo bebé recién nacido en una familia, de modo que nadie tenga que estar solo como lo estuvo Adán, cuando era el único ser humano en la tierra.

EN CUANTO A MÍ Y A MI FAMILIA...

▶ Allí donde están, hagan una lista de las cosas que pueden ver, oír, oler, sentir o degustar. ¿Cómo nos muestran estas cosas la gloria de Dios?

▶ Hagan otra lista, esta vez de las cosas buenas que Dios creó para nosotros y de las que no siempre somos conscientes. Dediquen tiempo a darle gracias por estos buenos regalos.

▶ ¿Qué cosas buenas tienen las personas específicamente por contar con una familia?

▶ Algunas familias no son felices. ¿A qué se debe, ya que Dios no las creó para que fueran así?

2

CAÍN MATA A ABEL
Dios defiende a su pueblo y juzga a sus enemigos
Génesis 4:1-16

Habían crecido juntos. Eran hermanos. Habían jugado, habían hecho competiciones de lucha y de carrera, y se habían reído juntos hasta llorar. Habían disfrutado la compañía el uno del otro mientras crecían. Por supuesto, hubo momentos en los que discutieron y quizás se dieron empujones o puñetazos. Pero eran hermanos y siempre habían vuelto a ser amigos.

Pero esta vez no. Esta vez, Caín vio que el cuerpo de Abel perdió fuerzas y cayó al suelo hasta quedarse quieto y

> «Así está escrito:
>
> "Por tu causa siempre nos llevan a la muerte;
> ¡nos tratan como a ovejas para el matadero!"
>
> Sin embargo, en todo esto somos más que vencedores por medio de aquel que nos amó. Pues estoy convencido de que ni la muerte ni la vida, ni los ángeles ni los demonios, ni lo presente ni lo por venir, ni los poderes, ni lo alto ni lo profundo, ni cosa alguna en toda la creación podrá apartarnos del amor que Dios nos ha manifestado en Cristo Jesús nuestro Señor».
>
> *Romanos 8:36-39, NVI*

no volver a moverse jamás. Abel nunca más se levantaría; Caín y Abel nunca más volverían a ser amigos. Caín había asesinado a su hermano.

El mundo perfecto de Dios, tan lleno de todo lo bueno, era todavía bastante nuevo y ya había un hermano muerto y otro que era su asesino. Pobres padres... ¿qué cosa les dolería más? ¿Que su hijo estaba muerto? ¿O que su otro hijo lo había matado?

Años antes, en su mundo perfecto, Dios les había dado a Adán y a Eva todo lo que había creado, y con ello les dio un solo mandato: «Puedes comer libremente del fruto de cualquier árbol del huerto, excepto del árbol del conocimiento del bien y del mal». Si tan solo hubieran obedecido, Adán y Eva habrían vivido para siempre en el mundo perfecto de Dios, disfrutando de Dios y dándole gloria. Pero Satanás, en forma de serpiente, se acercó a Eva y le sugirió que comiera el fruto prohibido, y Eva lo hizo. Ella comió el fruto y se lo compartió a Adán, quien también comió. A pesar de toda la bondad que Dios les había mostrado, Adán y Eva eligieron creerle a Satanás en lugar de creerle a Dios. La desobediencia los cambió en su interior y los volvió pecadores. Sus hijos también, y todos los hijos que nacieran desde entonces, serían pecadores. Los pecadores eligen hacer lo opuesto a lo que Dios quiere que hagan. El mundo perfecto de Dios ya no era perfecto.

Por su gracia, Dios se acercó a Adán y a Eva con una promesa consoladora. Les dijo que un niño nacería de la mujer. Ese niño crecería y destruiría a la serpiente. Repararía el daño que Adán y Eva habían hecho con su pecado. Aun así, todavía tendrían que sufrir las consecuencias del pecado. Una de ellas era que siempre habría guerra entre quienes siguieran al niño que Dios iba a mandar y quienes siguieran a Satanás.

Cuando nació el primer hijo varón de Eva, le puso por nombre Caín. Creció y fue agricultor. Abel, el segundo hijo de Adán y Eva, creció y fue pastor. Cuando ya eran mayores, llegó un día en que ambos presentaron sus ofrendas a Dios. Caín trajo algo de los alimentos que había cultivado, y Abel trajo un corderito. Dios miró con agrado la ofrenda de Abel pero no la de Caín.

Caín se enojó por eso. Dios se acercó y le preguntó: «¿Por qué estás tan enojado? —Dios le advirtió a Caín del peligro de su enojo—: El pecado está a la puerta, al acecho y ansioso por controlarte; pero tú debes dominarlo». Caín se negó a escuchar. En lugar de eso, un día cuando ambos hermanos estaban solos en el campo, Caín se levantó y mató a Abel.

Este asesinato de un hermano fue el primer ejemplo de la guerra entre el pueblo de Dios y aquellos que siguen a Satanás. Abel había complacido a Dios con su sacrificio; eso hizo enojar a Caín y por eso lo mató. Puede parecerte que Satanás y Caín ganaron esta primera batalla de la guerra. Pero Dios, que ve todo lo malo que se hace en secreto, vio lo que había hecho Caín.

—¿Dónde está tu hermano? —le preguntó Dios a Caín.

—No lo sé —fue la malhumorada respuesta de Caín—. ¿Acaso soy yo el guardián de mi hermano?

—¡La sangre de tu hermano clama a mí desde la tierra! —le dijo Dios. Además, le dijo a Caín que la tierra ya no le daría buenas cosechas, y que tendría que alejarse de la gente y vivir solo.

Caín no se arrepintió de su pecado espantoso. Su única preocupación era que si la gente lo encontraba *él* moriría por lo que había hecho a su hermano. Se fue a vivir lejos de la gente; peor aún, «Caín salió de la presencia del Señor», según lo que dice la Biblia.

Cuando la gente odia al pueblo de Dios, es porque odian a Dios mismo. Dios promete cuidar a su pueblo y juzgar a quienes les hacen daño. Promete hacerlos más que vencedores en esta guerra porque nada de lo que hagan los enemigos podrá jamás separar a su pueblo del amor de Dios.

EN CUANTO A MÍ Y A MI FAMILIA...

▶ ¿Qué otros relatos bíblicos se les ocurren en los que se muestre esta guerra entre el pueblo de Dios y los enemigos de Dios?

▶ Pasen tiempo en familia orando por los numerosos cristianos en otros países que están en riesgo físico todos los días porque hay personas que quieren impedir que sigan a Cristo. *Kidsofcourage.com* es un sitio en inglés para niños creado por Voice of the Martyrs (La Voz de los Mártires). Proporciona historias, actividades y pedidos de oración acerca de la iglesia perseguida en muchos lugares del mundo.

▶ Conversen sobre cómo debería reaccionar su familia frente a casos de ira o de burla hacia el pueblo de Dios y la verdad de Dios.

JOB SUFRE Y CONFÍA EN DIOS
Dios es lo suficientemente grande para poder confiar en él

Job

3

¡Otro más! Job se protegió los ojos contra el sol y miró cómo se acercaba otro mensajero. El mensajero corría del mismo modo que los anteriores porque lo que tenía que decir era muy importante. Los otros dos mensajeros estaban de pie al lado de Job, mirando con él al tercer hombre que se acercaba corriendo. Los dos primeros mensajes habían sido demoledores. ¿Cómo podría Job soportar más malas noticias como las que ellos le habían dado?

«De modo que, si sufren de la manera que agrada a Dios, sigan haciendo lo correcto y confíenle su vida a Dios, quien los creó, pues él nunca les fallará». 1 Pedro 4:19

Llegó el mensajero, y casi se colapsó a los pies de Job. Este lo reconoció como uno de los siervos que cuidaba a sus camellos. El siervo contó su historia con la respiración entrecortada:

—Tres bandas de saqueadores caldeos robaron sus camellos y mataron a los sirvientes; yo soy el único que escapó para contárselo.

Es posible que Job haya preguntado:
—¿*Todos* los sirvientes?
El sirviente asintió.
—¿Los tres mil camellos?
El sirviente, abatido, volvió a asentir.

Era igual que con los dos mensajes anteriores que Job había recibido. El primer mensajero le había dicho que, mientras los siervos estaban arando con las quinientas yuntas de bueyes de Job, los sabeos atacaron, mataron a los siervos y robaron todos los bueyes... además de los quinientos burros de Job. El segundo mensajero llegó detrás del primero, exclamando que había caído fuego del cielo y había consumido las siete mil ovejas de Job, junto con los pastores que las cuidaban. Ahora había llegado *este* mensajero con las novedades sobre los camellos y aún más sirvientes.

A Job por lo menos le quedaba su familia. Pero mientras el tercer mensajero todavía estaba hablando, apareció uno más en la distancia, trayéndole la más horrible de todas las noticias. Los diez hijos de Job estaban juntos en casa del mayor de los hermanos cuando sopló un fuerte viento que ¡derrumbó la casa sobre ellos y los mató a todos!

Job desgarró su vestimenta, algo que en su época era una señal de profundo dolor, y se rapó la cabeza. Cayó postrado en el suelo y... ¿qué hizo? ¿Lloró? ¿Gimió? ¿Dio alaridos de dolor? No. La Biblia nos dice que Job «se postró en el suelo para adorar y dijo: "Desnudo salí del vientre de mi madre, y desnudo estaré cuando me vaya. El Señor me dio lo que tenía, y el Señor me lo ha quitado. ¡Alabado sea el nombre del Señor!"».

Lo que Job no sabía era que Dios le había dicho a Satanás que no había nadie como Job, que temía a Dios y se mantenía alejado del mal. Satanás le había respondido que era lógico que Job temiera a Dios, considerando todo lo que Dios le había dado. «Extiende tu mano y quítale todo lo que tiene, ¡ten por seguro que te maldecirá en tu propia cara!», le dijo Satanás. Entonces Dios le dio permiso a Satanás para que atacara todo lo que Job tenía, pero no al propio Job, y por eso fue que le llegaron esos cuatro terribles mensajes.

La Biblia dice: «A pesar de todo, Job no pecó porque no culpó a Dios». Cuando Dios le hizo ver esto a Satanás, este solo dijo: «Cualquier hombre renunciaría a todo lo que tiene para salvar su vida. Así que extiende tu mano y quítale la salud, ¡ten por seguro que te maldecirá en tu propia cara!». Esta vez Dios le dio permiso a Satanás de herir el cuerpo de Job. Entonces, además de todo lo que le había pasado, a Job le salieron llagas por todo el cuerpo. Hasta la piel le dolía donde le rozaba la vestimenta.

Para empeorar las cosas, vinieron tres amigos de Job. Él pensó que venían a consolarlo. Pero en lugar de consolarlo, los amigos de Job dijeron que seguramente había provocado el enojo de Dios con algún pecado grave. Por eso le habían ocurrido todas esas desgracias. Job sabía que sus amigos estaban equivocados. Insistió en que se había mantenido fiel a Dios. Clamó a Dios una y otra vez por lo injusto que era que sufriera de ese modo. Job dijo que prefería morir a que Dios lo tratara de esa manera.

La respuesta de Dios a Job ocupa cuatro capítulos en nuestra Biblia. Todos los capítulos describen la maravillosa creación de Dios. Una y otra vez, Dios le pregunta a Job si él tiene el poder para hacer lo que Dios hace, o si Job tiene la sabiduría y el entendimiento para hacer lo que Dios ha hecho. ¿Podía Job ordenar al sol que saliera cada día? ¿Podía Job decirles a las olas del mar qué tan lejos pueden llegar sobre la arena? ¿Le había dado Job al caballo la fuerza o al águila la habilidad para volar?

Job reconoció que no sabía lo suficiente como para decirle a Dios lo que debía hacer. Dios les dijo a los tres amigos de Job que estaba enojado con lo que habían dicho acerca de él. Les dijo que los iba a perdonar si Job oraba por ellos, y Job lo hizo. Entonces Dios le devolvió a Job todas sus riquezas. Le dio el doble de lo que había tenido, y le dio siete hijos más y otras tres hijas.

Job llegó a entender lo que nosotros también debemos entender: que el poder y la sabiduría de Dios son mucho más grandes que nuestro poder y sabiduría, y por eso podemos confiar en él aun cuando nos parezca que lo que hace está equivocado.

EN CUANTO A MÍ Y A MI FAMILIA...

▶ Repasen en familia los textos de Job 38–41 y anoten algunos ejemplos del poder y la sabiduría de Dios que encuentren allí.

▶ ¿Hay algo demasiado difícil para Dios? ¿Puede Dios modificar las cosas que no nos gustan?

▶ ¿Hay algo que Dios no entiende? ¿Sabe él qué es lo mejor para nosotros?

▶ Dios mostró su amor por su pueblo al dar a su único Hijo. ¿Podemos confiar en que hará lo que es mejor para nosotros, sea que nos gusten o no nuestras circunstancias?

4

ABRAM RESCATA A LOT
Lo más valioso es Dios
Génesis 13:1–15:21; 17:1-8

Entre Abram y Lot tenían tantos animales que no había espacio suficiente para todos ellos. ¡Qué problema más agradable! Abram tenía muchísimo ganado. Lot, su sobrino, también tenía manadas y rebaños y carpas. Los dos hombres habían viajado desde la lejana Ur para vivir en la tierra que Dios había prometido darle a Abram y a sus descendientes. Habían tratado de instalarse juntos

«¿A quién tengo en el cielo sino a ti? Te deseo más que cualquier cosa en la tierra». Salmo 73:25

en un mismo sitio, pero sus pastores siempre encontraban motivo para discutir. Eso se debía a que no alcanzaba el espacio ni los pastos para todos los animales porque «la tierra no era suficiente para sustentar a Abram y a Lot si ambos vivían tan cerca el uno del otro» (Génesis 13:6).

Entonces Abram le dijo a Lot que eligiera el lugar en el que le gustaría vivir con sus manadas y rebaños. Una vez que Lot eligiera la tierra, Abram tomaría otra parte de la tierra para vivir allí con sus animales.

Lot pensó cuidadosamente y luego escogió para sí mismo lo que le parecía la mejor tierra. Eligió el valle del Jordán, un área bien irrigada, un sitio perfecto para criar animales. Abram se quedó con lo que podría considerarse como las sobras. Pero una vez que Lot se separó de él, Dios le dijo a Abram que desde donde estaba mirara hacia el norte y hacia el sur, hacia el oriente y el occidente, porque Dios le daría todo ese territorio a él y a sus descendientes.

Tiempo después, Lot tuvo problemas. Cuatro reyes invadieron el valle del Jordán donde él había elegido vivir. La población que vivía en el valle del Jordán resistió el ataque pero fue derrotada. Los invasores se llevaron muchas posesiones de las personas que habían invadido. También se llevaron las posesiones de Lot. Peor aún, los invasores se llevaron a las personas cautivas, y una de esas personas era Lot.

Pero alguien escapó. Esa persona corrió hasta donde vivía Abram y le contó lo que había ocurrido. Entonces Abram dio armas a sus hombres entrenados y persiguió a los invasores, decidido a rescatar a su sobrino. Una vez que los alcanzó, Abram dividió a sus hombres en grupos de ataque y sorprendió a los agresores por la noche. Las fuerzas de Abram derrotaron a los enemigos, y estos huyeron. De ese modo Abram pudo liberar a Lot y a los demás cautivos. Los llevó de regreso a sus hogares, con todas sus posesiones.

Dos reyes salieron a saludar a Abram cuando llegó con los prisioneros liberados. Melquisedec, rey de Salem, le trajo pan y vino a Abram. Melquisedec era sacerdote del Dios Altísimo. Bendijo a Abram con estas palabras:

«Bendito sea Abram por Dios Altísimo,
Creador de los cielos y la tierra.
Y bendito sea Dios Altísimo,
que derrotó a tus enemigos
por ti».

También el rey de Sodoma vino a saludar a Abram. Quería recompensarlo por haber liberado a los cautivos. Le dijo a Abram que podía quedarse con todas las posesiones que había recuperado. Abram rechazó ese ofrecimiento. Eligió depender de que Dios lo convirtiera en una gran nación, como se lo había prometido. Le dijo al rey que no esperaba recibir nada de él porque no quería dar la impresión de que el rey lo había hecho rico.

Puede parecer que Abram no sabía cómo elegir bien. Primero, le permitió a Lot que eligiera la mejor tierra. Después rechazó la oferta de las riquezas de parte del rey. Pero lo que Abram recibió fue el pacto de Dios, que incluía a Dios mismo. Dice la Biblia: «Tiempo después, el Señor le habló a Abram en una visión y le dijo: "No temas, Abram, porque yo te protegeré, y tu recompensa será grande"».

Dios cambió el nombre de Abram a Abraham, e hizo un pacto eterno con él y con sus descendientes. Un **pacto** es un acuerdo que compromete a dos personas o a dos grupos de personas en una relación especial, distinta de la que tienen con cualquier otra persona.

Parte del pacto de Dios con Abraham era, nuevamente, la promesa de que la tierra de Canaán les pertenecería a los descendientes de Abraham. Ese era un buen regalo, pero Dios le prometió algo todavía mejor: «Yo seré su Dios», dijo.

Dios creó a los seres humanos para sí mismo. Nada más puede darles satisfacción. Abraham cedió las mejores tierras y renunció a las riquezas ofrecidas por un rey, pero tenía a Dios mismo. Darse a sí mismo es el mejor regalo que Dios puede hacer a las personas. El pacto de Dios es para todos aquellos que viven por fe en su Hijo. Dios dice acerca de todos los que están en Jesucristo: «Ellos serán mi pueblo y yo seré su Dios». ¡No hay nada mejor que eso!

EN CUANTO A MÍ Y A MI FAMILIA...

▶ Hagan una lista de las cosas que la gente valora y desea. Luego, comenten por qué cada una de las cosas anotadas, a fin de cuentas, desilusiona (a menos que sea Dios mismo).

▶ Asegúrense de que sus hijos entiendan qué es un pacto y por qué es tan grande la gracia de Dios al hacer un pacto con gente pecadora. Ayúdenles a ver que ellos también pertenecen al pueblo de Dios y que él es su Dios si confían en Jesús, el Salvador que él proveyó.

ABRAHAM ORA POR LOT Y ESTE SE SALVA

Dios es justo y misericordioso

Génesis 18:16–19:29

5

Esta vez, Abraham tenía miedo por su sobrino, Lot. Cuando los reyes enemigos atacaron la ciudad donde vivía Lot y se llevaron cautiva a la gente, Abraham se preocupó. ¡No quería que su sobrino fuera un prisionero! En esa ocasión, Abraham llevó a sus hombres y fue tras Lot y sus captores. Dios permitió que Abraham derrotara a los reyes enemigos y trajera de regreso a Lot, con todas sus posesiones.

Ahora el peligro era mucho mayor que el de reyes enemigos. Esta vez, el peligro era la ira

> «Fíjate en que Dios es bondadoso pero también es severo. Es severo con los que desobedecen, pero será bondadoso contigo si sigues confiando en su bondad».
>
> Romanos 11:22

de Dios contra el pecado, algo mucho más aterrador que cualquier ejército invasor.

Dios le había dicho a Abraham que las ciudades de Sodoma y Gomorra eran cada vez más malvadas y se proponía destruirlas. ¿Qué podría hacer Abraham para proteger a su sobrino de esta destrucción? Él lo sabía. Podía **interceder** por él.

La palabra *interceder* viene de dos palabras latinas que significan *ir* y *entremedio*. La Biblia nos dice que Jesús intercede por su pueblo. Con su vida de perfecta rectitud y su muerte en la cruz para pagar por el pecado, Jesús *va entre* su pueblo pecador y su Dios santo. De esa manera, Dios perdona nuestro pecado y toma la rectitud de Jesús como nuestra. Cuando los hijos de Dios interceden por alguien, se colocan entre Dios y esa persona y suplican para ella la gracia y la misericordia de Dios.

Abraham intercedió por Lot al orar por la ciudad de Sodoma, donde vivía su sobrino. Le preguntó a Dios:

—¿Destruirás tanto al justo como al malvado? Supongamos que encuentras cincuenta personas justas en la ciudad, ¿aun así la destruirás y no la perdonarás por causa de los justos? Seguro que tú no harías semejante cosa: destruir al justo junto con el malvado. ¡Pues estarías tratando al justo y al malvado exactamente de la misma manera! ¡Sin duda, tú no harías eso! ¿Acaso el Juez de toda la tierra no haría lo que es correcto?

Dios le respondió a Abraham, asegurándole:

—Si encuentro cincuenta personas justas en Sodoma, perdonaré a toda la ciudad por causa de ellos.

Abraham sabía que Dios es realmente grande. Le dijo a Dios que ante él era solo «polvo y cenizas». No tenía derecho a esperar que Dios concediera su pedido. Pero él intercedió nuevamente por Lot y le preguntó a Dios si destruiría la ciudad si había en ella cuarenta y cinco personas justas. Dios respondió que la salvaría en caso de encontrar cuarenta y cinco personas justas.

—¿Supongamos que hubiera solamente cuarenta justos? —dijo Abraham.

—No la destruiré por causa de esos cuarenta —fue la respuesta de Dios.

—Por favor, no te enojes, mi Señor. ¿Supongamos que se encontraran solamente treinta justos? —dijo Abraham.

Dios prometió que salvaría a Sodoma si vivían en ella treinta personas justas. Animado por la preocupación que tenía por su sobrino, Abraham siguió insistiendo. ¿Y si hubiera veinte personas justas en la ciudad? Dios dijo que no iba a destruirla si había tan solo veinte personas justas viviendo allí. Por última vez, Abraham intercedió por la ciudad de su sobrino Lot. Supongamos que hubiera diez personas justas. Dios prometió no destruir la ciudad si vivían en ella apenas diez personas justas. Satisfecho, Abraham dejó de interceder.

Sin embargo, lo triste es que *no había* diez personas justas viviendo en Sodoma.

Y las personas malas eran *muy* malas, tal como Dios había dicho. Dios destruyó a Sodoma y a la ciudad cercana de Gomorra, que también era muy malvada. Sin embargo, debido a la intercesión de Abraham, Dios envió a dos ángeles a Sodoma para rescatar a Lot. Los dos ángeles aparecieron como hombres, y los habitantes de Sodoma eran tan malos que intentaron hacerles daño. Cuando Lot defendió a los ángeles, los hombres de Sodoma quisieron agredirlo también a él. Los ángeles dejaron ciegos a esos hombres para que no pudieran encontrar a Lot. Entonces le dijeron a Lot que Dios los había enviado a destruir a Sodoma y que él debía marcharse de allí: «Apresúrate. Toma a tu esposa y a tus dos hijas que están aquí. ¡Vete ahora mismo, o serás arrastrado en la destrucción de la ciudad!».

Lot sabía que Sodoma era malvada, pero se resistía a marcharse. Entonces, según dice la Biblia: «los ángeles lo agarraron de la mano, y también a su esposa y a sus dos hijas, y los llevaron enseguida a un lugar seguro fuera de la ciudad, porque el Señor tuvo misericordia de ellos». Le dijeron que huyera hacia una ciudad cercana, pero que no miraran hacia atrás mientras caía el desastre. La familia de Lot huyó, mientras el Señor hacía llover azufre y fuego sobre las malvadas ciudades. La esposa de Lot, sin embargo, desobedeció la advertencia de los ángeles y miró hacia atrás. De inmediato se convirtió en una estatua de sal.

Cuando Abraham se levantó al día siguiente y miró hacia Sodoma y Gomorra, vio el humo de la destrucción que subía como el humo de una gran chimenea. Dice Génesis: «Pero Dios había escuchado la petición de Abraham y salvó la vida de Lot, a quien sacó del desastre que se tragó a las ciudades de la llanura».

EN CUANTO A MÍ Y A MI FAMILIA...

▶ ¿En qué vemos la bondad y la misericordia de Dios en esta historia?

▶ ¿En qué vemos la severidad de Dios en esta historia?

▶ ¿Por qué Dios destruyó a Sodoma y Gomorra?

▶ Analicen con sus hijos de qué modo todos ofendemos a Dios con nuestro pecado y merecemos su ira. Quienes confían en el Salvador que Dios ha provisto disfrutarán de su bondad, mientras que aquellos que se niegan a hacerlo experimentarán su severidad.

6

AGAR E ISMAEL
Dios ve todas las necesidades en todo lugar
Génesis 16; 17:15-21; 21:1-21

En primer lugar, ¡la idea no había sido de Agar! Ella había estado ocupándose de lo que le correspondía, sirviendo con fidelidad a su ama Sara, y fue Sara quien tuvo la gran idea… que después de todo no fue tan grandiosa. Dios le había prometido a Abraham que tendría muchos descendientes, tantos que serían una gran nación. Sin embargo, hasta el momento, él y Sara no habían tenido ningún hijo y ya estaban envejeciendo. Entonces Sara tuvo la gran idea de

> «*El Señor es bueno con todos; desborda compasión sobre toda su creación*».
>
> Salmo 145:9

que Abraham tuviera un hijo con Agar, su esclava; Abraham y Sara podrían considerarlo como propio.

Como te podrás haber imaginado, cuando Agar quedó embarazada de un hijo de Abraham, Sara ya no se sintió tan contenta con ese acuerdo. Comenzó a maltratar a Agar, hasta que Agar decidió que no podía soportarlo más, y huyó.

El ángel del Señor encontró a Agar en el desierto, descansando junto a un manantial. Quizás, sentada allí, se preguntaba adónde podría ir ahora y qué podría hacer: ¡una esclava embarazada y fugitiva en el desierto! El ángel del Señor la llamó por su nombre. Le preguntó de dónde venía y hacia dónde iba.

Agar contestó su primera pregunta: «Estoy huyendo de mi señora, Sara». No tenía respuesta para la segunda pregunta.

El ángel del Señor le dijo que volviera con su ama y que se sometiera a ella. Le dijo que tendría un varón, al que le pondría por nombre Ismael. «Ismael» significa «Dios oye». Agar debía darle ese nombre al niño, dijo el ángel, «porque el Señor ha oído tu clamor de angustia».

Dios había elegido a Abraham, y la promesa que le había hecho se cumpliría por medio de los hijos de Sara, no de Agar. Aun así, Dios tuvo en cuenta a Agar y a su hijo. Se preocupó por su sufrimiento y salió a su encuentro en el desierto para consolarla y asegurarle que cuidaría de ella y del bebé Ismael.

Agar dijo entonces: «Tú eres el Dios que me ve». Por eso el pozo donde estaba recibió un nombre que significa «pozo del Viviente que me ve». Agar regresó a donde Sara y, a su debido tiempo, dio a luz a su hijo, al que llamó Ismael.

Ismael creció, y Abraham le tenía mucho cariño. Es más, Abraham se hubiera sentido conforme con que Dios cumpliera su promesa por medio de Ismael. «No —le dijo Dios—. Sara, tu esposa, te dará a luz un hijo. Le pondrás por nombre Isaac, y yo confirmaré mi pacto con él y con sus descendientes como pacto eterno». Dios prometió que también iba a bendecir a Ismael, y que lo haría padre de una gran nación. Pero el pacto sería establecido con Isaac.

Un año más tarde, a pesar de que Abraham ya tenía cien años y Sara noventa, Dios les dio un hijo. Abraham le puso por nombre Isaac. Sara estaba inmensamente feliz... hasta que un día miró fuera de la carpa y vio a Ismael, el hijo de su esclava, burlándose de su precioso Isaac.

«Échalos», le exigió a Abraham. Él no quería hacerlo. Ismael era su hijo, y a él le importaba. Pero Dios le aseguró que si hacía lo que Sara reclamaba, Dios cuidaría a Ismael y haría de él una gran nación. Entonces, cuando llegó la mañana, Abraham le dio a Agar agua y comida, y los despidió a ella y a su hijo Ismael.

Hacía calor en el ancho y extenso desierto. No les duró el agua. Cuando se acabó, Agar no sabía cómo iban a sobrevivir ella y su hijo. Necesitaban agua con desesperación y no había dónde conseguirla. Encontró un lugar sombreado bajo un arbusto y allí dejó a Ismael. Sabía que sin agua él moriría, y no quería verlo suceder. Se alejó a una corta distancia, se sentó y se puso a llorar. También Ismael lloraba. El ángel de Dios se acercó a Agar, tal como lo había hecho antes.

Una vez más, la llamó por su nombre. Le dijo: «¡No tengas miedo! Dios ha oído llorar al muchacho, allí tendido en el suelo». Entonces Dios abrió los ojos de Agar y ella vio un pozo de agua que no había visto antes. Ella llenó su recipiente con agua y dio de beber a Ismael. Dios le dijo que haría de su hijo una gran nación. Renovada por el agua y con una nueva esperanza, Agar e Ismael siguieron hasta un lugar donde pudieron vivir mientras Ismael crecía.

EN CUANTO A MÍ Y A MI FAMILIA...

▶ Dios es omnipresente (está en todo lugar al mismo tiempo) y omnisciente (lo sabe todo). ¿En qué reconocemos la omnipresencia y la omnisciencia de Dios en este relato sobre Agar?

▶ La gracia común de Dios es la bondad que muestra a todos, aun a las personas que no pertenecen a su pueblo. Darles agua para la vida, como hizo Dios con Agar e Ismael, es un ejemplo de la gracia común. Hagan una lista de las evidencias de la gracia común de Dios, cosas de las que todas las personas disfrutan aun si no conocen a Jesús como Señor y Salvador.

DIOS PROVEE UNA ESPOSA PARA ISAAC

La providencia de Dios lo controla todo

Génesis 24

7

El viejo siervo de Abraham balanceó su peso sobre el camello y suspiró con alivio. Por fin terminaba su larga y calurosa travesía, día tras día con esta caravana de camellos. Más adelante podía verse la ciudad de Nacor. Pronto se pondría el sol... ¿no sería maravilloso dormir esta noche en una verdadera cama? Pero el fiel y anciano siervo hizo a un lado ese pensamiento. Primero tenía tareas por cumplir.

> «El Señor Dios (...) nos da gracia y gloria.
> El Señor no negará ningún bien
>   a quienes hacen lo que es correcto.
> Oh Señor de los Ejércitos Celestiales,
>   ¡qué alegría tienen los que confían en ti!».
>
> Salmo 84:11-12

Allá en Canaán, su amo, Abraham, tenía un serio problema. Años atrás, Dios le había prometido a Abraham que de él surgiría una gran nación. Abraham había esperado mucho tiempo y, finalmente, cuando ya tenía cien años de edad y su esposa tenía noventa, Dios les había dado un niño, Isaac. ¡La promesa de Dios iba camino a cumplirse!

Pero mientras Isaac iba creciendo, Abraham comenzaba a ver un problema obstaculizando la promesa de Dios. Para que se formara una gran nación, su hijo Isaac debía tener hijos. Y para que Isaac tuviera hijos, necesitaba una esposa. El problema era el siguiente: Dios también había prometido a Abraham la tierra de Canaán, donde estaba viviendo. Isaac no debía marcharse de allí. La tierra le pertenecería a él y a la nación que saldría de él. Pero la gente que ahora vivía en esa tierra, los cananeos, era gente malvada y sus ancestros también habían sido gente malvada. Los cananeos estaban bajo la maldición de Dios.

¡Isaac no podía casarse con una joven cananea! ¡Eso no funcionaría nunca! Si Isaac no podía dejar la tierra y tampoco podía tomar una muchacha de esa tierra como esposa, ¿cómo iba a casarse y tener hijos?

Entonces Abraham llamó a su antiguo y fiel siervo y lo envió a la tierra de donde había venido Abraham, para que encontrara una esposa para Isaac entre sus parientes. Le hizo jurar al siervo que eso haría. Y ahora el siervo se encontraba precisamente a la entrada de la ciudad donde vivían los parientes de Abraham, y no tenía idea de cuál sería la joven apropiada para Isaac ni cómo iba a encontrarla.

De modo que el siervo oró. Le pidió a Dios que le mostrara el amor pactado con Abraham y le diera éxito para encontrar la mujer adecuada para Isaac. Después hizo a los diez camellos arrodillarse junto al pozo de agua. A poca distancia, vio a las muchachas jóvenes de la ciudad que se aproximaban con sus cántaros a buscar agua para sus familias. El siervo oró: «Mi petición es la siguiente: yo le diré a una de ellas: "Por favor, deme de beber de su cántaro"; si ella dice: "Sí, beba usted, ¡y también daré de beber a sus camellos!", que sea ella la que has elegido como esposa para Isaac».

Todavía no había terminado de pronunciar su oración cuando una hermosa joven llamada Rebeca se acercó al pozo con su cántaro de agua. Una vez que lo había llenado, el siervo se acercó corriendo hacia ella y le dijo: «Por favor, deme de beber un poco de agua de su cántaro».

Rebeca le dio de beber. Luego dijo: «También sacaré agua para sus camellos ».

Cuando la joven terminó de hacerlo, el siervo le preguntó quién era. Rebeca le dijo quiénes eran sus padres, y el siervo se dio cuenta de que era de la parentela de Abraham. «Alabado sea el Señor, Dios de mi amo, Abraham —dijo—. El Señor ha mostrado amor inagotable y fidelidad a mi amo, porque me ha guiado directamente a los parientes de mi señor». El siervo le entregó a Rebeca anillos y brazaletes de oro, y fue con ella a la casa de sus padres, llevando consigo a todos los camellos.

La familia de Rebeca dio alimento y refugio a los camellos, y dio al siervo de Abraham y a sus hombres un lugar donde pasar la noche. Cuando el siervo explicó quién era su amo y cómo Dios lo había bendecido, Rebeca y su familia estuvieron de acuerdo en que ella volviera con el siervo y se casara con Isaac, el hijo de Abraham. La joven hizo el largo viaje de regreso con el anciano siervo. Isaac recibió a Rebeca como esposa y la amó profundamente.

La **providencia** de Dios es el cuidado que él da a todas sus criaturas y su soberanía sobre todo lo que hacen. En su providencia, Dios le da a su pueblo todo lo que necesita. En su providencia, Dios controla todo lo que ocurre para que siempre se cumplan sus propósitos para los que le pertenecen.

EN CUANTO A MÍ Y A MI FAMILIA...

▶ ¿En qué vemos el control de Dios sobre las cosas que ocurrieron en esta historia a fin de que se cumplieran sus propósitos para con su pueblo?

▶ En este relato, ¿qué le proveyó Dios a Isaac (y de ese modo, a Abraham)?

▶ ¿Qué le proveyó Dios al anciano sirviente?

8 JACOB, RAQUEL Y EL RESTO DE LA FAMILIA
Dios cumple sus propósitos aun en medio del pecado humano
Génesis 29:1–30:24

¡Un enredo! Eso era lo que había sido la vida de Jacob hasta el momento, y todo por causa de su propio pecado. Jacob había hecho un desastre tan grande en la relación con su hermano mellizo, Esaú, que se vio obligado a escapar de casa.

Aunque eran mellizos, Esaú había nacido primero, por lo que era el mayor. Esaú recibiría la herencia como primogénito, lo cual

> «*Yo soy el Señor, Dios de tu abuelo Abraham, y Dios de tu padre Isaac. (...) ¡Tus descendientes serán tan numerosos como el polvo de la tierra! (...) Todas las familias de la tierra serán bendecidas por medio de ti y de tu descendencia*».
>
> Génesis 28:13-14

incluía las bendiciones del pacto que Dios había hecho con Abraham, el abuelo de los mellizos. Jacob había deseado apropiarse de la bendición de Esaú. Cuando supo que su padre, Isaac, estaba dispuesto a darle la bendición a Esaú, Jacob se había aprovechado de que su padre era tan anciano que ya no podía ver y se metió a hurtadillas en la carpa de su padre, diciendo que *él* era Esaú y que había venido para recibir la bendición. Isaac le creyó y le dio a Jacob, el hermano menor, la bendición que le correspondía al primogénito. Cuando Esaú se enteró, se puso furioso y decidió matar a Jacob.

Por eso huyó Jacob. Ahora estaba viviendo en Harán, con la familia de su tío. Jacob sentía que tenía delante de sí toda una nueva vida, una vida llena de felicidad. La razón era que estaba enamorado. Una de las primeras personas con las que se había encontrado al llegar a Harán era su bella prima Raquel. Cuando el padre de Raquel, Labán, le dijo a Jacob que con gusto le pagaría si trabajaba para él, Jacob supo de inmediato lo que pediría como paga. «Trabajaré para ti siete años si me entregas como esposa a Raquel, tu hija menor», le dijo. Labán estuvo de acuerdo. Dice la Biblia: «Así que Jacob trabajó siete años para obtener a Raquel; pero su amor por ella era tan fuerte que le parecieron unos pocos días».

Llegó el día de la boda, y Jacob estaba inmensamente feliz. No se imaginaba que su vida estaba a punto de enredarse nuevamente. Jacob no era el único capaz de engañar a sus parientes para conseguir lo que deseaba. Cuando se suponía que Labán le entregaría a su hija Raquel, lo que hizo fue entregarle a Lea, la hermana mayor, todavía soltera. Quizás porque Lea usaba velo, quizás porque era de noche y estaba muy oscuro, o por ambas razones, Jacob no se dio cuenta de que había tomado a Lea como esposa hasta que llegó la mañana, cuando ya era demasiado tarde. Ya estaban casados.

Así como Esaú se había puesto furioso cuando Jacob lo estafó, ahora Jacob estaba furioso con su suegro. Labán masculló una excusa sobre por qué no sería bien visto que la hermana menor se casara antes que la mayor. Le dijo a Jacob que le entregaría a Raquel como segunda esposa si aceptaba trabajar para él siete años más. Jacob aceptó.

Como puedes suponer, el matrimonio de dos hermanas con el mismo hombre no funcionó muy bien, y a Jacob se le enredó la vida todavía más. Las hermanas tenían celos entre sí y siempre peleaban por la atención de Jacob. Competían para ver quién de ellas le daría más hijos a Jacob. Lea tuvo cuatro hijos, uno tras otro, mientras que Raquel no pudo tener ninguno. Raquel tenía una sierva llamada Bilha. Le dijo a Jacob que tuviera hijos con Bilha y que considerarían esos hijos como si fueran de Jacob y Raquel. Entonces Bilha le dio dos hijos a Jacob.

Para no quedarse atrás, Lea le entregó

su sierva Zilpa a Jacob, y él tuvo dos hijos más con ella. Después Lea tuvo dos hijos ella misma y entonces, finalmente, Raquel también dio a luz un hijo. Ahora Jacob tenía dos esposas (cuatro, si se cuenta a las dos sirvientas) y once hijos. Más tarde, Raquel tendría otro hijo, lo que daría un total de doce hijos de Jacob.

¡Cuánto enredo se había vuelto la vida familiar de Jacob! Sin embargo, Dios es un Dios de gracia que bendice mucho más de lo que la gente merece. Es un Dios soberano que, para cumplir sus propósitos, obra en todas las circunstancias (incluyendo las decisiones pecaminosas de las personas). Dios había elegido a Jacob desde el comienzo para que por medio de él continuaran las bendiciones del pacto.

Dios había prometido a Abraham, a Isaac y a Jacob que tendrían muchos descendientes y que haría de ellos una gran nación. Dios usó las relaciones enredadas de Jacob con los miembros de la familia para que de él nacieran doce hijos, cuyos descendientes formarían las doce tribus de Israel. De una de esas tribus, la tribu de Judá, nació el Señor Jesucristo, quien trajo bendición a todas las naciones.

EN CUANTO A MÍ Y A MI FAMILIA...

▶ Analicen el comportamiento de Jacob, de sus esposas y de Labán. ¿Qué piensan que merecía cada uno de ellos?

▶ Conversen sobre ocasiones en las que ustedes y otros miembros de su familia hayan hecho cosas que merecían la ira de Dios en lugar de su bendición. Alaben juntos a Dios por ser un Dios de gracia. (Asegúrense de que sus hijos entiendan el significado de la gracia).

▶ ¿Recuerdan otros momentos en los relatos bíblicos, en la historia de la humanidad o en su propia vida en los que Dios usó el pecado de los seres humanos para cumplir sus buenos propósitos?

JACOB LUCHA CON DIOS

Dios obra en aquellos a quienes llama por gracia
Génesis 31–32

9

Atrapado entre la espada y la pared: ¡así se sentía Jacob! Ya no podía quedarse más en Harán. La relación con su suegro (quien además era su empleador) se había puesto demasiado tensa. Primero Labán había engañado a Jacob al entregarle a su

«Sabemos que Dios hace que todas las cosas cooperen para el bien de quienes lo aman y son llamados según el propósito que él tiene para ellos. Pues Dios conoció a los suyos de antemano y los eligió para que llegaran a ser como su Hijo».

Romanos 8:28-29

hija Lea después de prometer que le daría como esposa a su hija Raquel a cambio de siete años de trabajo. Jacob había tenido que trabajar otros siete años para recibir a Raquel. Entonces Labán le dijo a Jacob que le pagaría el trabajo con algunas crías de las ovejas y cabras que nacieran en el rebaño de Labán. Las crías que recibía Jacob siempre parecían ser las mejores y más fuertes. Eso les hizo pensar a Labán y a sus hijos que Jacob seguramente los engañaba de alguna manera y estaba enriqueciéndose a costa de ellos. Por su parte, Jacob se quejaba de que después de su arduo trabajo durante veinte años, Labán lo maltrataba y seguía cambiando su salario.

Quizás era hora de que Jacob empacara y regresara a la casa de su familia en Canaán, junto con sus esposas, sus hijos y su ganado. Pero esa idea también presentaba dificultades. Allá en casa, Jacob le había mentido a su padre y había estafado a su hermano melizo, Esaú, para apropiarse de la bendición del hijo mayor. Lo último que había oído Jacob era que Esaú quería matarlo. Por eso Jacob se había ido a vivir en Harán, tan lejos de su hogar.

Dios mismo puso fin a las dudas de Jacob. Le dijo: «Regresa a tu tierra y a tus parientes, y yo estaré contigo». De modo que Jacob se puso en marcha con su familia y con sus posesiones: ¡una gran compañía de viajeros! Cuando se iba acercando a su tierra natal, oyó algo que lo llenó de miedo: su hermano Esaú venía a su encuentro con cuatrocientos hombres.

Sin embargo, Jacob no solo sentía mucho miedo. También estaba lleno de gratitud a Dios por la gracia que le había mostrado. Jacob había querido siempre recibir para sí lo mejor que tenía su familia, y había engañado y maquinado para conseguirlo. Una vez adulto, él y Labán usaron estrategias el uno contra el otro para conseguir lo mejor para sí. Aun cuando, veinte años antes, Dios se había encontrado con Jacob a solas en el desierto y le había prometido que lo acompañaría y le daría su bendición en el viaje hacia Harán, Jacob había tratado de negociar con Dios. *Si* Dios estaba con él y cubría sus necesidades y lo mantenía sano y salvo, *entonces* Dios sería su Dios, dijo Jacob.

Habían transcurrido veinte años difíciles, y Jacob había aprendido qué se siente ser engañado y estafado. Dios había usado esos veinte años difíciles para abrir los ojos de Jacob a su pecado y hacerlo reconocer cuánto necesitaba a Dios para todo lo bueno que deseara recibir. El Señor había bendecido a Jacob con mucha riqueza y una numerosa familia, pero ahora Jacob temía por su vida. Finalmente admitió que no merecía nada de parte de Dios, pero que lo necesitaba con desesperación.

Entonces Jacob oró: «No soy digno de todo el amor inagotable y de la fidelidad que has mostrado a mí, tu siervo». Le agradeció a Dios porque, aunque se había marchado a Harán con tan solo un bastón, Dios había hecho de él un hombre con una numerosa compañía de personas y de ganado. Le recordó a Dios las promesas que le había hecho antes y le pidió protección.

Esa noche, Jacob trasladó a su familia y a sus animales a un lugar más seguro, y se quedó solo. Se presentó un hombre que luchó con él durante toda la noche. Eso lo habrá dejado exhausto, especialmente porque el otro luchador era tan fuerte. Pero Jacob rehusó soltarlo. Entendió que ese «hombre» estaba de alguna manera relacionado con Dios. El misterioso contrincante hirió a Jacob, y a este se le dislocó la cadera. Cuando se acercaba el amanecer, el hombre le dijo a Jacob:

—¡Déjame ir, pues ya amanece!

—No te dejaré ir a menos que me bendigas —replicó Jacob.

—¿Cómo te llamas? —preguntó su rival.

—Jacob.

Entonces el otro luchador dijo:

—De ahora en adelante, serás llamado Israel. —Y lo bendijo como le había pedido.

Cuando había amanecido por completo, Jacob dijo: «He visto a Dios cara a cara, y sin embargo, conservo la vida». Dios, quien había elegido a Jacob para que recibiera las bendiciones del pacto, había obrado en él para mostrarle su pecado y cuánto necesitaba la bendición de Dios. Jacob no logró vivir de manera «perfecta» de ahí en adelante, pero Dios siguió obrando en él para transformarlo en el hombre que Dios quería que fuera. Dios *también* hizo que Esaú se acercara a su hermano en paz, feliz de volver a verlo.

Dios siempre actúa en quienes ha elegido y llamado. Usa aun las situaciones más duras en su vida para convertirlos en las personas santas que él quiere que sean.

EN CUANTO A MÍ Y A MI FAMILIA...

- Cuéntenles a sus hijos sobre una ocasión en la que las circunstancias fueron difíciles y Dios las usó para mostrarles más acerca de cómo es él o para hacerlos desarrollar un carácter más parecido al de Cristo.

- ¿Qué es más importante para Dios: que tengamos comodidades, salud y cosas que podemos disfrutar? ¿O que nos volvamos más semejantes a Jesús? Oren por personas a las que su familia conoce que estén atravesando momentos difíciles; pidan a Dios no solo que modifique las circunstancias, sino que use las dificultades para ayudarlas a conocerlo mejor y volverlas más parecidas a Cristo.

DIOS SALVA AL BEBÉ MOISÉS
Dios levanta un libertador para su pueblo
Éxodo 1:1–2:10

10

¡La mamá de Miriam tenía una gran noticia! Iba a tener un bebé. Eso *podría* ser una buena noticia, ¡porque Miriam podría recibir una hermanita! Pero también podía ser una noticia terrible, porque podía ser un varoncito. Miriam y su familia vivían en Egipto, con los demás hebreos descendientes de Abraham. El gobernante de Egipto, el faraón, había decretado que si una mujer hebrea daba a luz un bebé varón, matarían al recién nacido.

Mucho tiempo atrás, los hebreos se habían mudado

> «Los israelitas seguían gimiendo bajo el peso de la esclavitud. Clamaron por ayuda, y su clamor subió hasta Dios, quien oyó sus gemidos y se acordó del pacto que había hecho con Abraham, Isaac y Jacob. Miró desde lo alto a los hijos de Israel y supo que ya había llegado el momento de actuar».
> *Éxodo 2:23-25*

a Egipto. En ese entonces, les dieron la bienvenida, hasta los habían invitado. Fue así porque en aquel entonces no eran tan numerosos (apenas setenta), y uno de ellos les había hecho un gran favor a los egipcios. El que había hecho ese favor se llamaba José, y esto es lo que había hecho: Dios le había dado la capacidad de explicarle al faraón de entonces algo que había soñado. José le dijo que el sueño significaba que en Egipto tendrían siete años de cosechas excelentes, seguidos por siete años de una intensa hambruna. En aquel momento, el faraón había quedado tan impresionado que designó a José como encargado de almacenar alimento durante los siete años buenos a fin de que hubiera suficiente durante los siete años malos. José había sido capaz de reservar tanto alimento que aun la gente de las tierras vecinas vino a comprar comida cuando el hambre estaba terrible. Toda la familia de José, los descendientes de Abraham, se habían mudado a Egipto. Esa fue la manera en que Dios mantuvo con vida a su pueblo durante el tiempo de escasez.

Habían pasado varios cientos de años desde esa época. Esos setenta hebreos que llegaron a Egipto habían tenido hijos, hijos y más hijos, ¡y ahora la tierra de Egipto estaba llena de ellos! Dios había cumplido su promesa a Abraham, Isaac y Jacob, de aumentar el número de sus descendientes hasta hacer de ellos una gran nación. Pero el faraón que ahora gobernaba no estaba para nada contento con la situación. No lo entendía como una promesa cumplida por Dios; lo veía como una amenaza para Egipto. ¿Y si alguna vez atacaban los enemigos de Egipto, y los hebreos luchaban de su lado en contra de los egipcios? Por eso, el faraón decidió hacer todo lo que estuviera a su alcance para debilitar al pueblo hebreo. Primero los esclavizó, y les hizo la vida insoportable con trabajo forzado. Pero cuanto peor los trataban los egipcios, más se multiplicaban los hebreos. Entonces el faraón ordenó que las niñas hebreas recién nacidas vivirían, pero que los varoncitos debían ser arrojados en el río Nilo.

Quizás por eso es que Miriam y su familia esperaban que naciera una niña. Pero Dios les dio un varón. Por supuesto, la familia no tenía ninguna intención de arrojar al bebé en el río. Y nadie más iba a hacerlo, si es que podían evitarlo. Al principio era fácil esconder al bebé. Un bebé es pequeñito, y aunque llore tiene una voz suave. Pero a medida que el niño creció, se hizo más difícil esconderlo. Su llanto era más fuerte. Finalmente, cuando ya no pudieron esconderlo más, la mamá de Miriam tomó una canasta y lo cubrió con brea y resina para que fuera impermeable. Entonces colocó al bebé en la canasta y lo ubicó entre los juncos a la orilla del río. ¿Qué sería del bebé? Miriam se quedó cerca para vigilar y ver lo que pudiera ocurrir.

Mientras Miriam vigilaba, vio a un grupo de mujeres egipcias que se acercaba a la orilla del río. Una de ellas era la hija del faraón. Miriam seguramente se sintió horrorizada. Salvo el propio faraón, la peor persona para encontrar a su hermanito era esa mujer. Y efectivamente, la hija del faraón vio la canasta. Con curiosidad por ver qué había adentro, envió a una de sus sirvientas a que lo trajera. Miriam esperó, apenas respirando, mientras la hija del faraón quitaba la tapa y miraba adentro. Y entonces, ¡ocurrió lo peor posible! El bebé comenzó a llorar. Miriam se encogió.

Pero no necesitaba preocuparse. Dios llenó de compasión el corazón de la hija del faraón por el pequeño bebé. Cuando Miriam vio eso, reunió el valor necesario y se acercó a la princesa. Le preguntó si quería que buscara a alguien para alimentar y cuidar al bebé. Cuando la princesa dijo que sí, Miriam corrió y volvió con su propia madre.

Así fue como la familia de Miriam pudo criar a su hijito en su propio hogar sin temor. Cuando tuvo edad suficiente, fue a vivir en el palacio con la hija del faraón, quien le puso por nombre «Moisés». Al sufriente pueblo de Dios, los hebreos, le habrá parecido que Dios no se preocupaba por ellos, pero sí lo hacía. Dios había dado vida a Moisés y lo había protegido con el propósito de liberar a su pueblo. Cuando llegara el momento, Dios lo enviaría para liberar a los israelitas de su dura esclavitud bajo los egipcios y llevarlos de regreso a la tierra que él le había prometido a Abraham.

EN CUANTO A MÍ Y A MI FAMILIA...

▶ Lean Proverbios 21:1. ¿Qué puede transformar Dios cada vez que se lo propone? ¿Cómo vemos ilustrado este concepto en el relato sobre Moisés?

▶ Cuando el pueblo de Dios en el Antiguo Testamento pensaba en el modo en que Dios los había rescatado, o cuando hablaban acerca de su salvación, recordaban su liberación de su esclavitud en Egipto. ¿Qué Salvador más grande que Moisés levantaría Dios para redimir y salvar a su pueblo tiempo después?

11

LA PRIMERA PASCUA
Dios provee un sacrificio para salvar a su pueblo
Éxodo 5–12

La contienda se había prolongado suficiente. El faraón había convertido a los hebreos en esclavos y les había amargado la vida con trabajo forzado. Había matado a sus hijos. Hubiera sido malo que el faraón le hiciera eso a cualquier persona, pero

> «Esa noche pasaré por la tierra de Egipto y heriré de muerte a todo primer hijo varón y a la primera cría macho de los animales en la tierra de Egipto. (...) Cuando yo vea la sangre, pasaré de largo. Esa plaga de muerte no los tocará a ustedes cuando yo hiera la tierra de Egipto». *Éxodo 12:12-13*
>
> «Cristo, nuestro Cordero Pascual, ha sido sacrificado por nosotros». *1 Corintios 5:7*

esta gente era el pueblo de Dios. Dios había prometido a su ancestro Abraham que él sería el Dios de sus descendientes y ellos serían el pueblo de Dios. Esta gente no pertenecía al faraón para que los esclavizara y los aniquilara. Pertenecían a Dios. Y Dios quería que el faraón los dejara en libertad.

Dios envió a Moisés a presentarse al faraón, y decirle: «Esto dice el Señor, Dios de Israel: "Deja salir a mi pueblo"».

La respuesta del faraón fue: «¿Y quién es ese Señor? ¿Por qué tendría que escucharlo y dejar ir a Israel? Yo no conozco a ese tal Señor y no dejaré que Israel se vaya».

Eso no había sorprendido a Dios en absoluto. Le advirtió a Moisés que el faraón se opondría una y otra vez, pero que al final se daría cuenta de que el Señor era verdaderamente Dios. Dios le prometió a Moisés que el faraón no solo dejaría en libertad al pueblo; lo sacaría con brazo fuerte, *ansioso* de que se marchara de Egipto.

Entonces Dios mandó una plaga tras otra. Primero, toda el agua del gran río Nilo se convirtió en sangre. Al faraón no le impresionó eso. Entonces Dios envió ranas para cubrir toda la tierra y llenar las casas. Ante esto, el faraón dijo que los israelitas podían marcharse si se iban las ranas. Todas las ranas murieron, y el faraón cambió de idea. Después vinieron nubes de mosquitos por todas partes, seguidos por moscas. Una y otra vez, el faraón anunciaba que dejaría ir al pueblo, y después cambiaba de idea. El ganado de los egipcios enfermó y murió. Después, todos los egipcios fueron afectados por llagas purulentas, de modo que los siervos del faraón ni siquiera podían presentarse a trabajar. El granizo destruyó las cosechas, las langostas se comieron lo que quedaba y hubo tres días de intensa oscuridad sobre la tierra. Cada vez, el faraón pedía a Moisés que retirara la plaga a cambio de la libertad de los israelitas; y cada vez que desaparecía la plaga, el faraón cambiaba de idea.

Había llegado el momento de mostrarle al faraón, de una vez por todas, quién era Dios. Dios dijo a Moisés: «Heriré al faraón y a la tierra de Egipto con un golpe más. Después, el faraón los dejará salir de su territorio. De hecho, estará tan desesperado por librarse de ustedes que los obligará a irse de su tierra». La última plaga sería la muerte del hijo primogénito de cada familia de Egipto. Ese sería el juicio de Dios sobre el faraón y sobre los egipcios porque habían maltratado al pueblo de Dios y habían despreciado la palabra de Dios.

Si hubieras sido parte de una familia israelita viviendo en Egipto con un hijo, quizás te hubieras sentido algo ansioso ante esta última plaga. ¿Podrías estar seguro de que el hijo mayor en *tu* familia no moriría también cuando fueran aniquilados todos los hijos primogénitos? Dios proveyó protección para su pueblo contra esta terrible plaga.

Dios le dijo a Moisés que cada familia israelita debía matar un cordero macho de un año, sin defecto, que fuera perfecto. Debían usar una parte de la sangre del cordero para pintar el dintel de la puerta de entrada a su casa, y después quedarse dentro. Cuando Dios pasara por la tierra a matar a los hijos primogénitos, pasaría de largo por las casas donde viera la sangre del cordero. Dios aceptaría la muerte de los corderos en lugar de la muerte de los primogénitos. Cada familia israelita debía asar el cordero entero y comerlo con hierbas amargas y pan sin levadura. Al comer, debían estar ya vestidos y con todo empacado, listos para salir apenas les llegara el aviso, porque el faraón les pediría que se fueran tal como Dios lo había dicho. Desde entonces, cada año los israelitas debían celebrar la Pascua con esta misma comida, en memoria de lo que Dios había hecho por ellos.

Los egipcios no eran los únicos que habían pecado y que merecían el juicio de Dios. También los hebreos habían pecado muchas veces contra Dios. Pero como eran su pueblo, Dios proveyó el sacrificio del cordero de Pascua como un medio para que su ira no cayera sobre ellos.

El apóstol Pablo nos dice que el verdadero cordero de Pascua para el pueblo de Dios es el Señor Jesucristo. Él murió en lugar de nosotros para que la ira de Dios no cayera sobre nosotros, para que nuestros pecados fueran perdonados y entonces tuviéramos vida eterna.

EN CUANTO A MÍ Y A MI FAMILIA...

▶ Este puede ser un buen momento para conversar con su familia sobre el significado del sacramento de la Comunión o la Santa Cena. Pueden leer sobre esta en Mateo 26:26-29. Lean primero los versículos 17-20, y pregúntenles a sus hijos qué día era cuando Jesús estableció la Santa Cena. Pregúntenles cuál fue la razón que expresó Jesús de que su sangre fuera derramada. Encontrarán versículos adicionales en Lucas 22:14-20 y 1 Corintios 11:23-29.

MOISÉS VE LA GLORIA DE DIOS
Dios se revela a su pueblo
Éxodo 32:1–34:10

12

Moisés debe haber pensado: *¿Cómo pudo ocurrir semejante cosa?* Después de que Dios había sido tan bueno con los israelitas, llevando a cabo actos poderosísimos para liberarlos de la esclavitud, ¿cómo podían pagarle de esa manera? Después de que Dios había dado su ley a los israelitas, ¿cómo podían desobedecerla tan pronto? Después de que Dios

> «Nosotros hemos recibido el Espíritu de Dios (no el espíritu del mundo), de manera que podemos conocer las cosas maravillosas que Dios nos ha regalado».
>
> 1 Corintios 2:12

había hecho un pacto con ellos, ¿cómo era posible que tan rápido le dieran la espalda y adoraran a un ídolo?

Moisés había estado en el monte Sinaí, donde Dios le había entregado sus leyes y le había dado indicaciones para preparar la carpa del tabernáculo, en la que Dios viviría en medio de su pueblo. La gente se había quedado al pie de la montaña, y entonces le exigieron a Aarón que les hiciera un dios al que pudieran ver. Después de todo, ¡hacía semanas que Moisés se había ido! Entonces Aarón les hizo un becerro de oro.

Cuando Moisés bajó de la montaña cargando los diez mandamientos que el propio Dios había grabado en tablas de piedra, oyó el canto y la danza de los adoradores de ídolos.

Moisés se sintió amargamente desilusionado, aunque en realidad no se sorprendió porque, mientras todavía estaba con Dios en la montaña, Dios le había avisado lo que estaba ocurriendo allá abajo. Dios le dijo a Moisés que su ira hacia los israelitas por causa de ese pecado era tan grande que los destruiría a todos y comenzaría de nuevo haciendo una nueva nación de Moisés.

Allá arriba en la montaña, Moisés le había rogado a Dios que abandonara su enojo. Le dijo que los egipcios dirían que Dios había sacado a los israelitas de Egipto solo para destruirlos. Le dijo que los enemigos de Dios pensarían que Dios no era capaz de cuidar a su pueblo. Rogó a Dios que tomara en cuenta su propia gloria y que recordara las promesas que le había hecho a Abraham.

Dios cedió su enojo. No destruyó a todo el pueblo por ese terrible pecado. Sin embargo, cuando Moisés regresó al campamento, envió a hombres entre el pueblo e hizo matar a miles de los adoradores del ídolo, y Dios envió una plaga que mató a muchas personas más. Pero Dios dejó con vida a la mayoría del pueblo, y le dijo a Moisés que todavía les daría la tierra que les había prometido. Enviaría a un ángel para que fuera delante de ellos, pero él mismo no iría con ellos. ¡Eran demasiado pecadores!

Moisés intercedió por el pueblo. Él sabía que no era tierra lo que necesitaban, sino a Dios mismo. Moisés rogó a Dios que acompañara a su pueblo y que estuviera en medio de ellos, y Dios aceptó. Moisés le dijo a Dios que si *no* los acompañaba, él no querría llevar al pueblo a ningún lugar. Dijo que lo único que diferenciaba al pueblo de Dios de todos los demás pueblos de la tierra era que Dios estaba con ellos.

Dios volvió a prometer que haría lo que le pedía Moisés, y que acompañaría a los israelitas. Entonces Moisés oró: «Te suplico que me muestres tu gloriosa presencia».

Dios respondió: «Haré pasar delante de ti toda mi bondad y delante de ti proclamaré mi nombre, Yahveh. Pues tendré misericordia de quien yo quiera y mostraré compasión con quien yo quiera». Dios le dijo a Moisés que ningún ser humano puede ver su rostro y seguir con vida, de modo que colocaría a Moisés en una grieta de la roca y lo cubriría hasta que ya hubiera pasado, de modo que Moisés solo viera su espalda.

Mientras Moisés estaba parado en la grieta de la roca, Dios pasó delante de él proclamando su nombre: «¡Yahveh! ¡El Señor! ¡El Dios de compasión y misericordia! Soy lento para enojarme y estoy lleno de amor inagotable y fidelidad. Yo derramo amor inagotable a mil generaciones, y perdono la iniquidad, la rebelión y el pecado. Pero no absuelvo al culpable». Moisés se postró en adoración.

El nombre de Dios, el que proclamó a Moisés, representa el ser de Dios en su maravilloso carácter. Eso es la gloria de Dios. Lo más misericordioso y lleno de gracia que Dios hace por los suyos es revelarles quién es él y cómo es. Si él no manifestara su gloria a su pueblo, ellos jamás podrían verla. Dios se manifiesta a su pueblo a pesar de lo pecadores que son y de su falta de mérito, porque es un Dios lleno de tanta gracia maravillosa que da a su pueblo lo que nunca llegaría a merecer.

EN CUANTO A MÍ Y A MI FAMILIA...

▶ Pídanles a sus hijos que adivinen la palabra que usted está pensando, para mostrarles que a menos que usted se las revele, ellos no podrán saber cuál es. Si Dios no se revelara, ningún pecador podría saber cómo es él.

▶ ¿Qué podemos saber sobre Dios a partir de las cosas que nos rodean? Esto es lo que llamamos revelación general. Nos muestra algo acerca de Dios, pero no es suficiente.

▶ ¿Dónde podemos aprender cómo es Dios: lo que él ama, lo que odia, lo que ha hecho, la manera de conocerlo? Esas cosas las aprendemos en la Biblia, o por la revelación especial, cuando Dios abre nuestro corazón enceguecido por el pecado y nos permite entender su palabra.

13 EL INFORME DE LOS DOCE ESPÍAS
Los mandatos de Dios deben ser obedecidos
Números 13–14

¡Por fin! Después de recorrer toda la distancia desde Egipto, los israelitas estaban justo al borde de Canaán, la tierra que Dios había prometido darles. Pronto podrían ingresar e instalarse. ¡Cuánto alivio

«*Entonces el Señor le dijo: "Los perdonaré como me lo pides. Pero tan cierto como que yo vivo y tan cierto como que la tierra está llena de la gloria del Señor, ni uno solo de este pueblo entrará jamás en esa tierra. Todos vieron mi gloriosa presencia y las señales milagrosas que realicé, tanto en Egipto como en el desierto, pero vez tras vez me han probado, rehusando escuchar mi voz. Ni siquiera verán la tierra que juré dar a sus antepasados*». *Números 14:20-23*

sentirían! Dios le dijo a Moisés que antes de ingresar a la tierra con toda la nación, debía enviar exploradores: un representante de cada una de las doce tribus de Israel.

Moisés eligió a doce hombres y los envió a Canaán a reunir información. Debían averiguar cómo era la tierra y regresar con frutos que se cultivaran allí. Debían observar cuánta gente vivía en ese lugar y qué tan fuertes eran. Debían observar en qué tipo de ciudades vivía la gente y cuán difícil sería conquistarlas... ya que Dios le había dado a su pueblo la seguridad de que *sí* conquistarían esa tierra. Dios había esperado con paciencia mientras los cananeos que vivían en la tierra se volvían más y más malvados, pero finalmente había llegado el momento de que fueran castigados. Dios les había dado a los israelitas la tarea de castigar a los cananeos al expulsarlos de Canaán. Al mismo tiempo, este sería el modo en que Dios daría a su pueblo la tierra que había prometido darles desde los tiempos de Abraham. La misión de los exploradores era reunir información que ayudara a los israelitas en la conquista de la tierra.

Cuando los doce espías regresaron, después de explorar todo el lugar, trajeron granadas e higos y enormes racimos de uvas. Dijeron al pueblo de Dios que la tierra era buena y podía brindarles alimento en abundancia. Pero los espías también informaron que la gente que vivía allí era muy alta y fuerte, y que las ciudades eran grandes y estaban bien fortificadas. Diez de los espías dijeron que nunca podrían luchar contra ellos.

Los otros dos espías, Josué y Caleb, coincidieron con todo el informe pero dijeron que no tenía importancia que la gente fuera fuerte ni que viviera en ciudades bien fortificadas. Dios les había dicho a los israelitas que tomaran la tierra, y él lucharía por ellos.

Pero los israelitas no quisieron escuchar. Comenzaron a llorar, y lloraron toda la noche. A la mañana siguiente, se quejaron con Moisés de que Dios los había llevado hasta allí para morir por la espada del enemigo. ¡Dijeron que deseaban haber muerto en el desierto!

Al escucharlos, Moisés y Aarón se postraron sobre sus rostros a orar porque sabían que esto enojaría a Dios. Josué y Caleb rasgaron su ropa y suplicaron a la gente que no se rebelaran contra Dios de esta manera, sino que tomaran la tierra como él lo había ordenado. La única reacción de los israelitas fue buscar piedras para arrojar a Josué y a Caleb porque querían matarlos.

Entonces la gloria de Dios se manifestó en la carpa de reunión. «¿Hasta cuándo me despreciará este pueblo? —preguntó—. ¿Nunca me creerán, aun después de todas las señales milagrosas que hice entre ellos?». Le dijo a Moisés que los destruiría y comenzaría con él una nueva nación.

Pero Moisés oró por los israelitas, pidiéndole a Dios que mostrara su gloria a las demás naciones al tenerle paciencia a su pueblo. Le recordó a Dios que había prometido perdonarlos: «Por favor, perdona los pecados de este pueblo, así como lo has perdonado desde que salió de Egipto».

Dios escuchó la oración de Moisés. Dijo que los perdonaría, pero que también daría a los israelitas lo que habían pedido. Habían dicho que deseaban haber muerto en el desierto, y así sería. Dios iba a esperar cuarenta años antes de dar a su pueblo la tierra que le había prometido. Para entonces, todos los adultos habrían envejecido y muerto, y los niños habrían crecido. Esos adultos que se rebelaron no verían la tierra. Sus hijos iban a ser los que entrarían y se instalarían. Las únicas excepciones serían Josué y Caleb, quienes habían creído la palabra de Dios y estaban dispuestos a obedecerle.

Dios nos dice en su palabra cómo es él. Se ocupa de su pueblo de muchas maneras, y nos muestra que es confiable. Dios nos invita a creer en sus promesas y a confiar en él. Cuando le creemos, confiamos en que nos da la capacidad para hacer lo que nos pide, y entonces lo obedecemos.

EN CUANTO A MÍ Y A MI FAMILIA...

▶ Al salir de Egipto y atravesar el desierto, ¿qué actos poderosos habían los israelitas visto hacer a Dios hasta ese momento? ¿Qué deberían haber creído acerca de Dios?

▶ A ustedes y a sus hijos, ¿cuáles mandamientos de Dios les resultan difíciles de obedecer? ¿Qué saben acerca de Dios a partir de su palabra, que podría ayudarles a confiar lo suficiente en él como para obedecer sus mandatos?

LA REBELIÓN DE CORÉ
Dios designa un sacerdote para su pueblo
Números 16–17

14

Dios vive en medio de su pueblo, y cada uno de nosotros es santo. ¿Por qué no podemos ir todos nosotros delante de Dios para servir? ¿Por qué necesitamos a Aarón? ¡Él se cree mejor que los demás! Esto era lo que pensaban Coré y sus compañeros rebeldes. Coré era levita; le habían encomendado la tarea especial de ayudar a los sacerdotes durante el

> «Por eso, Cristo no se honró a sí mismo haciéndose Sumo Sacerdote, sino que fue elegido por Dios, quien le dijo:
> "Tú eres mi Hijo.
> Hoy he llegado a ser tu Padre".
> Y en otro pasaje Dios le dijo:
> "Tú eres sacerdote para siempre"».
>
> Hebreos 5:5-6

servicio de adoración en el tabernáculo. Pero parecía no ser suficiente para él. Quería la tarea que cumplía Aarón, el papel de sumo sacerdote.

De lo que Coré no se daba cuenta era que Aarón no se había autodesignado sumo sacerdote: Dios había declarado que lo fuera, y que sus hijos lo fueran después de él. No era porque Aarón fuera mejor que los demás, sino porque a Dios le complacía hacerlo. Dios quería que su pueblo entendiera que, si eran santos, lo eran solo por su gracia. Por sí solos, eran pecadores y no tenían derecho alguno a siquiera presentarse delante de Dios. Solo podían hacerlo si el sumo sacerdote elegido por Dios ofrecía sacrificios en representación del pueblo.

Coré habló con otros hombres y despertó en ellos una actitud rebelde como la que él tenía. Datán y Abiram eran otros dos rebeldes que se quejaron de que Moisés los había sacado de las comodidades de Egipto para morir en el desierto. Doscientos cincuenta hombres, líderes en Israel, se sumaron a la rebelión en contra del líder y del sacerdote que Dios había designado.

Primero Dios dijo que destruiría a toda esta nación rebelde y comenzaría nuevamente con Moisés (como lo había dicho varias veces antes). Moisés intercedió por el pueblo, pidiéndole a Dios que no los destruyera a todos por causa de algunos que se rebelaron. Entonces Moisés dijo a los israelitas que se alejaran de las carpas de Coré, Datán y Abiram. Les dijo que Dios estaba a punto de mostrarles que era él quien había designado a Moisés como líder. «Si estos hombres mueren de muerte natural —dijo Moisés—, entonces el Señor no me ha enviado; pero si el Señor hace algo totalmente nuevo y la tierra abre su boca y se los traga con todas sus pertenencias y descienden vivos a la tumba, entonces ustedes sabrán que estos hombres mostraron desprecio por el Señor».

Apenas Moisés había terminado de hablar, se abrió el suelo bajo las carpas de los rebeldes y estos y todo lo que les pertenecía cayó en el abismo producido por la grieta en la tierra. Después, la tierra se cerró y los rebeldes no fueron vistos nunca más.

En lugar de aprender de lo que les había ocurrido a esos rebeldes, muchos israelitas comenzaron a culpar a Moisés por lo sucedido. Entonces la ira de Dios se volvió en contra de los israelitas y empezó a dispersarse una plaga que mató a muchos de ellos. Moisés le dijo a Aarón que tomara un recipiente para quemar incienso y lo ofreciera a Dios por causa del pecado del pueblo. Aarón se paró entre los vivos y los muertos, y allí la plaga se detuvo.

Esta fue una clara demostración de que Aarón era el sacerdote designado por Dios. Aarón podía presentar una ofrenda ante el Dios santo en representación de los pecadores; Dios aceptaría esa ofrenda y abandonaría su enojo. Eso es lo que hace un sacerdote. Los pecadores no pueden acercarse a un Dios santo sin que un sacerdote ofrezca sacrificios para pagar por el pecado que hayan cometido, y el sacerdote debe ser el que Dios haya designado.

Entonces, para dejar bien en claro que Aarón era el sacerdote que Dios había elegido, Dios le dijo a Moisés que reuniera varas de madera de los representantes de todas las tribus, incluso la de Aarón. Moisés debía colocar las varas en el tabernáculo durante toda esa noche; la vara del hombre a quien Dios hubiera designado como sacerdote brotaría hojas verdes a la mañana siguiente... ¡aunque la vara era un viejo palo seco! Por la mañana, el bastón de Aarón no solo había echado brotes verdes, ¡también había florecido y había producido almendras!

Hoy mucha gente cree que puede presentarse ante Dios por su cuenta, en cualquier condición que se encuentren, y que Dios los recibirá. Están equivocados. Nadie puede acercarse a Dios sin que un sacerdote presente una ofrenda por su pecado. El Señor Jesucristo es el Sumo Sacerdote perfecto, designado por Dios. Cristo es el único camino que lleva a Dios.

EN CUANTO A MÍ Y A MI FAMILIA...

▶ Estén atentos a comentarios que muestran la idea de que las personas pueden ser aceptadas por Dios en cualquier condición en que se encuentren. Conversen con sus hijos sobre esos comentarios.

▶ ¿Por qué ya no traemos animales para que los sacerdotes los ofrezcan como sacrificio? ¿Todavía exige Dios un sacrificio aceptable? ¿Cuál es? ¿Todavía requiere Dios que un sacerdote presente ese sacrificio en nombre de los pecadores? ¿Quién es ese sacerdote?

15 LA SERPIENTE EN EL POSTE
Dios provee salvación para su pueblo
Números 21:4-9

Cuando leemos las historias de los israelitas en el desierto, es fácil sacudir la cabeza y pensar: *¡Qué barbaridad! Esa gente. Ahí van otra vez. Siempre quejándose y rebelándose y desobedeciendo lo que Dios quiere que hagan. ¡Después de tantos milagros que hizo por ellos!* Sin duda, el pueblo de Dios en el Antiguo Testamento era lento para aprender. No tenía ninguna excusa, porque Dios le mostraba una y otra vez lo que necesitaba saber para confiar en él y obedecerlo. Esos israelitas del Antiguo Testamento realmente *merecen* nuestra crítica... siempre y

> «Así como Moisés levantó la serpiente de bronce en un poste en el desierto, así deberá ser levantado el Hijo del Hombre, para que todo el que crea en él tenga vida eterna. Pues Dios amó tanto al mundo que dio a su único Hijo, para que todo el que crea en él no se pierda, sino que tenga vida eterna». Juan 3:14-16

cuando reconozcamos que ¡nosotros merecemos el mismo juicio!

Dios ha hecho cosas mucho más grandes por nosotros, su pueblo bajo un nuevo pacto. Envió a su Hijo para hacerse humano, como nosotros, para morir en lugar de nosotros y resucitar de la muerte. Dio su propio Espíritu para vivir en el corazón de las personas que le pertenecen. Sin embargo, ¿obedecemos siempre a Dios? ¿Confiamos siempre en él? ¿Nos quejamos de las circunstancias que él ha dispuesto para nosotros? A pesar de las cosas mucho más asombrosas que Dios ha hecho por nosotros, todavía pecamos muchas veces cada día.

Igual que el pueblo de Dios en el Antiguo Testamento, necesitamos un Dios que provea una salida para el castigo que merecemos por nuestros pecados contra él. **Debemos poner nuestra fe en el modo del perdón que Dios ha provisto.**

Los israelitas se estaban quejando por enésima vez. Debido a que se habían rebelado contra el mandato del Señor de entrar a la Tierra Prometida, Dios los había enviado a pasar cuarenta años en el desierto. Estando allí, Moisés le preguntó al rey de Edom si podían pasar por su tierra, pero el rey se había negado. Por ese motivo, el pueblo había tenido que rodear el territorio de Edom, un camino largo y agotador. La gente se puso impaciente, y ahora estaba quejándose.

Hablaron en contra de Dios y de Moisés, diciendo: «¿Por qué nos sacaron de Egipto para morir aquí en el desierto? Aquí no hay nada para comer ni agua para beber. ¡Además, detestamos este horrible maná!». ¡Esta queja era completamente irrazonable! Por un lado, en efecto iban a morir finalmente en el desierto, por lo menos los adultos. Pero era por su propia culpa, por haberse negado a entrar en la buena tierra que Dios había prometido darles. Y Dios les había provisto fielmente el agua de maneras inverosímiles durante todo el tiempo que deambularon. En cuanto al «horrible maná» que rechazaban, ¡era el alimento milagroso que Dios les enviaba cada día desde el cielo!

Con razón Dios envió serpientes agresivas... el pueblo se lo merecía. La mordedura de las serpientes era altamente venenosa y muchos murieron. La gente se acercó a Moisés, admitiendo que había pecado contra él y contra Dios. Le pidieron que orara para que Dios quitara las serpientes. Moisés oró, y Dios respondió.

Sin embargo, la respuesta de Dios no fue quitar las serpientes que habían llegado como juicio por el pecado del pueblo. En lugar de eso, Dios proveyó un recurso para que la gente se salvara del juicio que se merecía. Dios le dijo a Moisés que hiciera una serpiente de bronce y que la colocara en un poste. «Todos los que sean mordidos vivirán tan solo con mirar la serpiente», prometió Dios.

Moisés hizo la serpiente, tal como Dios había dicho, y la colocó en el poste. Como dice la Biblia: «¡Entonces los que eran mordidos por una serpiente miraban la serpiente de bronce y sanaban!». Por supuesto, mirar a una víbora fabricada no puede sanar a nadie que tenga veneno en sus venas por causa de la mordedura de una víbora. Pero Dios sí puede sanar. En su gracia, sanó a aquellos quejosos cuando pusieron su fe en el remedio que él proveyó.

Cientos de años después, Jesús dijo a sus discípulos que todas las Escrituras del Antiguo Testamento apuntan hacia él. Este relato lo hace con claridad. Jesús le dijo a Nicodemo que el Hijo del Hombre sería «levantado» (hacía referencia a la cruz), así como Moisés había levantado a la serpiente en el desierto. Jesús es el remedio que Dios ha provisto para el juicio que merecen nuestros pecados. Así como los israelitas sanaban cuando ponían su confianza en la promesa de Dios y miraban a la serpiente de bronce, también los pecadores vivirán eternamente si ponen su fe en el Salvador crucificado.

Si los israelitas se hubieran negado a hacer algo tan simple o si hubieran desperdiciado el tiempo tratando de encontrar una cura por cuenta propia, hubieran muerto. Si nosotros tratamos de hacer cosas por nosotros mismos para ganar la vida eterna, pereceremos. La fe recibe a Jesús tal como se nos ofrece en el evangelio, el único Salvador del pecado, y confía solo en él para la salvación. Este es el único camino hacia la vida eterna.

EN CUANTO A MÍ Y A MI FAMILIA...

▶ Memoricen (o repasen) la pregunta y la respuesta 86 del Catecismo Menor de Westminster: «P. ¿Qué es la fe en Jesucristo? R. La fe en Jesucristo es una gracia salvadora por la cual recibimos a Cristo como nos es ofrecido en el Evangelio, y confiamos solamente en él para la salud».

▶ Con su familia, alaben a Dios por la asombrosa gracia por la cual siguió proveyendo recursos de perdón para los israelitas rebeldes y quejosos. Alábenlo por su gracia al proveer un medio de perdón para pecadores rebeldes y egoístas, al precio de su amado y único Hijo.

BALAAM Y LA BURRA

Dios cumple toda su voluntad y toda su palabra

Números 22–24

16

El rey Balac estaba preocupado. Una gran muchedumbre había llegado a la tierra en que vivía, y les tenía miedo. Para empezar, ¡eran muchísimos! Además, había escuchado lo que les hicieron a otros reyes: a Sehón, rey de los amorreos, quien los había atacado, y a Og, rey de Basán, que también los había atacado. Estos recién llegados habían derrotado a esos dos reyes, apropiándose de los pueblos y las aldeas de Sehón, sin dejar a nadie con vida en el pueblo de Og.

> «Dios no es un hombre; por lo tanto, no miente.
> Él no es humano; por lo tanto, no cambia de parecer.
> ¿Acaso alguna vez habló sin actuar?
> ¿Alguna vez prometió sin cumplir?».
>
> Números 23:19

Por eso, el rey Balac de Moab envió un mensaje al bien conocido profeta Balaam. Este tenía cierta reputación. A quienes él maldecía les ocurrían cosas malas, y a quienes bendecía les ocurrían cosas buenas. Los mensajeros del rey Balac le pidieron a Balaam que volviera con ellos y maldijera a esa gente que había llegado de Egipto (¡los israelitas, por supuesto!), para que el rey Balac y los moabitas pudieran derrotarlos. Los mensajeros le mostraron a Balaam el dinero que le pagarían por hacerlo.

Dios le dijo a Balaam que no debía volver con los mensajeros y maldecir a los israelitas, porque estos eran su pueblo bendecido. Entonces Balaam respondió que no, y el rey Balac envió más mensajeros que le ofrecieron todavía más dinero. Balaam le preguntó nuevamente a Dios si podía presentarse al rey Balac, y esta vez Dios le dijo que sí. Pero solo debía decir lo que Dios le diera para decir.

Dios estaba enojado porque Balaam insistía en hacer lo que ya le había dicho que no hiciera. Entonces Dios envió un ángel con espada desenvainada para bloquear el camino de Balaam. Este no podía ver al ángel, ¡pero sí lo vio la burra en la que iba montado! Tres veces, el animal se alejó del ángel, protegiendo al hombre montado. Balaam, sin entender por qué la burra se comportaba de esa manera, la azotó en cada ocasión. Finalmente, Dios le dio a la burra la capacidad de hablar: «¿Qué te he hecho para merecer que me pegues tres veces?». Dios no solo abrió la boca de la burra, sino también los ojos de Balaam para que pudiera ver al ángel.

El ángel reprochó a Balaam por su crueldad hacia la burra, así como por su insistencia en maldecir a los israelitas a pesar de saber que Dios no quería que lo hiciera. El ángel le volvió a decir que cuando llegara a su destino, Balaam solo debía decir lo que Dios le diera para decir.

Cuando Balaam llegó a Moab, el rey Balac salió a su encuentro. Lo primero que hizo fue llevarlo a Bamot-baal, desde donde podían ver a algunos israelitas. Hicieron todos los preparativos y luego Balaam habló. Sin embargo, las palabras que Dios puso en su boca no fueron de maldición como el rey lo deseaba. Dijo Balaam: «¿Cómo puedo maldecir a quienes Dios no ha maldecido? ¿Cómo puedo condenar a quienes el Señor no ha condenado?». Dijo que los israelitas llegarían a ser todavía más numerosos, ¡y expresó el deseo de recibir también él las cosas buenas que ellos recibirían!

El rey Balac se puso furioso. «Te traje para maldecir a mis enemigos. ¡En cambio, los has bendecido!». Entonces llevó a Balaam a otro lugar desde donde pudieran ver a los israelitas y le dijo que los maldijera.

Una vez más, Balaam declaró las palabras de bendición que Dios le había dado.

Dijo que no podía maldecir al pueblo de Dios. «Escucha, yo recibí la orden de bendecir; ¡Dios ha bendecido, y yo no puedo revertirlo!». Balaam dijo que Dios no cambiaría de opinión y que no maldeciría a su pueblo. Por el contrario, iban a ser tan fuertes como un león, y Dios haría por ellos cosas extraordinarias.

El rey Balac decidió que era mejor que Balaam no hablara más, ya que lo único que declaraba sobre esta horda amenazante eran bendiciones. Pero Balaam siguió bendiciendo a medida que Dios le daba palabras. Describió de qué modo los israelitas destruirían por completo a todos sus enemigos, y cómo serían malditos aquellos que los maldijeran.

Ahora el rey Balac le dijo a Balaam que volviera a su casa. No quería saber nada más sobre lo que Dios haría a favor de esos invasores. Pero Dios le dio a Balaam todavía algo más que decir. Nombró concretamente a los enemigos a quienes los israelitas iban a destruir, incluyendo a Moab, la nación del rey Balac. Sumamente desilusionado y más preocupado que nunca, el rey Balac se fue a su casa y Balaam volvió a su casa.

A lo largo de la historia, los enemigos de Dios y de su pueblo han puesto obstáculos contra los propósitos de Dios. Aunque a veces puede parecer que los enemigos de Dios le impiden cumplir su voluntad, nunca es así. En última instancia, todo lo que ocurre cabe en los planes de Dios. Todo lo que Dios ha planificado ocurre exactamente como él lo dispuso. Todo lo que Dios ha declarado ocurre tal como él lo anunció. Nadie puede maldecir a quien Dios haya bendecido.

EN CUANTO A MÍ Y A MI FAMILIA...

▶ ¿Pueden recordar historias en la Biblia donde los enemigos de Dios parecen estar ganando, pero después vemos que Dios en realidad está cumpliendo sus propósitos tal como lo había planificado? Si no se les ocurre ninguna, encontrarán claves de algunos casos importantes en Hechos 4:27-28 y Hechos 8:1-4.

▶ Oren juntos sobre situaciones actuales donde los enemigos de Dios parecen estar ganando. Pídanle a Dios que utilice aun las acciones de sus enemigos para cumplir su voluntad.

17

DERROTADOS EN HAI
Dios juzga a quienes rompen su pacto
Josué 6–7

Qué gran diferencia había entre el pueblo de Israel, que tenía un pacto con Dios, y el pueblo de Canaán, que no lo tenía. Ambos pueblos estaban formados por personas pecadoras. Los cananeos habían cometido pecados terribles en contra de Dios una y otra vez. Merecían su ira. Merecían ser destruidos. Los israelitas también habían cometido un pecado tras otro en contra de Dios; es más, habían pecado a pesar de los muchos milagros

> «¡Israel ha pecado y ha roto mi pacto! (...) Por esa razón, los israelitas huyen derrotados de sus enemigos».
>
> Josué 7:11-12

que Dios había hecho por ellos y las muchas cosas buenas que les había provisto. Los israelitas también merecían la ira de Dios. También merecían ser destruidos. La diferencia era que Dios, por su gracia y su misericordia, había hecho un **pacto** con Israel. Este pacto los vinculaba a Dios en una relación especial que ningún otro pueblo tenía. Los israelitas no lo merecían, pero Dios lo hizo de todas maneras. Les había prometido ser su Dios, proveer para sus necesidades, luchar por ellos y darles lo que necesitaran. A cambio, él requería obediencia.

La diferencia entre el pueblo del pacto con Dios y aquellos que no estaban bajo el pacto quedó muy clara en la ciudad de Jericó. Los cananeos vivían en esa ciudad. Eran guerreros fuertes, y la ciudad tenía una gran muralla alrededor, imposible de atravesar. Pero después de haber sido paciente con los cananeos durante cientos de años, el juicio de Dios sobre ellos finalmente había llegado. Ahora Dios entregaría la ciudad de Jericó a su pueblo, los israelitas. Dios le dijo a Josué, el líder israelita, que guiara a los soldados a marchar alrededor de la ciudad una vez al día durante seis días, y que los sacerdotes los acompañaran llevando el arca del pacto, símbolo de la presencia de Dios en su pueblo. El séptimo día, marcharían alrededor de la ciudad siete veces y luego debían gritar. Dios haría caer las murallas.

A la mañana del séptimo día, Dios le habló a Josué y le dijo que todos (excepto la familia de Rahab, que había ayudado al pueblo de Dios) y todo lo que había en la ciudad debía ser destruido por completo como una ofrenda al Señor. Los israelitas debían ser cuidadosos en no quedarse con nada, sino destruir todo por medio del fuego. Este era el juicio de Dios sobre los cananeos. Cosas hechas de oro, de plata, de bronce o de hierro también debían ser consagradas a Dios, pero debían ser entregadas al tesoro del Señor.

Josué y sus hombres marcharon en obediencia a la orden que Dios había dado: rodearon la ciudad siete veces, luego gritaron y entonces los enormes muros de Jericó se derrumbaron por completo, tal como Dios había dicho que iba a ocurrir. Los guerreros de Israel invadieron de inmediato y conquistaron la ciudad.

La próxima ciudad por conquistar era Hai, mucho más pequeña que Jericó. Josué sabía que el propósito de Dios era que su pueblo tomara toda la tierra, de modo que mandó al ejército a atacar a Hai... ¡y fueron terriblemente derrotados! ¡Murieron allí treinta y seis soldados!

¡Josué no lo podía creer! ¿Qué pudo haber ocurrido? Cayó postrado sobre su rostro ante el arca del pacto, preguntándole a Dios por qué no les había dado la victoria que les había prometido.

Dios respondió que Israel había pecado. Habían roto el pacto que había establecido con ellos. Habían tomado en Jericó algunas de las cosas apartadas para el Señor, y las habían guardado para sí mismos. La protección de Dios y la victoria solo le pertenecía a Israel porque estaban bajo su pacto de gracia. Al desobedecer sus órdenes, habían renunciado a la cobertura de ese pacto; habían perdido la protección de Dios. Fuera del pacto, ¡ellos también estaban destinados a la destrucción! Si los israelitas no se ocupaban de este pecado, tendrían que huir de *todos* sus enemigos.

Se descubrió que el culpable era Acán, de la tribu de Judá. Con su rebeldía, había puesto en peligro a todo Israel. Acán confesó a Josué que, cuando estaba luchando en Jericó, había visto un manto hermoso, monedas de plata y una pesada barra de oro. Estas cosas pertenecían a Dios, pero Acán las quería para sí mismo. Por eso las había tomado y las había ocultado debajo de su carpa.

Por orden de Dios, el manto, el oro y la plata, Acán mismo y todo lo que tenía fueron destruidos. Los israelitas apilaron allí un montón de piedras y nombraron a ese lugar «valle de la Aflicción», porque Acán había provocado aflicción al pueblo del pacto de Dios.

Entonces Dios dejó de lado su ira ardiente. Envió nuevamente a Josué y a los soldados a conquistar la ciudad de Hai, y esta vez Dios les dio la victoria a los israelitas.

EN CUANTO A MÍ Y A MI FAMILIA...

▶ Un maestro establece normas para el aula; el jefe establece reglas para el lugar de trabajo; el rey establece reglas para su reino. Dios establece las reglas para el universo. La gente solo puede estar bien con Dios cuando cumple los términos del pacto establecido por él.

▶ Repasen el texto sobre la Santa Cena, como lo hicieron después de la historia 11. Busquen la palabra «pacto» en Lucas 22:19-20. Conversen en familia sobre los términos del nuevo pacto. ¿Hay alguna manera de contar con el favor de Dios *fuera* de este pacto que él ha provisto?

EL SOL SE DETIENE
Dios provee para su obra
Josué 9:1–10:15

18

Josué no vaciló. El mensaje de parte de la gente de Gabaón decía: «¡No abandone a sus siervos ahora! ¡Venga de inmediato! ¡Sálvenos! ¡Ayúdenos! Pues todos los reyes amorreos que viven en la zona montañosa unieron sus fuerzas para atacarnos». Apenas recibió el mensaje, Josué reunió a los guerreros israelitas y salió a brindar ayuda.

«Jamás, ni antes ni después, hubo un día como ese, cuando el Señor contestó semejante oración. ¡Sin duda, ese día el Señor peleó por Israel!». Josué 10:14

Josué no vaciló, a pesar de que los hombres de Gabaón habían mentido a los israelitas con el propósito de conseguir de ellos lo que querían. Los hombres de Gabaón vivían en Canaán, la tierra que Dios había prometido dar a Israel. Los gabaonitas estaban incluidos entre aquellos a quienes Dios se proponía destruir, y se daban cuenta de que Dios tenía una relación especial con los israelitas. Él les daba la victoria dondequiera que fueran. Por eso los gabaonitas se habían presentado a Josué pidiéndole paz. Sabían que si Josué se daba cuenta de que eran de Canaán, no haría las paces con ellos. De modo que habían simulado venir de muy lejos, fuera de Canaán, con la intención de hacer un pacto con Israel. Los líderes de Israel los habían escuchado y habían establecido un pacto con ellos.

Pero después ¡descubrieron la trampa! Las ciudades que pertenecían a los gabaonitas estaban cerca; eran parte de la tierra que Dios les había prometido. Enojados, los israelitas fueron hasta esas ciudades a confrontar a los gabaonitas, pero no los atacaron. Tomaban muy en serio el pacto que habían hecho con los gabaonitas, a pesar de que se había originado en un engaño. Los líderes israelitas dijeron: «Dado que hicimos un juramento en presencia del Señor, Dios de Israel, no podemos tocarlos. —Entonces les dijeron a los gabaonitas—: ¿Por qué nos mintieron?».

Los gabaonitas respondieron que sabían que iban a ser destruidos si no hacían las paces con Israel. Dijeron que estaban dispuestos a hacer lo que los israelitas pidieran de ellos, de modo que los israelitas los convirtieron en siervos de Israel. Pero los israelitas no podían matarlos, debido a que habían hecho un pacto con ellos.

Por eso ahora, cuando Josué supo que los gabaonitas estaban en problemas, salió a ayudarlos por respeto a ese pacto. Los reyes amorreos, quienes también habitaban la tierra que Dios había prometido a su pueblo, estaban enojados con Gabaón por el pacto con Israel. Los reyes amorreos se habían unido y habían atacado a los gabaonitas. Ahora los hombres de Gabaón necesitaban la ayuda de Israel.

Dios le aseguró a Josué que no necesitaban temer a esa banda de reyes enemigos. Estaban entre quienes Dios se proponía destruir. Ninguno de ellos podría resistir a Josué y a su ejército.

Los hombres de Josué marcharon durante toda la noche y lanzaron un ataque sorpresa. Cuando los israelitas llegaron,

Dios provocó pánico entre los amorreos y estos huyeron para salvar su vida. Dios siguió luchando por Israel, a pesar de que los enemigos huían. Dios envió granizo con piedras de tal tamaño que mataban a los soldados amorreos en su huida al impactarlos. La Biblia dice: «El granizo mató a más enemigos de los que mataron los israelitas a filo de espada».

Dios quería que los israelitas destruyeran por completo a los amorreos, como expresión del juicio de Dios contra ellos. Pero los amorreos escapaban y el día pasaba rápidamente. Si caía la noche, ¿cómo iban a poder los israelitas completar la misión que Dios les había dado? De modo que Josué oró al Señor. Se puso de pie y clamó: «Que el sol se detenga sobre Gabaón, y la luna, sobre el valle de Ajalón».

Dice la Biblia: «Entonces el sol se detuvo y la luna se quedó en su sitio hasta que la nación de Israel terminó de derrotar a sus enemigos. [...] El sol se detuvo en medio del cielo y no se ocultó como en un día normal».

Josué y sus guerreros completaron la tarea que Dios les había encomendado. Derrotaron por completo a los amorreos y los destruyeron a todos como Dios les había ordenado. De allí en adelante, avanzaron a conquistar el resto de la tierra que Dios había prometido darles. Dios les dio una victoria tras otra, hasta que la tierra fue totalmente de ellos, como lo había declarado.

EN CUANTO A MÍ Y A MI FAMILIA...

▶ ¿Por qué fueron tan cuidadosos los israelitas en respetar el pacto que habían hecho con los gabaonitas, a pesar de que estos los habían engañado al hacerlo? ¿Por quién habían jurado cuando establecieron ese pacto?

▶ Dios provee a su pueblo lo que necesita para hacer aquello que le ha encomendado. Enumeren las cosas que Dios hizo para dar a Josué y a los israelitas la victoria sobre los amorreos.

▶ Dios ha dado a su pueblo, la iglesia, tareas para cumplir. Pasen tiempo en oración como familia, pidiéndole a Dios que le dé a su iglesia y a los cristianos que ustedes conocen todo lo que necesitan para llevar a cabo aquello que Dios los ha llamado a hacer.

19 DIOS USA A DÉBORA Y A BARAC
La gloria le pertenece solo a Dios
Jueces 4–5

Dios había cumplido sus promesas a su pueblo. Había hecho de los descendientes de Abraham la gran nación de Israel. Los sacó de Egipto y los hizo entrar a la tierra que les había prometido. Había estado con Josué y luchado a favor de ellos para que pudieran tomar posesión de la tierra de los cananeos. Dios había hecho un pacto con Israel, y los había nombrado su pueblo. Había prometido ser su Dios.

«Cada vez que el Señor levantaba un juez sobre Israel, él estaba con ese juez y rescataba al pueblo de sus enemigos durante toda la vida del juez. Pues el Señor tenía compasión de su pueblo, que estaba sobrecargado de opresión y sufrimiento». Jueces 2:18

Ahora los israelitas estaban viviendo en la tierra que Dios les había dado, pero en lugar de vivir como pueblo de Dios, habían fallado en mantener su pacto. No expulsaron a todas las demás naciones como Dios les había mandado. Y por si eso fuera poco, comenzaron a adorar a los ídolos de esas naciones. Dice la Biblia: «Abandonaron al Señor, Dios de sus antepasados, quien los había sacado de Egipto» (Jueces 2:12).

Por eso Dios permitió que fueran oprimidos por las naciones que los rodeaban. Una tras otra, las naciones enemigas acosaron al pueblo de Israel. Los soldados enemigos conquistaban las ciudades. Saqueadores enemigos les robaban los animales y las cosechas. Una y otra vez, los israelitas se vieron cruelmente oprimidos a causa de haber pecado contra Dios. Cuando las cosas se volvían insoportables, clamaban a Dios. Tal vez pensarías que Dios les negaría su ayuda... pero nunca lo hizo. Cuando clamaban a él, Dios hacía surgir un juez, un líder, y este los guiaba a triunfar sobre los enemigos. Mientras vivía el juez, la gente seguía a Dios; pero apenas moría el juez, volvían otra vez a la infidelidad idólatra.

En medio de esta triste situación, Dios proveyó a Débora como jueza para su pueblo. El rey cananeo Jabín había oprimido con crueldad al pueblo de Israel durante veinte años. Tenía novecientas cuadrigas de hierro, y a los israelitas les parecía que ese ejército era invencible.

Débora mandó llamar a un israelita de nombre Barac, y le dijo que Dios quería que él convocara a diez mil hombres de las tribus de Zabulón y de Neftalí. Con esos hombres, Barac debía desafiar al rey Jabín a la batalla. Se encontrarían con él en el río Cisón, y Dios prometió que entregaría al ejército de Jabín en manos de Barac. Este dijo que estaba dispuesto a ir, siempre y cuando Débora fuera con él. Entonces Débora, Barac y diez mil israelitas fueron al río Cisón, tal como Dios había indicado, a encontrarse con Jabín y con sus cuadrigas.

Cuando Sísara, el comandante del ejército de Jabín, oyó que se acercaban los israelitas, tomó las novecientas cuadrigas de hierro y todos sus soldados, y salió a enfrentarlos. Allí en el río Cisón, Sísara aprendió que hay ocasiones en las que las cuadrigas pueden ser una desventaja en la batalla. Al batallar en un río o en los terrenos pantanosos que lo rodean, ¡las cuadrigas pueden atascarse! Dios le dio la victoria a Barac, como lo había prometido, y todos los soldados cananeos huyeron. Hasta Sísara, el comandante, tuvo que bajarse de su cuadriga y huir a pie. Sin embargo, no logró escapar; lo mataron esa misma noche. Así fue como Dios derrotó a Jabín, el rey cananeo, ante los israelitas.

Entonces Barac y Débora entonaron un canto de victoria. Alabaron a Dios por ser un guerrero extraordinario luchando a favor de su pueblo:

«Desde el cielo lucharon las
　　estrellas;
　　las estrellas en sus órbitas
　　　　pelearon contra Sísara.
El río Cisón arrasó con ellos,
　　ese antiguo torrente llamado
　　　　Cisón».

Alabaron a Dios quien motivó a su pueblo, a pesar de lo infieles que habían sido hasta entonces, para que obedecieran su orden y salieran a luchar contra el rey Jabín:

«Los líderes de Israel tomaron el
　　mando,
　　y el pueblo los siguió con gusto.
¡Alabado sea el Señor!».

Cuando Dios tiene trabajo que quiere que se haga, motiva a su pueblo para hacerlo, le da el deseo de hacerlo y lo capacita con todo lo que necesita. La gloria pertenece solo a Dios.

Sería lindo decir que los israelitas fueron fieles de allí en adelante, pero la Biblia nos dice que, una vez más, «hicieron lo malo a los ojos del Señor» (Jueces 6:1). La historia de la jueza Débora se encuentra en el libro de Jueces, donde un relato tras otro describe el modo en que el pueblo de Dios se aleja de él para servir a los ídolos, a pesar de las maneras en que Dios los ha rescatado en el pasado. En cada ocasión, Dios los juzga en su santidad, y después los rescata por su misericordia. Si la Biblia fuera tan solo una historia sobre personas, sería muy triste leerla. Pero la Biblia es la historia de Dios, y en cada página que leemos podemos encontrar un motivo para alegrarnos en él.

EN CUANTO A MÍ Y A MI FAMILIA...

▶ Guíen a su familia en la alabanza a Dios porque la relación de sus hijos con él no depende de nuestra fidelidad para obedecer, sino de la fidelidad de Dios mismo a sus promesas.

▶ Guíen a su familia en oración para interceder por una obra misionera o por un ministerio que conozcan. Pídanle a Dios que provea el liderazgo, obreros dispuestos y todo lo necesario para el trabajo, de tal modo que Dios reciba la gloria.

GEDEÓN Y LA LANA DE OVEJA
Dios usa personas y recursos poco probables
Jueces 6–7

20

¡Era evidente que Gedeón no se consideraba un «guerrero valiente»! Estaba sacudiendo el trigo en el lagar en lugar de hacerlo en la trilla precisamente porque tenía miedo de lo que pudieran hacerle los madianitas si lo veían. Durante siete años, el pueblo de Madián había agobiado al pueblo de Israel. Cada año, después de que los israelitas trabajaban duro cultivando los granos para obtener los alimentos, los madianitas se instalaban en la región con sus carpas y sus animales, y

> *«En cambio, Dios eligió lo que el mundo considera ridículo para avergonzar a los que se creen sabios. (...) Dios escogió lo despreciado por el mundo (...). Como resultado, nadie puede jamás jactarse en presencia de Dios».*
> 1 Corintios 1:27-29

se quedaban allí hasta devorar todo lo que habían producido los israelitas; luego continuaban su viaje. Cada año, durante esos siete años, habían llegado «como una plaga de langostas; llegaban en numerosas manadas de camellos, imposibles de contar», según dice la Biblia. Cada año dejaban la tierra devastada. Era como un enorme pícnic de los madianitas... a expensas de Israel.

Otra vez había llegado el tiempo de la cosecha, y era necesario trillar el trigo para separar el grano bueno de la paja. La trilla era el lugar para hacer esto, pero Gedeón tenía miedo de que los madianitas lo encontraran allí y le robaran el trigo. Su esperanza era que no se les ocurriera buscar el trigo en un lagar, entonces allí fue donde se puso a trabajar.

Gedeón quedó sorprendido cuando apareció un visitante. Se sintió todavía más sorprendido cuando el visitante le dijo:

—¡Guerrero valiente, el Señor está contigo!

Gedeón protestó:

—Si el Señor está con nosotros, ¿por qué nos sucede todo esto?

Por supuesto, la razón era que los israelitas habían ido tras los ídolos. Dios no había luchado a favor de ellos en contra de Madián porque estaban adorando ídolos. Pero el visitante solo le dijo a Gedeón que lo estaba enviando a él para librar a Israel de los madianitas.

Gedeón protestó nuevamente:

—¿Cómo podré yo rescatar a Israel? ¡Mi clan es el más débil de toda la tribu de Manasés, y yo soy el de menor importancia en mi familia!

—Yo estaré contigo —respondió el visitante, y le prometió que Gedeón derrotaría a los madianitas.

Gedeón necesitaba pruebas. Corrió a buscar carne, caldo y pan, y volvió para entregarlo a su extraño visitante. Este le dijo que colocara esas cosas sobre una roca. Cuando Gedeón lo hizo, el visitante las tocó con su vara y de la roca surgió un fuego que las quemó por completo. El visitante desapareció, y Gedeón se dio cuenta de que su visitante había sido el ángel del Señor.

Los madianitas y los amalecitas y el pueblo del oriente se aliaron en contra de Israel. El Espíritu del Señor vino sobre Gedeón, y este envió mensajeros por todo Israel convocando a los guerreros.

Pero Gedeón necesitaba más pruebas. Le pidió a Dios el siguiente favor: extendería en el campo de trilla una lana de una oveja. Si el rocío mojaba solo la lana y no el resto del suelo, Gedeón sabría que verdaderamente Dios se proponía liberar a Israel por su mano. Por la mañana, Gedeón fue a ver la lana. El suelo estaba seco, pero exprimió la lana y sacó un tazón de agua.

Pero Gedeón necesitaba más pruebas.

Parecía tan poco probable que Dios lo usara *a él* para alcanzar una victoria militar. Pidió otro favor. Esta vez, si el suelo aparecía cubierto de rocío y la lana quedaba seca, Gedeón estaría *verdaderamente* convencido de que Dios se proponía liberar a Israel. Dios ya había enviado su ángel a Gedeón; este había hablado con él; le había dado su promesa. ¡Gedeón no debería haber necesitado más pruebas para convencerlo! Pero Dios es paciente con su pueblo, y le dio a Gedeón la prueba adicional que le pedía. Por la mañana, todo el suelo estaba húmedo, pero la lana estaba seca.

Entonces Gedeón salió a la batalla, aunque no antes de que Dios enviara de regreso a casi todos los que habían salido a luchar con él. Cuando a Gedeón le quedaban apenas trescientos soldados, Dios los envió a enfrentar a un número tan grande de madianitas con sus aliados, que era imposible contarlos. Y Dios le dio la victoria a Gedeón.

Dios usa a personas y recursos poco probables para cumplir sus propósitos. Usa cosas que nosotros pensamos que nunca funcionarían, por ejemplo, trescientos soldados contra un enorme ejército y personas a las que consideramos incapaces de hacer el trabajo, como el joven y temeroso Gedeón. Dios hace las cosas de esta manera para que todo el mundo sepa que es *Dios* quien ha obrado y que toda la gloria le pertenece a él.

EN CUANTO A MÍ Y A MI FAMILIA...

▶ ¿Qué otros relatos bíblicos o ejemplos actuales pueden recordar en los que Dios intervino por medio de personas o cosas poco probables para cumplir sus propósitos?

▶ ¿Por qué es verdad que la persona o cosa más débil, *unida a Dios*, tiene más poder que todas las fuerzas y potencias más grandes del universo puestas en conjunto?

21

NOEMÍ, RUT Y BOOZ
Dios provee una familia fiel para criar a un rey fiel
Rut 1–4

¡Sin duda eran tiempos oscuros! Dios había hecho un pacto con su pueblo y había sido maravillosamente fiel a todas sus promesas. Hizo de ellos una gran nación. Los sacó de la esclavitud en Egipto y les dio la tierra que les había prometido. Pero el pueblo no había mantenido su parte del pacto. No habían obedecido a Dios, y constantemente adoraban a los ídolos de las naciones que los rodeaban. Los israelitas habían sido infieles en todos los sentidos. La gente vivía de un modo egoísta, sin pensar en los demás,

> «Pues Dios trabaja en ustedes y les da el deseo y el poder para que hagan lo que a él le agrada». *Filipenses 2:13*

ni tampoco en Dios. Dice la Biblia: «En esos días, Israel no tenía rey; cada uno hacía lo que le parecía correcto según su propio criterio» (Jueces 17:6). El pueblo de Dios necesitaba un rey fiel que los guiara de regreso a la fidelidad a Dios. ¿De dónde vendría un rey así? ¿Dónde se encontraría gente fiel para criar a un niño que se convirtiera en rey?

Por cierto, la familia de Noemí nunca produciría un rey fiel. Ella y su esposo, Elimelec, no habían sido fieles a Dios. Cuando hubo hambruna en la tierra que Dios les había dado, se fueron de allí a Moab, donde vivían adoradores de ídolos. Sus hijos se casaron con mujeres de entre los moabitas idólatras. ¿Cómo podría venir de esa familia un rey fiel a Dios?

Por cierto, la familia de Rut nunca produciría un rey fiel. Ella era moabita; su pueblo adoraba ídolos. ¿Cómo podría venir de esa mujer un rey fiel a Dios?

Por cierto, la familia de Booz nunca produciría un rey fiel. Él era un hombre fiel y piadoso que vivía en Israel cuando prácticamente nadie era fiel y piadoso, pero no tenía esposa. Quizás no encontraba una mujer con la que le interesara casarse, porque muchas de las personas que lo rodeaban desobedecían a Dios. Dado que Booz no tenía esposa, ¿cómo podría venir un rey fiel a Dios de este hombre?

Sin embargo, Dios obró en la vida de Noemí, de Rut y de Booz, y por medio de ellos proveyó para su pueblo un rey fiel.

Noemí, quien vivía entre los adoradores de ídolos, hizo duelo cuando primero su esposo y luego sus dos hijos murieron en la tierra de Moab. No quedaba nadie que atendiera a sus necesidades. Oyó que ya no había hambruna en su pueblo natal, Belén, de modo que decidió regresar.

Rut, quien se había casado con uno de los hijos de Noemí, hizo duelo cuando murió su esposo y quedó viuda. Era lo suficientemente joven como para volver a casarse con alguien de su pueblo, los idólatras de Moab, pero decidió dejar Moab e irse a Belén con Noemí. Sabía que Noemí estaba envejeciendo y no tenía quién cuidara de ella, de modo que eligió estar con ella adonde quiera que fuera y tomar al pueblo de Noemí como su pueblo y al Dios de Noemí como su Dios.

Entonces Noemí y Rut viajaron a Belén, donde vivía Booz. Al no tener un varón que ganara dinero para ellas, estas mujeres eran muy pobres. Necesitaban alimento. En Israel había una ley establecida por Dios que dictaba que los dueños de campos no debían cosechar todo el grano, sino dejar algo alrededor del terreno para que los pobres pudieran recogerlo. Los cosechadores tampoco debía recoger el grano que se les cayera. Debían dejarlo para que los pobres pudieran ir tras ellos y levantarlo para tener con qué alimentarse.

Una mañana, Booz fue a su campo donde sus empleados estaban cosechando el grano, y encontró a Rut recogiendo el grano destinado a los pobres. Booz había escuchado hablar de Rut. Sabía lo fiel y amable que había sido hacia Noemí, de modo que les dijo a sus obreros que dejaran caer más grano para que ella pudiera levantarlo. También le dio permiso a la joven para que comiera junto con sus obreros, y Rut se fue a su casa con abundante grano.

Noemí alabó a Dios cuando supo dónde había trabajado Rut. Booz era uno de sus parientes con derecho a casarse con la viuda de su hijo (es decir, con Rut) y heredar la propiedad que le correspondía a su hijo. Aunque Rut era moabita, Booz estuvo dispuesto a casarse con ella porque había sido fiel a Noemí y se había entregado al Dios verdadero. Aunque Booz era un hombre mayor, Rut estuvo dispuesta a casarse con él porque se había mostrado bondadoso con ella. Rut y Booz se casaron y tuvieron un hijo, Obed, quien a su vez tuvo un hijo, Isaí, quien tuvo un hijo, David: quien creció y fue un rey conforme al corazón de Dios.

Así fue como Dios atrajo a la infiel Noemí nuevamente hacia sí, hizo que Rut confiara en él en lugar de confiar en los ídolos y mantuvo a Booz fiel en un tiempo de infidelidad. Por medio de estas personas regulares, Dios proveyó para su pueblo un rey piadoso.

EN CUANTO A MÍ Y A MI FAMILIA...

▶ Dios siempre está llevando a cabo sus propósitos, aun cuando no nos damos cuenta de ello. Con frecuencia, usa cosas comunes y corrientes para cumplir su voluntad. Alaben a Dios por su providencia, la manera en que ordena con fidelidad todo lo que ocurre, para el bien de su pueblo y para su propia gloria.

▶ Con frecuencia, ser fiel significa hacer cosas corrrientes y poco apasionantes para la gloria de Dios: cuidar a alguna persona, como lo hizo Rut; obedecer a Dios cuando las demás personas no lo hacen, como lo hizo Booz. ¿De qué forma pueden ustedes ser fieles a Dios cada día?

ANA PIDE UN HIJO
Dios envía un profeta para ungir a su rey
1 Samuel 1:1–2:11

22

¡**T**odo estaba mal! Sin duda las cosas estaban mal en el pueblo de Dios que vivía en la Tierra Prometida. Ya llevaban muchos, muchos años en la tierra que Dios les había dado, pero de manera constante fallaban en cumplir su pacto.

Dios había prometido que los israelitas serían su pueblo y que él sería su Dios, pero los israelitas no parecían quererlo

> «*El Señor juzga en toda la tierra.*
> *Él da poder a su rey;*
> *aumenta la fuerza de su ungido*».
>
> 1 Samuel 2:10

como su Dios. Encontraban más atractivos a los ídolos de sus vecinos, y una y otra vez se alejaban del Dios verdadero e iban tras los falsos dioses. Dios no podía tolerar la adoración de ídolos en su pueblo, de modo que los disciplinaba enviando naciones enemigas para oprimirlos. Entonces los israelitas clamaban al Dios verdadero para que los rescatara, y él levantaba un juez para liberarlos de los enemigos. Apenas moría ese juez, los israelitas volvían a la idolatría. Según la Biblia: «En esos días, Israel no tenía rey; cada uno hacía lo que le parecía correcto según su propio criterio» (Jueces 17:6). El pueblo de Dios necesitaba un rey bueno y piadoso que guiara a su pueblo a cumplir su pacto con Dios con fidelidad.

Todo estaba mal en la vida de Ana también, porque había estado casada durante muchos años, pero todavía no tenía hijos. En los tiempos de Ana, la mayoría de las mujeres casadas tenía hijos. Los hijos eran considerados una bendición; hombres y mujeres sabían que tenían el favor de Dios cuando les daba hijos. Pero Ana no tenía ninguno. El esposo de Ana era un hombre bueno y la amaba. Pero tenía otra esposa además de Ana, y esa otra esposa sí tenía hijos. Para hacer las cosas aún más difíciles, la otra mujer se burlaba de Ana y la molestaba porque *ella* tenía hijos pero Ana no.

Era momento de la visita anual de la familia a la casa del Señor en Silo, adonde iban a adorar y a ofrecer sacrificios. Mientras estaban allí, Ana fue al templo del Señor para orar y, una vez más, pedir a Dios un hijo. Estaba profundamente afligida y lloraba con angustia mientras oraba: «Oh Señor de los Ejércitos Celestiales, si miras mi dolor y contestas mi oración y me das un hijo, entonces te lo devolveré. Él será tuyo durante toda su vida».

Ana estaba tan conmovida mientras oraba que movía los labios, pero no dejaba escapar ningún sonido. Elí, el sacerdote que servía en el templo, vio a Ana mientras oraba. Pensó que había estado bebiendo vino, y la reprendió. Pero Ana entonces le explicó que no había bebido; estaba perturbada en su espíritu y había estado derramando su alma en oración ante el Señor.

«En ese caso —le dijo Elí—, ¡ve en paz! Que el Dios de Israel te conceda lo que le has pedido». Ana siguió su camino, sin más tristeza en su rostro.

Como Dios hace tan a menudo, actuó en beneficio de una persona, Ana, de tal manera que también proveyó algo importante para su pueblo. El Señor respondió la oración de Ana y le dio un hijo, al que llamó Samuel. El niño creció y llegó a ser el profeta a quien Dios enviaría para ungir al rey de su elección para guiar a su pueblo.

En el Antiguo Testamento los sacerdotes, y a veces los profetas, eran **ungidos** con aceite como demostración de que habían sido llamados por Dios y separados para hacer un trabajo específico para él. Dios enviaría a Samuel a ungir primero al rey Saúl y después a David, el rey conforme al corazón de Dios. Después Dios prometió que un Rey perfecto nacería de la descendencia de David y reinaría para siempre. Cuando nació Jesús, todos esperaban que Dios enviara al **Mesías, el Ungido**.

Faltaban todavía cientos de años para la venida del Mesías cuando ocurrieron estos hechos en la historia de Ana. Pero al responder a la súplica de Ana por un hijo, Dios estaba también proveyendo a su pueblo con un profeta. Ese profeta ungiría a los dos primeros reyes de Israel, y de la familia del segundo rey de Israel nacería, años después, el Mesías de Dios.

Cuando el pequeño Samuel tuvo edad suficiente, Ana lo llevó para que viviera con Elí y sirviera al Señor durante toda su vida. Ana adoró a Dios con un cántico. Comenzó su canto con estas palabras: «¡Mi corazón se alegra en el Señor! El Señor me ha fortalecido». Ana terminó así su canto: «El Señor juzga en toda la tierra. Él da poder a su rey; aumenta la fuerza de su ungido».

EN CUANTO A MÍ Y A MI FAMILIA...

▶ Lean 1 Samuel 9:27–10:1, donde Samuel unge a Saúl para que sea el primer rey de Israel. A continuación, lean 1 Samuel 16:12-13, donde Samuel unge a David. Lean Salmo 2:7-8 para ver la soberanía del Hijo de Dios; y luego lean Salmo 2:2 para ver cómo se denomina el Hijo de Dios.

▶ Tener un bebé es un acontecimiento muy común. Solo para Ana y su esposo el nacimiento de Samuel debió haber parecido algo especial. Alaben a Dios, quien contesta las oraciones de su pueblo y obra por medio de cosas comunes y cotidianas para cumplir sus propósitos maravillosos.

23 DIOS LLAMA A SAMUEL COMO PROFETA
Dios dio a su pueblo profetas que declararan su palabra

1 Samuel 3

¡Ah, cuánto necesitaban los israelitas un rey piadoso! Moisés los había sacado de la esclavitud en Egipto y había atravesado el desierto con ellos. Josué los había guiado para entrar en la tierra que Dios les había prometido, y ahora estaban instalados allí. Muchos jueces diferentes los habían conducido en la batalla cada vez que las naciones enemigas los oprimían. Pero el pueblo de Dios seguía pecando contra él y adorando ídolos. Dice la Biblia: «En esos días,

> «*El Señor* **estaba con Samuel mientras crecía, y todo lo que Samuel decía se cumplía. (...)** *El Señor* **siguió apareciéndose en Silo y le daba mensajes a Samuel allí en el tabernáculo**».
>
> 1 Samuel 3:19, 21

Israel no tenía rey; cada uno hacía lo que le parecía correcto según su propio criterio» (Jueces 21:25). Aun los dos hijos del sacerdote Elí eran hombres malvados que vivían en abierta desobediencia a Dios todos los días, a pesar de que ellos mismos ofrecían sacrificios en nombre del pueblo.

Dios se proponía dar a su pueblo un rey piadoso. Su intención era que los hijos de este rey piadoso también fueran reyes y que de esa familia de reyes piadosos algún día viniera el Rey perfecto que reinaría para siempre.

¿Cómo sabrían los israelitas quién debía ser su rey? En especial porque, como nos dice la Biblia: «En esos días los mensajes del Señor eran muy escasos». Dios eligió a alguien como su profeta. Un **profeta** es un **mensajero de Dios.** La palabra de Dios llegaba a los profetas y la tarea de estos era entregar ese mensaje al pueblo de Dios, exactamente como Dios se los había dado. Un profeta tenía la autoridad de ungir como rey a la persona que Dios le indicara.

Dios eligió a Samuel para que fuera su profeta. Samuel vivió desde pequeño en Silo, donde estaba la casa del Señor. Su mamá había orado a Dios diciendo que si le daba un hijo, ella lo dedicaría al servicio del Señor para toda su vida. Por eso Samuel vivía con Elí, el anciano sacerdote, y lo ayudaba en su trabajo. La Biblia nos dice que «Samuel todavía no conocía al Señor, porque nunca antes había recibido un mensaje de él».

Una noche, el joven Samuel estaba acostado en la casa del Señor, donde dormía cerca del arca del pacto. Mientras estaba allí, alguien lo llamó. Samuel se levantó, corrió hacia donde estaba durmiendo Elí y respondió:

—Aquí estoy.

—Yo no te llamé —dijo Elí—. Vuelve a la cama.

Samuel quedó sorprendido. Sabía que alguien lo había llamado, pero el único que estaba allí era Elí. Samuel regresó a su lugar y se acostó. Nuevamente oyó que alguien lo llamaba:

—¡Samuel!

Otra vez se levantó y fue a donde estaba Elí.

—Aquí estoy. ¿Me llamó usted?

—Yo no te llamé, hijo mío —respondió Elí—. Vuelve a la cama.

Samuel volvió a la cama y por tercera vez oyó que alguien lo llamaba. Una vez más, se levantó de la cama y fue a Elí, diciendo:

—Aquí estoy. ¿Me llamó usted?

Finalmente Elí se dio cuenta de lo que estaba ocurriendo. Tenía que ser el Señor quien llamaba a Samuel. Entonces Elí dijo:

—Ve y acuéstate de nuevo y, si alguien vuelve a llamarte, di: "Habla, Señor, que tu siervo escucha".

Samuel volvió a su lugar y el Señor volvió a presentarse, llamándolo como en las ocasiones anteriores:

—¡Samuel! ¡Samuel!

Esta vez Samuel respondió:

—Habla, que tu siervo escucha.

Para Samuel, el nuevo profeta del Señor, no fue fácil escuchar el primer mensaje, ni tampoco le fue fácil transmitirlo. Dios le había dicho que los malvados hijos de Elí serían severamente juzgados a causa de su maldad. Debido a que eran sacerdotes de Dios, su maldad era una especie de **blasfemia**, una manera de hablar en contra de Dios. Elí también sería juzgado porque no había sido capaz de poner freno a la blasfemia de sus hijos contra Dios.

Aunque Samuel no deseaba hacerlo y sentía miedo de hablar, aun así dio a Elí este mensaje de parte de Dios. Ese era su deber como profeta. Dice la Biblia: «El Señor estaba con Samuel mientras crecía, y todo lo que Samuel decía se cumplía. Entonces todo Israel [...] supo que Samuel había sido confirmado como profeta del Señor. El Señor [...] le daba mensajes a Samuel allí en el tabernáculo».

El pueblo de Dios necesitaba un rey que los condujera. Necesitaban un profeta que les diera a conocer la voluntad de Dios, incluyendo su elección de un rey. Como lo hace siempre, Dios proveyó lo que su pueblo necesitaba. También preparó a su siervo, Samuel, y le dio todo lo que necesitaba para cumplir la tarea que Dios tenía para él.

EN CUANTO A MÍ Y A MI FAMILIA...

▶ Durante el tiempo de los reyes en Israel, Dios envió profetas. ¿Qué otros profetas de la Biblia recuerdan? Los reyes del pueblo de Dios debían gobernar según la palabra de Dios, de modo que Dios proveyó profetas que trasmitían esa palabra mientras los reyes gobernaban.

▶ Denle Gracias a Dios por revelarse a nosotros por medio de su Profeta perfecto, el Señor Jesucristo, y porque nos dio a Jesús para ser nuestro Rey perfecto.

▶ Pídanle a Dios en oración que guíe a los miembros de su familia en cualquier tarea que tenga preparada para cada uno de ustedes y que los capacite para llevarla a cabo.

UN ÍDOLO CAE DELANTE DE DIOS
Dios es el único Dios verdadero
1 Samuel 5:1–7:2

24

El **arca del pacto** era un mueble. Era un mueble bello que simbolizaba algo muy importante, pero de todos modos era un mueble. Dios le había ordenado a Moisés que la hiciera: una caja de madera totalmente cubierta con oro puro. Las tablas de piedra donde estaba escrita la ley que Dios le había dado a Moisés estaban dentro de ella. La tapa de la caja tenía dos querubines (ángeles) y era llamada la tapa de **expiación**. Dios había prometido encontrarse con su pueblo allí, en el lugar de la

> «Nuestro Dios está en los cielos
> y hace lo que le place.
> Los ídolos de ellos no son más que
> objetos de plata y oro;
> manos humanas les dieron forma».
>
> *Salmo 115:3-4*

expiación. El arca del pacto debía estar en el Lugar Santísimo del tabernáculo. Era el símbolo visible de que el Dios invisible vivía en medio de su pueblo, los israelitas.

El arca del pacto era un mueble y no era algo mágico. El Dios al que representaba era quien tenía todos los poderes del universo, pero el arca en sí no tenía nada especial. Por lo tanto, fue necia y mala la decisión de los israelitas cuando decidieron sacar el arca de su lugar especial en el tabernáculo y llevarla con ellos a la batalla contra los filisteos. Habían perdido la batalla anterior, y por eso pensaron que si volvían a pelear, esta vez llevando consigo el arca del pacto, obtendrían la victoria.

Sin embargo, la verdadera razón por la que habían perdido era su desobediencia y su idolatría. Dios no estaba luchando de su lado porque ellos no lo estaban obedeciendo. En consecuencia, cuando llevaron el arca a la siguiente batalla, no sirvió en absoluto; fueron nuevamente derrotados. Peor aún, ¡los filisteos capturaron el arca del pacto!

Los filisteos también interpretaron mal lo que era el arca del pacto. Creyeron que el arca en sí era el Dios de Israel. Se sentían como guerreros asombrosos porque habían sido capaces de derrotar a Israel ¡y tomar prisionero a su Dios! Los filisteos pensaron, entonces, que la razón por la que habían podido capturar al Dios de Israel era que su propio dios, Dagón, era mucho más grande.

Entonces los filisteos llevaron el arca del pacto al templo de su dios Dagón. La colocaron frente a su ídolo, de modo que este disfrutara del premio que les había ayudado a ganar. Pero cuando algunos de los filisteos entraron al templo temprano al día siguiente, encontraron a Dagón caído boca abajo delante del arca del pacto. ¡A todos les pareció que su ídolo estaba postrado delante del Dios de Israel! *¡Qué horror!*, habrán pensado los sacerdotes de Dagón. ¿Cómo pudo haber pasado? Rápidamente los filisteos colocaron a su amado ídolo otra vez en su lugar.

Al día siguiente, cuando los sacerdotes de Dagón entraron al templo, nuevamente encontraron a Dagón caído boca abajo delante del arca del pacto, como el día anterior, pero esta vez a Dagón se le habían quebrado la cabeza y las manos. A los filisteos les comenzaba a quedar en claro que su dios no podía protegerse del poder del Dios de Israel.

También los filisteos estaban sufriendo a causa del poder del Dios de Israel. A pesar de que Dios no había estado dispuesto a pelear a favor de los israelitas rebeldes, tampoco estaba dispuesto a permitir que estos filisteos idólatras pensaran que podían tomarlo prisionero o actuar de modo irreverente hacia el símbolo de su presencia. En consecuencia, les había provocado tumores terribles, ¡y los filisteos habían entendido el mensaje! «¡No podemos quedarnos con el arca del Dios de Israel ni un minuto más! ¡Él está en contra de nosotros! Todos seremos destruidos junto con Dagón, nuestro dios», dijeron.

Pero ¿qué podían hacer con el arca? La habían enviado de ciudad en ciudad en el territorio de Filistea, pero dondequiera que la llevaban se desataba la plaga de tumores y los ciudadanos se llenaban de pánico, un pánico que Dios mismo les provocaba. Los líderes filisteos decidieron darle gloria a Dios. Lo harían al devolver el arca a Israel con unas figuras de oro en el interior del arca como «ofrenda por la culpa». Ninguno de los filisteos quería siquiera entrar a Israel porque era territorio enemigo, pero decidieron acertadamente que Dios podía por sí mismo hacer que su arca llegara allí. Cargaron el arca del pacto con la ofrenda de oro en su interior en un carro al que engancharon dos vacas que habían tenido crías. Las vacas nunca abandonan a sus crías, pero estas vacas lo hicieron. Se pusieron en marcha directamente hacia Israel y no se detuvieron hasta llegar.

Un ídolo no puede hacer nada en absoluto; ni siquiera tiene vida. El Dios vivo y verdadero, en cambio, tiene todo el poder y es capaz de hacer cualquier cosa que se proponga. Nada ni nadie puede impedirle que lleve a cabo toda su voluntad.

EN CUANTO A MÍ Y A MI FAMILIA...

▶ Lean Salmo 115:1-11 e Isaías 44:6-20 para ver el enorme contraste que la Biblia traza entre los ídolos y el Dios verdadero.

▶ Quizás ningún miembro de su familia sea tentado a confiar en que una estatua se haga cargo de él o ella. ¿En qué clase de cosas confía la gente hoy en día, que podrían volverse ídolos cuando se confía en ellas más que en Dios?

25

SAÚL Y JONATÁN
Dios no necesita la fuerza ni la sabiduría humana
1 Samuel 13:5–14:23

Es imposible enfrentar con un ejército pequeño a un ejército tan numeroso como los granos de arena a la orilla del mar. Aún peor si el ejército más grande tiene armas de hierro y el más pequeño no. Es imposible enfrentarse a treinta mil cuadrigas y seis mil soldados con tan solo tres mil soldados escasamente armados. Cualquiera lo sabe.

> «Porque nada puede detener al Señor. ¡Él puede ganar la batalla ya sea que tenga muchos guerreros o solo unos cuantos!». 1 Samuel 14:6

El rey Saúl lo sabía. Y los soldados de Saúl también lo sabían. Porque, mientras Saúl esperaba día tras día que llegara el profeta Samuel, los guerreros se sentían cada vez más temerosos. Empezaron a irse a casa a hurtadillas, o se escondían en cuevas o en hoyos en la tierra.

Samuel le había dado a Saúl la orden de esperarlo y no hacer nada hasta que él llegara. ¿Por qué no llegaba Samuel? Pasó la hora acordada, y todos los guerreros filisteos estaban reunidos para luchar en contra del ejército de Israel. Mientras pasaban los días, el ejército de Saúl se hacía cada vez más pequeño a medida que los soldados asustados lo abandonaban. A ese paso, a Israel no le quedarían guerreros.

Finalmente, Saúl decidió que debía hacer algo. Sería un suicidio seguir esperando a Samuel. Saúl decidió ofrecer los sacrificios y buscar por sí mismo el favor de Dios. De ese modo estaría preparado si los filisteos atacaban.

Entonces Saúl sacrificó la ofrenda quemada. Apenas había terminado cuando llegó el profeta Samuel. «¿Qué has hecho?», preguntó Samuel.

El rey Saúl le explicó que se estaba quedando sin soldados y que cuanto más tiempo esperaba, más soldados desertaban. Le explicó que se había reunido el ejército filisteo y tenía miedo de que atacaran pronto. Samuel no había llegado cuando lo esperaba, entonces, dijo Saúl:

—Me vi obligado a ofrecer yo mismo la ofrenda quemada.

Samuel no estaba nada de acuerdo.

—¡Qué tontería! —exclamó Samuel—. No obedeciste al mandato que te dio el Señor tu Dios.

El razonamiento de Saúl tenía lógica solo si Dios dependía de los números, del poder y de la sabiduría humana para llevar a cabo sus propósitos. Y, por supuesto, él no depende de eso.

Por su parte, Jonatán tenía un enfoque completamente diferente. Jonatán era el hijo adulto del rey Saúl. Era uno de los soldados en el ejército de su padre. Un día, Jonatán salió con sigilo del campamento. Le pidió a su escudero que cruzara con él hasta la guarnición de los filisteos. «Tal vez el Señor nos ayude, porque nada puede detener al Señor. ¡Él puede ganar la batalla ya sea que tenga muchos guerreros o solo unos cuantos!». El escudero estuvo dispuesto, de modo que los dos jóvenes se abrieron paso hasta los filisteos.

Entonces Jonatán le sugirió a su escudero que se hicieran ver por los filisteos. Si los filisteos les decían que subieran a pelear, esa sería la señal de que el Señor había entregado a los filisteos en manos de Jonatán. Cuando los dos israelitas se dejaron ver por los soldados enemigos, los filisteos empezaron a burlarse de ellos. «¡Miren, los hebreos salen de sus escondites! —se reían—. ¡Suban aquí y les daremos una lección!».

Esa era la señal que Jonatán estaba esperando. Él y su escudero treparon la hendidura rocosa hasta los filisteos, y juntos atacaron al enemigo. Mataron a veinte hombres entre ellos dos y provocaron pánico en el campamento filisteo. Dios también causó que la tierra temblara, lo cual aumentó el terror entre los soldados filisteos. Cuando la gente entra en pánico, no piensa con claridad. Como resultado, ¡los soldados filisteos comenzaron a luchar entre sí! Hubo una gran confusión y el ejército israelita pudo ganar la batalla. Aun los soldados israelitas que se habían escondido por miedo salieron de sus escondites y ayudaron a perseguir a los enemigos que huían.

«Así que en ese día el Señor salvó a Israel», dice la Biblia. Saúl pudo haber obedecido a Dios y esperado. No había necesidad de preocuparse de que hubiera cada vez menos israelitas para enfrentar y derrotar a sus enemigos. Dios no necesita un gran número de personas o cualquier otra cosa para llevar a cabo sus propósitos. Lo que él desea son personas que le obedezcan porque confían en él.

EN CUANTO A MÍ Y A MI FAMILIA...

▶ Mucho tiempo después, los israelitas estaban tratando de reconstruir su templo en ruinas mientras los enemigos los acosaban por todos lados. Dios los alentó diciéndoles: «No es por el poder ni por la fuerza, sino por mi Espíritu, dice el Señor de los Ejércitos Celestiales» (Zacarías 4:6). ¿Qué relatos hemos visto hasta aquí donde Dios obra por medio de personas débiles o escasas en número?

▶ Lean 1 Corintios 1:23-25. Según este pasaje, ¿cuál fue la demostración final del poder y la sabiduría de Dios? ¿Cómo pudo haber parecido debilidad al principio?

SAÚL PERSIGUE A DAVID

26

Dios obra a través del sufrimiento de su pueblo

1 Samuel 16–24

Nos gusta leer libros y ver películas donde los buenos ganan y los malos reciben su merecido. Eso es lo que nos parece justo; esa es la forma en que las cosas deberían funcionar. Sin embargo, debido al pecado, vivimos en un mundo donde pocas veces ocurre así. En este mundo, hay personas malvadas que le hacen la vida insoportable a la gente buena. Hay enemigos de Dios que persiguen, lastiman y hasta matan al pueblo de Dios. Cuando vemos que eso sucede, o cuando nos sucede a nosotros, es posible que

> «Pero cuando tenga miedo,
> en ti pondré mi confianza.
> Alabo a Dios por lo que ha prometido.
> En Dios confío, ¿por qué habría de tener miedo?
> ¿Qué pueden hacerme unos simples mortales?».
>
> Salmo 56:3-4

nos preguntemos qué ocurre. ¿Dónde está Dios? Después de todo, ¿no se supone que nos cuida?

Así se habrá sentido David. Le había estado yendo increíblemente bien desde el día en que volvió de cuidar a las ovejas de su padre y encontró que lo estaba esperando el profeta Samuel. ¡Y se sorprendió mucho cuando Samuel lo ungió como rey! Eso no hacía mucha diferencia por el momento. Saúl era el rey de Israel, de modo que David simplemente siguió cuidando las ovejas.

Llegó el día en que, al llevar un mensaje a sus hermanos que formaban parte del ejército del rey, David vio al gigante Goliat burlarse de Dios y del ejército de Israel. David enfrentó al gigante y lo venció. Entonces fue a vivir a la corte como servidor del rey.

Resultó que David era un excelente guerrero y, fortalecido por Dios, condujo a los soldados del rey a una victoria tras otra sobre los enemigos de Israel. Ahí fue cuando las cosas empezaron a salir mal. El rey Saúl ya sabía que tenía los días contados como rey. Había desobedecido deliberadamente a Dios dos veces, y en ambas ocasiones Samuel le había dicho que no continuaría en el trono. Ahora Saúl estaba amargamente celoso de David. Las victorias le daban a David mucha popularidad entre el pueblo israelita, y Saúl se dio cuenta de que David sería el próximo rey. La Biblia dice: «Saúl tenía miedo de David porque el Señor estaba con David pero se había apartado de él».

Entonces Saúl trató de matarlo. Le arrojó dos veces una lanza, pero erró. En otra ocasión, Saúl envió a David en una misión muy difícil contra los filisteos, seguro de que lo matarían, pero David tuvo éxito en la misión. Una noche, Saúl envió soldados armados a la casa de David para tomarlo prisionero, pero David escapó sigilosamente antes de que llegaran. Finalmente, David huyó al desierto para esconderse de Saúl.

Cuando David huía, un sacerdote le dio un arma y alimento para ayudarlo. Cuando Saúl se enteró, mató al sacerdote y también a otros ochenta y cinco sacerdotes. Además mató a toda la gente que vivía en la ciudad del sacerdote, incluso a mujeres y niños. David se sintió horrorizado. Así comenzaron años muy difíciles para David, la persona a la que Dios había prometido hacer rey. David tuvo que vivir por un tiempo con los enemigos de Israel; vivió en cuevas y en el desierto, y tuvo que llevar a sus padres fuera de Israel porque su vida estaba en peligro.

Saúl seguía persiguiéndolo. Una vez, David protegió a una ciudad israelita de sus enemigos, pero los pobladores lo premiaron diciéndole a Saúl dónde se encontraba. En dos ocasiones, Saúl estuvo cerca de David sin saberlo, y David tuvo oportunidad de matarlo. Los hombres de David le dijeron que lo matara en defensa propia, pero David no quiso hacerlo. Saúl era el rey ungido por Dios, y cuando Dios lo quisiera muerto, se ocuparía de ello. David no lo mataría.

¡Todo esto era difícil para David! En cierto momento escribió: «Mis enemigos me atacan todo el día. […] No dejan de acosarme» (Salmo 56:1-2). En otro salmo, le clamó a Dios: «A ti acudo en busca de protección, oh Señor mi Dios. ¡Sálvame de los que me persiguen! ¡Rescátame! Si no lo haces, me atacarán como leones, me despedazarán y no habrá quien que me rescate» (Salmo 7:1-2).

¿Por qué Dios permitiría a un hombre tan malvado como Saúl hacerle la vida tan insoportable a alguien como David, a quien Dios había elegido como rey? No siempre sabemos exactamente qué hace Dios cuando los malos parecen estar ganando mientras los que le pertenecen sufren. Hay dos cosas que sí sabemos: (1) Habrá un día de juicio y todas las injusticias serán corregidas, y (2) Dios está siempre obrando para cumplir sus buenos propósitos. Los propósitos de Dios son revelar su propia gloria y hacer lo que sea mejor para su pueblo. Nuestra felicidad y nuestra comodidad no son la prioridad principal de Dios. Sí lo son su gloria y el bien de su pueblo.

Mientras sufría, David aprendió valiosas lecciones sobre la confianza en Dios. Escribió salmos que durante siglos han servido de consuelo a los hijos de Dios cuando sufren. Y llegó a ser figura del Rey perfecto de Dios, Jesús, quien padeció gran sufrimiento antes de sentarse en la gloria a la diestra de Dios.

EN CUANTO A MÍ Y A MI FAMILIA...

▶ Lean algunos de los salmos que David escribió durante y después de este tiempo difícil de su vida. Los títulos indican cuáles fueron los incidentes que inspiraron la escritura de cada salmo. Por ejemplo, vean los Salmos 7, 18, 52, 54, 56, 57, 59, 63 y 142.

▶ Conversen sobre las maneras en que algunas dificultades específicas (como la enfermedad, la soledad, cuidar a un ser querido mientras sufre) pueden ayudarnos a ser lo que Dios quiere que seamos, de una manera en que la felicidad y la comodidad no lo harían.

27

DAVID Y ABIGAIL
Dios evita que su rey elegido peque
1 Samuel 25

¡David ya no soportaba más! Durante años, había estado soportando insultos, traiciones y atentados contra su vida, y ya no soportaba más. Este último insulto fue la gota que colmó el vaso, ¡y ahora iba a hacer algo al respecto!

Aunque David era el hombre a quien Dios había elegido para reemplazar a Saúl como rey de Israel, Dios todavía no había retirado a Saúl del trono. Saúl sabía que David era su reemplazo, y no le gustaba mucho la idea. De hecho, durante un tiempo, Saúl había estado intentando que David nunca llegara al trono. Una y otra

> «David le respondió a Abigail: "¡Alabado sea el Señor, Dios de Israel, quien hoy te ha enviado a mi encuentro! ¡Gracias a Dios por tu buen juicio! Bendita seas, pues me has impedido matar y llevar a cabo mi venganza con mis propias manos"».
>
> 1 Samuel 25:32-33

vez había tratado de matarlo o hacer que alguien lo matara. Para salvar su vida, David se había visto obligado a huir y esconderse en cuevas o en el desierto. ¡Eso era muy injusto! David nunca le había hecho daño a Saúl: lo había servido fielmente; había conducido su ejército a la victoria; había llevado a cabo todo lo que Saúl le había pedido que hiciera. Incluso cuando tuvo oportunidad de matar a Saúl en defensa propia, David se negó a hacerlo. Y a pesar de eso, Saúl siguió persiguiéndolo, sin descansar hasta que David estuviera muerto.

También algunos israelitas habían tratado muy mal a David. Cuando los filisteos atacaron la ciudad de Keila y le robaron el grano, David fue con sus hombres y luchó en defensa de la ciudad. Venció a los filisteos y rescató a la gente del pueblo. Saúl se enteró y así se dio cuenta dónde estaba David. Se puso en marcha para capturarlo. Imagina la desilusión de David cuando supo que la gente de Keila estaba decidida a entregarlo a Saúl.

El insulto más reciente había sido el de Nabal. Este era un hombre muy rico. Tenía tres mil ovejas y mil cabras. Cuando los siervos de Nabal estaban esquilando las ovejas, un día de festejos, David mandó pedir a Nabal que por favor mandara comida y provisiones para él y para sus hombres. Probablemente David consideró que era un pedido razonable ya que sus hombres y los pastores de Nabal habían estado juntos en el desierto. Los hombres de David habían protegido a los pastores y a sus ovejas. Los pastores habían estado agradecidos.

¡Pero Nabal no lo estaba! La respuesta que le mandó a David no solo fue una negativa a darle comida y provisiones; fue un insulto. Nabal sugirió que David era, cuando mucho, un don nadie o, en el peor de los casos, un esclavo fugitivo o un ladrón. Nabal dejó en claro que ¡de ninguna manera le daría nada a un hombre así!

¡Y David ya no soportaba más! Al parecer, no había servido de nada ayudar a Nabal protegiendo su propiedad. Solo le pagaban mal por el bien que hacía. Por eso David les dijo a cuatrocientos de sus hombres que se calzaran la espada y fueran con él a visitar a Nabal. Juró que a la mañana siguiente no quedaría vivo ningún varón de la familia ni los sirvientes de Nabal.

Alguien se lo dijo a Abigail, la esposa de Nabal. Ella era tan sabia, hermosa y amable como su esposo era cruel y de malos modales. Abigail preparó de prisa un gran regalo para David. Tomó doscientos panes, dos cueros llenos de vino, cinco ovejas horneadas y listas para comer, grano, pasas e higos, y los cargó en burros. Ella misma montó un burro y salió a encontrarse con David.

Pronto Abigail, sus sirvientes y sus burros cargados con regalos se encontraron con la banda de hombres armados y enojados. Abigail desmontó rápidamente y se postró ante David. Pidió disculpas por el mal comportamiento de su esposo y le pidió a David que le perdonara la vida, no porque Nabal lo mereciera, sino porque David era el rey elegido por Dios. David debía mantenerse puro y no mancharse por tomar venganza y matar a este hombre.

Por el generoso obsequio y las palabras sabias de Abigail, David quedó convencido. Se dio cuenta de que sería incorrecto matar a Nabal y a sus hombres. Aceptó el regalo, le agradeció a Abigail y rompió el juramento que había hecho de tomar venganza. De ese modo, Dios evitó que David hiciera algo que lo volvería no apto para ser rey del pueblo de Dios.

En cuanto a Nabal, cuando supo que Abigail le había entregado a David ese generoso regalo, dice la Biblia: «tuvo un derrame cerebral y quedó paralizado en su cama como una piedra. Unos diez días más tarde, el Señor lo hirió y murió». En cuanto a Abigail, después de la muerte de Nabal, David envió mensajeros a pedirle que se casara con él... ¡y lo hizo!

EN CUANTO A MÍ Y MI FAMILIA...

▶ Por cuenta propia, hasta las mejores personas del pueblo de Dios pecarían contra él continuamente. Por eso, Jesús nos enseñó a orar: «No permitas que cedamos ante la tentación, sino rescátanos del maligno» (Mateo 6:13).

▶ Dios no se conforma con perdonar los pecados de su pueblo y darles la salvación. También ha prometido mantenerlos fieles a él hasta el fin y transformarlos, finalmente, en personas sin culpas, semejantes a su Hijo sin pecado, nuestro Señor. Alaben a Dios por su fidelidad para que haga todo lo necesario para nuestra salvación.

MUERE SAÚL Y DAVID ES CORONADO REY

28

Dios exige que se honre su palabra
1 Samuel 16–18; 28; 31; 2 Samuel 1; 5:1-5

Saúl había comenzado bien su reinado. Nadie se había sorprendido tanto como él cuando el profeta Samuel lo ungió como rey de Israel. Al principio, Saúl se había mostrado humilde. Sabía que Dios le había dado un gran honor, y reconocía que necesitaba ayuda para ser rey. Al principio, Saúl había sido bondadoso y amable hacia sus súbditos. Quería protegerlos y hacer lo mejor por ellos.

Sin embargo, con el tiempo, Saúl cambió. Quizás comenzó a pensar que, dado que era rey, podía hacer

> «El Señor ha hecho exactamente lo que dijo que haría. Te ha arrancado el reino y se lo dio a tu rival, David. Hoy el Señor te ha hecho esto porque rehusaste llevar a cabo su ira feroz contra los amalecitas».
>
> 1 Samuel 28:17-18

lo que quisiera. En dos ocasiones, se rebeló contra las órdenes que Dios le había dado por medio del profeta Samuel. A causa de esos dos actos de desobediencia, Samuel le dijo a Saúl que Dios había elegido a otra persona para que fuera rey.

La «otra persona» a la que Dios había elegido era David. Cuando Samuel ungió a David para que fuera el próximo rey de Israel, David todavía era joven. Saúl no sabía nada al respecto. Pero a medida que pasaba el tiempo, era inevitable que Saúl se diera cuenta de David. Por un lado, el Espíritu de Dios había abandonado a Saúl, y Dios había enviado un espíritu que lo atormentaba. La música parecía calmarlo, y resultó ser que David era un excelente músico. Los siervos del rey Saúl trajeron a David. Cuando el espíritu atormentador venía sobre el rey, David interpretaba música y Saúl se revitalizaba.

También está aquella vez en que David salvó de los filisteos a todo el ejército israelita, cuando luchó contra el gigante Goliat, contra quien nadie más quería pelear porque le tenían miedo. Saúl no pudo evitar observar eso, ¡y se mostró muy agradecido! Después de eso, Saúl comenzó a enviar a David a luchar contra los filisteos. David siempre regresaba victorioso, lo cual era bueno... hasta que Saúl comenzó a sentir celos del aplauso que David recibía de la gente. *¡Solo falta que lo hagan su rey!* pensaba Saúl, y desde entonces empezó a odiar y a tener recelo de David.

Saúl estaba decidido a aferrarse a su trono, sin importarle lo que Dios había dicho en cuanto a haber elegido a otro rey. Saúl intentó una y otra vez matar a David, pero este siempre se libraba. David pasó años huyendo, tratando de mantenerse fuera del alcance de Saúl.

Durante todo este tiempo, David confiaba en que, en su momento, Dios lo haría rey. David se negó a matar o siquiera herir a Saúl. Dios había elegido a Saúl como rey antes que a David. Por eso estaba seguro de que cuando Dios lo quisiera poner en el trono, él mismo quitaría a Saúl.

Era de noche, antes de un gran enfrentamiento contra los filisteos, y Saúl tenía miedo de que su ejército no se desempeñara bien en esta batalla. En esos días, Saúl tenía miedo casi todo el tiempo. Sabía que Dios ya no estaba con él. De hecho, cuando buscaba consejo sobre qué hacer en la batalla, Dios se negaba a responderle. En su desesperación, Saúl incluso intentó usar recursos que Dios había prohibido que se usaran para conocer el futuro y averiguar qué ocurriría en la batalla. Lo que logró saber no lo calmó en absoluto. Se le dijo a Saúl que, a causa de su desobediencia, Dios había arrancado el reino de su mano y se lo había entregado a David. Se le dijo que los israelitas y él serían vencidos por los filisteos al día siguiente, y que él y sus hijos morirían en la batalla.

Eso fue exactamente lo que ocurrió. Tal

vez pienses que al oír la noticia, David se habría alegrado. Sin embargo, no fue así. Hizo duelo. Saúl había sido el rey ungido por Dios sobre Israel, y David amaba a Saúl y, de manera especial, a su hijo Jonatán. David escribió una canción de lamento por la muerte de Saúl y Jonatán. Luego bendijo a los valientes soldados que habían arriesgado la vida para recuperar los cuerpos de Saúl y de sus hijos para enterrarlos.

Cuando Saúl murió, los hombres de Judá reconocieron como rey a David, pero este tuvo que esperar para ser rey de todo Israel. Durante siete años y medio, David reinó solo en Judá, hasta que al fin acudieron a él todas las tribus de Israel y reconocieron que el Señor lo había nombrado líder del pueblo. Entonces finalmente David fue rey sobre todo el pueblo de Dios, como Dios se lo había prometido.

En total, David reinó durante cuarenta años. Fue un buen rey que amaba a Dios, pero no era perfecto. En la Biblia leemos sobre varios pecados perversos que cometió el rey David. Sin embargo, a diferencia del rey Saúl, cuando se le confrontaba con sus pecados, David se arrepentía.

La palabra de Dios debe honrarse y obedecerse, algo que el rey Saúl no hizo. La palabra de Dios siempre se cumple, sea una palabra de juicio como la que dio a Saúl o una de promesa como la que dio a David.

EN CUANTO A MÍ Y A MI FAMILIA...

▶ Porque la gente es pecadora, difícilmente evita volverse soberbia y egoísta cuando tiene posiciones de poder y liderazgo. Dios lo sabe y, por eso, dio a su pueblo indicaciones sobre lo que debían hacer los reyes de Israel para evitar que eso sucediera. Lean Deuteronomio 17:18-20. Conversen sobre cómo le hubiera beneficiado a Saúl seguir esas instrucciones.

▶ Lean los siguientes versículos y comenten cómo se ven reflejados en la historia de Saúl y David: Proverbios 19:21; Isaías 46:9-10; Daniel 4:35.

29

DAVID HUYE DE ABSALÓN
Dios protege a su rey
2 Samuel 15:13-37; 17:1–19:15

Es maravilloso saber que el Dios que nos ama y nos llama sus hijos es más fuerte que cualquier cosa o persona en el universo. Es maravilloso saber que todo lo que planifica lo lleva a cabo a la perfección. Resulta especialmente consolador saberlo cuando nos damos cuenta cuán fuerte es nuestra naturaleza pecadora. No importa lo fuerte que pueda parecer mi

> «Por eso, oh Señor, te alabaré entre las naciones;
>   cantaré alabanzas a tu nombre.
> Le das grandes victorias a tu rey;
>   le muestras inagotable amor a tu ungido,
>   a David y a todos sus descendientes para
>   siempre». 2 Samuel 22:50-51

pecado, nunca le impedirá a Dios cumplir sus propósitos conmigo. ¡Qué alivio!

Dios tenía propósitos para el rey David y su familia. Los propósitos que tenía para David tendrían impacto en todo el pueblo de Dios, aun para quienes vivimos ahora, miles de años después. Dios había elegido a uno de los hijos de David, Salomón, para que fuera el próximo rey. Había prometido a David que de su familia vendría un rey cuyo reinado duraría para siempre. El propósito de Dios era que Salomón reinara después de David, y que Jesús naciera de la familia de David en un día determinado y fuera Rey para siempre.

Hubo un tiempo, sin embargo, cuando daba la impresión de que los pecados de David y de sus hijos (¡*muchos* pecados!) se interpondrían e impedirían que se cumplieran los propósitos de Dios.

En primer lugar, David había cometido un grave pecado contra Dios, contra uno de sus soldados y contra la esposa de ese soldado. David se arrepintió, pero Dios le dijo que, a consecuencia de su pecado, tendría graves problemas con su familia.

Y así fue. Varios años más tarde, empezaron a presentarse graves problemas. Uno de los hijos de David, Amnón, cometió un pecado terrible contra su hermana y le hizo mucho daño. Después, David pecó nuevamente al no hacer nada para castigar a su hijo malvado. Eso enojó a otro de los hijos de David, Absalón, y lo llevó a cometer el siguiente pecado. Absalón mató a su hermano Amnón a causa del daño que le había hecho a su hermana. Entonces David pecó nuevamente porque tampoco hizo nada para castigar a Absalón.

Todos estos pecados se fueron sumando, y cada pecado conducía al siguiente. Finalmente, Absalón cometió un pecado más que parecía que iba a deshacer los buenos propósitos de Dios. Absalón se rebeló contra su propio padre, el rey David, e intentó arrebatarle el reino. ¡Por un tiempo parecía que lo lograría! Absalón tramaba en secreto, convenciendo a los israelitas de que se pusieran de su lado para nombrarlo rey en lugar de su padre. Al fin, Absalón reunió a tantos hombres contra el rey David que dejó de guardar sus planes en secreto. Anunció que era el nuevo rey y condujo a sus hombres a tomar Jerusalén. David y quienes permanecieron leales debieron huir de la ciudad.

Por supuesto, para David era terrible que su amada ciudad fuera tomada por un ejército enemigo mientras él huía. ¡Era todavía peor saber que ese enemigo era su propio hijo! Después supo que aun su experto consejero Ahitofel se había puesto del lado de Absalón. ¡Las noticias eran cada vez peores!

Pero Dios tenía sus propósitos, y estos *no* incluían dejar que este joven arrogante y rebelde arrebatara el trono de David. Una vez en Jerusalén, Absalón le preguntó al consejero Ahitofel cómo enfrentar a David y a sus hombres. Ahitofel le dijo que atacara de inmediato, mientras estaban debilitados. Como era habitual, el consejo de Ahitofel fue excelente. Si Absalón lo hubiera seguido, hubiera derrotado a David y se hubiera apoderado del trono. Sin embargo, Absalón no siguió el consejo de Ahitofel. Decidió seguir un plan diferente, y eso le dio tiempo a David para reunir más aliados y fortalecerse. ¿Por qué Absalón no hizo caso al experto consejero? La Biblia nos da la respuesta: «Pues el Señor había decidido frustrar el consejo de Ahitofel [...] ¡para poder traer la calamidad sobre Absalón!».

Cuando finalmente Absalón y sus hombres atacaron a David, el ejército de Absalón fue derrotado. Absalón mismo quedó atrapado por su larga cabellera en las ramas de un árbol cuando pasó por debajo con su mula. Mientras estaba allí suspendido, el jefe del ejército de David, Joab, llegó y lo mató. David regresó a Jerusalén y siguió reinando.

Dios no impidió que David sufriera las consecuencias de sus pecados. Los problemas crecieron dentro de su propia familia, tal como Dios se lo había anunciado. Sin embargo, Dios lo preservó aun en medio de todo el sufrimiento provocado por el pecado. Dios llevó adelante los propósitos que tenía para David. Lo preservó como rey de su pueblo, aquel del cual vendría nuestro perfecto Rey y Salvador.

EN CUANTO A MÍ Y A MI FAMILIA...

▶ La Biblia dice que Dios dispuso que se frustrara el buen consejo de Ahitofel. Dios es quien decreta todo lo que sucede. Él decide todo lo que ocurre entre sus criaturas, de modo que su voluntad se cumpla de manera perfecta. Dios lo hace de tal manera que permite que los seres humanos tomen sus propias decisiones y elijan qué hacer. A pesar de nuestro pecado, y aun a través de él, Dios sigue actuando para cumplir sus propósitos.

DAVID HACE UN CENSO

Dios acepta con misericordia un sacrificio por el pecado

1 Crónicas 21:1–22:1

30

La Biblia no nos dice por qué era algo malo, pero lo era, y David lo sabía. Cuando el rey David tuvo la idea de hacer un censo, enviando mensajeros por todo Israel para calcular cuántos hombres capaces había para la guerra, estaba cediendo a una tentación. Quizás David quería hacer el censo por el orgullo de tener un ejército fuerte. Quizás lo quería hacer porque confiaba más

> «*El Señor es compasivo y misericordioso, lento para enojarse y está lleno de amor inagotable. No nos reprenderá todo el tiempo ni seguirá enojado para siempre. No nos castiga por todos nuestros pecados; no nos trata con la severidad que merecemos*».
>
> *Salmo 103:8-10*

en su ejército que en el Señor. Cualquiera que haya sido el motivo, era malo que quisiera hacerlo.

«Hagan un censo de todo el pueblo de Israel, [...] y tráiganme un informe para que yo sepa cuántos son», dijo David.

Joab, el comandante del ejército de David, sabía que sería un pecado. Le rogó a David que no lo hiciera, pero David insistió. Entonces los mensajeros de David recorrieron el país, contando a todos los hombres que podrían luchar en una guerra si David los necesitaba. Pero Dios se disgustó mucho por el censo y castigó a Israel.

Por fin, David admitió que se había equivocado al hacer el censo y le dijo a Dios: «He pecado grandemente al haber hecho el censo. Te ruego que perdones mi culpa por haber cometido esta tontería».

Pero no fue tan simple resolver el pecado de David. Como rey, David representaba a su pueblo delante de Dios. Cuando pecaba, su pueblo sufría. Dios envió a David un profeta con el siguiente mensaje: «Esto dice el Señor: "Te doy tres opciones; escoge uno de estos castigos, y yo te lo impondré"».

David estaba ante una decisión terrible. Debía elegir el castigo por su pecado, y no caería solamente sobre él: caería sobre todo Israel. David podía elegir tres años de hambruna, cuando el pueblo no tendría suficiente para comer. O podía elegir tres meses de derrota bajo la espada de los enemigos, lo cual provocaría enorme sufrimiento a su pueblo. O podía elegir tres días de una terrible plaga que causaría la muerte de muchos israelitas.

«¡Estoy en una situación desesperada! —respondió David—. Mejor que caiga yo en las manos del Señor, porque su misericordia es muy grande». Entonces David eligió los tres días de enfermedad, y Dios envió una plaga mortal sobre Israel. Murieron setenta mil personas.

Además, Dios envió un ángel para destruir Jerusalén, pero luego Dios desistió. «¡Detente! ¡Ya es suficiente!», le dijo Dios al ángel.

David levantó la mirada y vio al ángel del Señor, de pie y con la espada desenvainada extendida hacia Jerusalén. Vestidos con tela áspera (una señal de duelo y arrepentimiento), David y los líderes de Israel se postraron y oraron. David confesó su pecado una vez más, y le pidió a Dios que descargara todo el castigo sobre él. El ángel del Señor le ordenó a David que construyera un altar a Dios, y le dijo el lugar exacto donde debía hacerlo.

David debía construir el altar en la propiedad de un hombre llamado Arauna, donde este tenía su campo de trillar. Cuando Arauna supo lo que David quería hacer, le ofreció el lugar en forma gratuita, pero David insistió en pagárselo. Construyó un altar allí, como Dios lo había ordenado, y sacrificó ofrendas quemadas. Dios envió fuego del cielo para consumir las ofrendas de David a fin de que este supiera que Dios las había aceptado. Entonces Dios ordenó al ángel que guardara su espada.

David dijo: «¡Este será el sitio del templo del Señor Dios y el lugar del altar para las ofrendas quemadas de Israel!». Dios ya le había dicho a David que sería su hijo quien construiría el templo para Dios. Ahora David estaba definiendo el lugar exacto donde sería construido el templo, para que construyeran el altar en el mismo sitio que Dios había indicado.

Tiempo después, el rey Salomón construyó el templo exactamente allí, donde antes estuvo el campo de trillar de Arauna. Lo más importante en el templo sería la presentación de sacrificios. Dios es santo y odia todo pecado, pero su pueblo está formado por pecadores. Pecan todo el tiempo, todos los días. El castigo del pecado es la muerte, pero por su compasión Dios proveyó sacrificios, animales que morirían en lugar de los pecadores. La gente podía ir al templo y ofrecer sacrificios por sus pecados. Dios aceptaría los sacrificios tal como había aceptado el sacrificio de David. En lugar de dar a las personas que pecaban el castigo que merecían, les mostraría misericordia, como se la había mostrado a David.

De ese modo, Dios estaba preparando a la gente para el sacrificio perfecto, el Cordero de Dios, quien quitaría para siempre el pecado de su pueblo.

EN CUANTO A MÍ Y MI FAMILIA...

▶ Lean 2 Crónicas 3:1 para identificar el lugar donde David construyó un altar para los sacrificios, y dónde más tarde fue construido el templo. Después, lean Génesis 22:1-2, para ver qué otro suceso importante había ocurrido en ese mismo lugar, cientos de años antes. Lean Génesis 22:13-14 para ver qué nombre le dio Abraham al lugar, y por qué.

▶ Alaben a Dios por su misericordia al estar dispuesto a recibir sacrificios por el pecado de su pueblo durante el tiempo del Antiguo Testamento, en lugar de exigir que fueran castigados. Alábenlo por su gracia maravillosa al proveer a su propio Hijo como sacrificio para morir en lugar de su pueblo pecador.

31 DAVID REÚNE DINERO PARA UN TEMPLO
Todo lo que tenemos es un regalo de Dios
1 Crónicas 22; 28–29

Cuando el rey David reflexionaba sobre su vida, se llenaba de gratitud. Había sido un don nadie, el menor de ocho hermanos, pastor de ovejas, pero Dios lo había elegido ¡a *él*! ¡a *David*! para ser rey de Israel después de Saúl.

«¿Pero quién soy yo, y quién es mi pueblo, para que podamos darte algo a ti? ¡Todo lo que tenemos ha venido de ti, y te damos solo lo que tú primero nos diste!». 1 Crónicas 29:14

Siendo joven, David había servido al rey y había alcanzado fama cuando Dios le permitió obtener una victoria tras otra sobre los filisteos. Entonces Saúl se puso celoso, y David se vio forzado a huir para salvar su vida. Durante años, vivió en el desierto y en cuevas, y parecía que nunca llegaría a ser rey. Sin embargo, cuando llegó el momento fijado por Dios, Saúl murió en la batalla, y los israelitas reconocieron como rey a David. Dios los bendijo, y el reino creció fuerte y próspero. David no fue un rey perfecto; cometió muchos pecados graves. Pero Dios, en su gracia, lo motivó a arrepentirse y luego lo perdonó.

Lo más asombroso de todo fue el pacto que Dios hizo con David. Este había pensado que sería muy bueno construir un templo para Dios. Era algo que podía hacer para mostrar gratitud al Dios a quien amaba. Pero Dios le dijo que *no* construyera el templo. Sería Salomón, hijo de David, quien lo construiría. Entonces Dios hizo un pacto con David, un pacto lleno de promesas maravillosas. Dios prometió que estaría con Salomón y le daría prosperidad. Dios prometió que siempre habría un descendiente de David como rey sobre el pueblo de Dios. Y que uno de los descendientes de David tendría un reino que duraría para siempre.

Ahora David era anciano. Era hora de que Salomón gobernara en su lugar. David amaba a Dios aún más ahora que cuando inicialmente había pensado en construir un templo. David todavía deseaba mostrar su amor y gratitud a Dios. Por eso, aunque no iba a construir él mismo el templo, hizo todo lo que estaba a su alcance para facilitar su construcción. David proveyó la madera y la piedra que iba a requerir un templo grande y glorioso. Donó oro, plata y bronce. Convocó a los trabajadores necesarios para la construcción.

El rey David también organizó a las personas que servirían en el templo una vez que estuviera construido. Asignó sacerdotes para ofrecer sacrificios, levitas para ayudar a los sacerdotes, músicos para guiar la adoración a Dios y porteros. El anciano rey David recomendó al joven rey Salomón que fuera diligente en obedecer a Dios y en hacer la construcción. Le recordó a Salomón la gran bondad que Dios le estaba mostrando al elegirlo como rey para suceder a David, y al prometerle que afianzaría su trono para siempre. David encargó a los líderes de Israel que ayudaran a Salomón en todo lo que necesitara. «El Señor su Dios está con ustedes —les declaró—, y les ha dado paz con las naciones vecinas. [...] Busquen al Señor su Dios con todo el corazón y con toda el alma».

David convocó una gran asamblea e invitó a todo Jerusalén. Le entregó a Salomón los planos que Dios le había indicado para el templo. Entonces David dijo a todo el pueblo reunido que él mismo había provisto cuanto material podía para la construcción. Les informó cuánto oro y cuánta plata estaba donando de su propio tesoro, según dijo: «Debido a la devoción que tengo por el templo de mi Dios». Después pidió a los presentes que también hicieran donaciones. «¿Quiénes de ustedes seguirán mi ejemplo y hoy darán ofrendas al Señor?», preguntó.

David se llenó de alegría porque la gente trajo regalos en abundancia: oro, plata, bronce, hierro y piedras preciosas. La gente también se alegró «porque había dado libremente y de todo corazón al Señor».

Después, frente a todas esas ofrendas, David condujo al pueblo en oración. No hizo una oración nacida de la soberbia como «Mira, Dios, cuánto estamos dando», ni una oración que evidenciara que le estaban pagando a Dios a cambio de lo que había hecho por ellos. Más bien, fue una plegaria de gratitud a Dios porque les había permitido dar todo eso.

¿Cómo hubieran podido donar tanto a menos que, Dios se los hubiera provisto primero? ¿Cómo hubieran estado dispuestos a ofrendar tan libremente, a menos que Dios hubiera puesto ese deseo en su corazón? Todo lo que tenemos viene de Dios. Aun lo que le damos a *él* son regalos suyos para nosotros. Él nos da las ofrendas que regalamos, y él nos da un corazón dispuesto a ofrendar. En todo y para todo, debemos dar gracias a Dios.

EN CUANTO A MÍ Y A MI FAMILIA...

▶ Lean los siguientes versículos, donde Pablo muestra que no importa cuáles sean nuestras habilidades o nuestras buenas obras; todo viene de Dios y no de nosotros mismos: 1 Corintios 1:29-31; 3:6-7; 4:7.

▶ ¿De qué cosas buenas que hacemos como el pueblo de Dios podríamos estar tentados a jactarnos? Cualquiera que sea su respuesta, ¿de qué manera es eso realmente un regalo de Dios?

ASCENSO Y CAÍDA DE SALOMÓN

Dios mantiene su pacto

1 Reyes 3–12

32

Tal como Dios había prometido a David, su hijo Salomón fue rey después de que murió David. Bajo Salomón, Dios le dio al reino de Israel una extensión y una gloria mayor que las que nunca antes había tenido ni volvería a tener. Al principio, Salomón fue un rey humilde, fiel a Dios. Cuando Dios se presentó ante Salomón en una

> «Y dijo Jehová a Salomón: Por cuanto ha habido esto en ti, y no has guardado mi pacto y mis estatutos que yo te mandé, romperé de ti el reino, y lo entregaré a tu siervo. (...) Pero no romperé todo el reino, sino que daré una tribu a tu hijo, por amor a David mi siervo».
>
> *1 Reyes 11:11, 13 (RVR60)*

visión y le preguntó qué le gustaría que hiciera por él, Salomón solo pidió sabiduría. Reconocía que era joven y que no sabía cómo gobernar al pueblo de Dios, de modo que deseaba ser sabio. A Dios le agradó el pedido de Salomón. El joven rey no había hecho un pedido egoísta, como una larga vida, muchas riquezas o victorias militares. Quería agradar a Dios gobernando con sabiduría. Entonces Dios le dio sabiduría, y le dio también todo lo demás.

La Biblia nos dice que Salomón fue el hombre más sabio que jamás vivió. Mientras fue rey, ningún enemigo se atrevía a atacar y el pueblo vivía en paz. Tenían todo lo que necesitaban, y Salomón tenía enormes riquezas. Venía gente desde lejos para ver la grandeza de Salomón y escuchar su sabiduría.

Además, el rey Salomón construyó un templo para Dios, como su padre David había deseado que lo hiciera. El templo era enorme y glorioso, cubierto por completo con oro. Cuando estuvo terminado, la gloria de Dios llenó el templo. Durante el reinado de Salomón, Israel era la imagen de cómo sería un día la vida bajo el gobierno del perfecto Rey de Dios: paz y bienestar para todos, viviendo Dios con ellos.

Debido a que Salomón era un rey tan extraordinario, los reyes de otros países querían tenerlo como aliado. La mejor manera de que un rey se aliara con alguien era incorporar a esa persona a la familia, y por eso muchos reyes ofrecían sus hijas a Salomón como esposas. De manera que Salomón terminó con setecientas esposas, todas ellas de reinos extranjeros. Estas esposas estaban prohibidas porque Dios había dicho a los israelitas que no se casaran con personas de naciones idólatras. Hacerlo podía llevarlos a ellos también a la idolatría. Y eso fue exactamente lo que le ocurrió a Salomón. La Biblia nos dice que las esposas de Salomón «le desviaron el corazón para que rindiera culto a otros dioses en lugar de ser totalmente fiel al Señor su Dios».

Esto provocó el enojo de Dios. El Señor se le había aparecido dos veces a Salomón. Le había dado la sabiduría que le pidió, y además paz en el país y mucha riqueza. Dios le había ordenado a Salomón de manera específica que no adorara a otros dioses; pero aquí estaba Salomón, haciendo exactamente lo que Dios le había prohibido. Entonces Dios le dijo qué iba a ocurrir: «Ya que no has cumplido mi pacto y has desobedecido mis decretos, ciertamente te arrancaré el trono y se lo daré a uno de tus siervos». Cuando Dios hizo su pacto con David, le prometió que el siguiente rey sería Salomón. Dios prometió amar y bendecir a Salomón. Pero también dijo que lo disciplinaría si pecaba. Por eso ahora Dios le estaba anunciando a Salomón cuál sería la disciplina. Cuando Salomón muriera, no reinaría en Israel uno de sus hijos; el próximo rey sería uno de los siervos de Salomón.

Aun así, Dios había prometido que siempre habría en el trono un descendiente de David. Por eso Dios dijo: «No romperé todo el reino, sino que daré una tribu a tu hijo, por amor a David mi siervo» (1 Reyes 11:13, RVR60).

Cuando murió Salomón, ocupó el trono su hijo Roboam. Al comienzo de su reinado, Roboam tomó una decisión necia. Cuando los israelitas se presentaron para pedirle que fuera un gobernante amable y misericordioso, Roboam les respondió que les mostraría cuán severo podía ser. Por supuesto, a los israelitas eso no les gustó, de modo que rechazaron a Roboam como rey y eligieron otro en su lugar. Así fue como el reino de Israel, unido bajo el reinado de David, grande y rico bajo el reinado de Salomón, ahora quedó dividido en dos reinos. Diez de las tribus se rebelaron contra la familia de David; a estas se les conoció como el reino de Israel. Judá, la tribu de David, permaneció con el rey Roboam; ese fue el reino de Judá.

El reino de Israel no tuvo ni un solo rey aceptable. Todos fueron idólatras. En el reino de Judá, algunos de los reyes fueron muy perversos, otros fueron tolerables y otros fueron muy buenos. Todos los reyes de Judá pertenecían a la familia de David. A pesar del pecado de Salomón y de la necedad de Roboam, Dios mantuvo su pacto con David y siempre hubo uno de sus descendientes en el trono. Mucho tiempo después, Dios envió el perfecto rey descendiente de la familia de David, tal como lo había prometido, aquel que sería el Rey del pueblo de Dios para siempre.

EN CUANTO A MÍ Y A MI FAMILIA...

▶ Salomón y su hijo Roboam vivieron hace mucho tiempo. Aun así, debemos ser agradecidos de que su pecado y su necedad no causaron que Dios renegara su pacto con David. Ese pacto incluía la promesa de que vendría nuestro Rey perfecto, Jesús. Lean en Jeremías 33:14-21 acerca del pacto de Dios con David y cómo nos afecta a nosotros.

33

EL VIÑEDO DE NABOT
Dios hará justicia
1 Reyes 21:1-25

Acab era el rey de Israel, y era un hombre muy poderoso. Siendo rey, Acab tenía dinero, sirvientes y soldados. Podía conseguir todo lo que quisiera... bueno, casi todo. Lo que Acab quería era el viñedo vecino a su propiedad. Estaba convencido de que podría usar ese viñedo como una excelente huerta. No importaba que ya tenía un palacio y muchas tierras de su propiedad. No importaba

> «Matan a las viudas y a los extranjeros,
>   y asesinan a los huérfanos.
> "El Señor no está mirando —dicen—,
>   y además, al Dios de Israel no le importa".
> ¡Piénsenlo mejor, necios!
>   ¿Cuándo por fin se darán cuenta?
> El que les hizo los oídos, ¿acaso es sordo?
>   El que les formó los ojos, ¿acaso es ciego?
> Él castiga a las naciones, ¿acaso no los
>   castigará a ustedes?».
>
> *Salmo 94:6-10*

que tenía dinero como para comprar todas las hortalizas que quisiera. Lo que realmente quería era ese viñedo. Pero no podía conseguirlo.

El viñedo pertenecía a un hombre que se llamaba Nabot. Acab le pidió a Nabot que se lo vendiera. Le dijo a Nabot que con gusto le daría a cambio un viñedo mejor. O que le pagaría un buen precio con dinero. Pero Nabot no quería venderlo. Eso se debía a que, cuando Dios entregó a los israelitas la tierra que les había prometido, cada familia recibió una parte, y Dios había prohibido que la vendieran. La propiedad de cada familia debía mantenerse en la familia.

Así que Nabot le dijo que no a Acab. No vendería su viñedo.

¿No suele suceder que aquello que no podemos conseguir es justo lo que creemos necesitar para vivir? Acab se fue a su casa, enojado y de mal humor. Como una criatura que hace pucheros cuando no consigue lo que quiere, se acostó y volvió el rostro a la pared. Nada le importaba más en ese momento que ser dueño del viñedo de Nabot.

Hasta este momento en la historia, el comportamiento de Acab casi puede parecer gracioso. ¡Imagínate a un hombre adulto actuando de este modo! Pero aquí la historia se vuelve más seria. Entra en escena Jezabel, la esposa de Acab. Acab no era un buen hombre. Su esposa, Jezabel, era aún peor. Era hija del rey de una de las naciones idólatras cercanas, y se había esforzado por alejar a Israel de la adoración a Dios. La Biblia dice: «Nunca nadie se entregó tanto a hacer lo que es malo a los ojos del Señor como Acab, bajo la influencia de su esposa Jezabel». Ella era en gran parte la explicación de que Acab fuera tan malvado.

Cuando Jezabel supo que el mal humor de Acab se debía a que Nabot no quería venderle el viñedo, ella dijo, efectivamente: «¡No seas ridículo! Tú eres el rey de Israel. Puedes hacer lo que te dé la gana. No te preocupes; yo te conseguiré ese viñedo».

Entonces Jezabel pagó a hombres del pueblo de Nabot, ordenándoles que dijeran que habían visto a Nabot cometer un delito. Por supuesto, no lo había cometido, pero eso no le importaba a Jezabel ni a los mentirosos que ella contrató. Jezabel también pagó a los líderes de esa ciudad para asegurarse de que las cosas resultaran como ella quería. Nabot fue acusado falsamente; nadie le creyó cuando dijo que era inocente, y entonces lo sacaron fuera de la ciudad y lo mataron.

Apenas le llegó a Jezabel la noticia de que Nabot estaba muerto, le dijo a Acab que se apropiara del viñedo que quería porque su dueño estaba muerto. Acab fue directamente al viñedo y tomó posesión de él.

Esta es una historia muy desdichada, ¿verdad? Y no tiene final feliz, por lo menos no allí donde se relata en la Biblia. Vivimos en un mundo caído y pecaminoso donde ocurren muchas cosas malas e injustas. Es lo suficientemente difícil cuando ocurren percances como incendios o accidentes automovilísticos. Es lo suficientemente difícil cuando los desastres naturales, como tornados y terremotos, provocan sufrimiento y miserias. Pero lo peor es cuando la gente sufre porque las personas poderosas y crueles la agreden intencionalmente.

Sin embargo, todas las historias como esta tienen un final con el que podemos contar. No importa cuánto sufra, el que pertenece al pueblo de Dios puede tener la seguridad de que Dios le dará un futuro mucho mejor que todo lo que haya perdido. Y en cuanto a la persona poderosa y cruel, que deliberadamente hiere a otras, le llegará un día de juicio.

En el caso de Acab, cuando llegó a su nuevo viñedo, se encontró con Elías, el profeta de Dios, esperando por él. En nombre de Dios, Elías pronunció palabras de enorme ira y juicio contra Acab, Jezabel y toda su casa.

El reino les sería quitado, y ambos morirían de forma violenta debido a la ira que su maldad había provocado en Dios.

Dios no permite que el mal quede sin castigo. Él ve cada acto cruel e injusto cometido por personas malvadas que parecen quedar impunes, y él los juzgará.

EN CUANTO A MÍ Y A MI FAMILIA...

▶ Muchos cristianos sufren en el mundo a manos de personas crueles, por causa de su fe. Oren por estos hermanos y hermanas perseguidos que necesitan gracia para perdonar cuando es difícil hacerlo. Oren para que sean fieles a Cristo cuando sufren por él. Alaben a Dios por su promesa de juzgar lo malo, y pídanle que quite del poder a quienes dañan a su pueblo.

▶ Una «pregunta retórica» es la que hacemos no para esperar una repuesta, sino para hacer una observación. Las últimas tres preguntas en nuestro versículo clave son «preguntas retóricas». ¿Cuál es la respuesta a todas ellas?

MICAÍAS DA UN MENSAJE DE DIOS A ACAB

Lo que Dios declara siempre se cumple

1 Reyes 22:1-40; 2 Crónicas 18

34

Entre los buenos reyes de Judá, Josafat fue uno de los mejores. Josafat siguió el buen ejemplo de su antepasado David: «Buscó al Dios de su padre y obedeció sus mandatos [...]. Por eso el Señor estableció el dominio de Josafat sobre el reino de Judá» (2 Crónicas 17:4-5).

Entonces, ¿por qué haría el rey Josafat

> «Todos los hombres de la tierra
>   no son nada comparados con él.
> Él hace lo que quiere
>   entre los ángeles del cielo
>   y entre la gente de la tierra.
> Nadie puede detenerlo ni decirle:
>   "¿Por qué haces estas cosas?"».
>
> Daniel 4:35

de Judá una alianza con el rey Acab de Israel? De todos los reyes malvados de Israel, Acab fue uno de los peores. Adoraba ídolos; mataba a los profetas de Dios; asesinaba a personas inocentes para conseguir lo que quería. ¿Por qué el rey Josafat haría algo tan necio, y hasta malvado, como hacer una alianza con Acab?

Lo único que podemos decir es lo siguiente: por bueno que fuera Josafat en comparación con otros reyes, era de todos modos un pecador y, en consecuencia, seguía haciendo cosas necias y pecaminosas. Por supuesto, es así con todos los hijos de Dios: no importa cuánto haya hecho él por nosotros, no importa cuán agradecidos estemos y no importa cuán buenos seamos en comparación con otras personas, ¡seguimos pecando contra nuestro Dios de maneras que no tienen ningún sentido! ¡Por eso estamos tan agradecidos de que el pacto de Dios con nosotros sea por su gracia, y no por lo que merecemos!

Cuando el rey Acab invitó al rey Josafat a salir con él a luchar contra los sirios, Josafat aceptó enseguida. Pero Josafat estaba acostumbrado a pedir la orientación y la bendición de Dios, y por eso le dijo a Acab: «Primero averigüemos qué dice el Señor».

No hay problema, respondió Acab, y llamó a cuatrocientos profetas. Les preguntó si debía atacar la ciudad que los sirios habían ocupado, y los cuatrocientos respondieron al unísono: «¡Sí, adelante! Dios dará la victoria al rey».

De alguna manera, Josafat sabía que esos profetas no estaban hablando de parte de Dios.

—¿Acaso no hay también un profeta del Señor aquí? Debemos hacerle la misma pregunta —sugirió.

La repuesta de Acab fue que sí lo había. Su nombre era Micaías.

—Pero lo detesto. ¡Nunca me profetiza nada bueno, solo desgracias!

Trajeron a Micaías y, tal como le preocupaba a Acab, su profecía sobre lo que iba a ocurrir no fue buena: «Vi a todo Israel disperso por los montes como ovejas sin pastor. —Israel sería derrotado y quedaría sin líder, lo cual solo podía significar que matarían a Acab—. El Señor ha dictado tu condena», concluyó Micaías.

Acab se puso furioso e hizo encarcelar a Micaías y pidió que solo lo alimentaran a pan y agua hasta que él regresara. Por supuesto, el rey Acab no regresaría porque lo que Dios declara siempre se cumple.

La conducta de Josafat de depender de Dios lo distingue como un hombre sabio. Entonces, ¿por qué cayó en la trampa de Acab cuando este le dijo: «Yo me disfrazaré para que nadie me reconozca, pero tú ponte tus vestiduras reales»? Por supuesto, los soldados siempre quieren matar al líder del enemigo. Seguramente Acab habría estado un poco preocupado de que se cumpliera la palabra de Dios en contra de él. Por eso se disfrazó para impedir que los soldados enemigos supieran que él era el líder al que querían matar. Le dijo a Josafat que saliera al frente vestido como rey. Los enemigos creerían que Josafat era Acab, e irían tras él.

De hecho, eso fue lo que ocurrió. Los soldados sirios vieron a Josafat con sus vestiduras reales y pensaron que era el rey de Israel. Pero a pesar de los errores y la necedad de Josafat, su Dios es un Dios de gracia. Dice la Biblia: «Josafat clamó, y el Señor lo rescató. Dios lo ayudó, apartando a sus atacantes de él».

Pero aunque ninguno de los sirios supiera cuál de los soldados era Acab, lo que Dios había declarado sobre él todavía debía cumplirse. La palabra de Dios siempre se cumple. Uno de los sirios lanzó una flecha al azar; quizás, en el tumulto, no estaba apuntando a nada en particular. La flecha cruzó el campo de batalla, dirigida por Dios a cumplir su propósito, e hirió a Acab. Es más, la flecha entró en uno de los únicos lugares por donde hubiera podido atravesar la armadura y herirlo.

Acab ordenó que el conductor de su cuadriga lo sacara de la batalla. La lucha continuó todo el día mientras Acab permanecía herido en su cuadriga. Cuando llegó la noche, Acab murió a causa de su herida y sus soldados regresaron a sus casas desbandados, como ovejas sin pastor.

Los profetas de Dios podían predecir el futuro no solo porque Dios sabe lo que va a suceder, sino porque, cuando Dios dice que algo va a ocurrir, él hace que se cumpla. Nadie en el cielo ni en la tierra puede impedirlo.

EN CUANTO A MÍ Y A MI FAMILIA...

▶ Los gobernantes como Acab se acostumbran a gobernar y creen que pueden disponer todo. En primer lugar, ¿quién es el que alza gobernantes? Entonces, ¿quién es el que verdaderamente dispone todo?

▶ Busquen el contexto del versículo clave para ver qué otro gobernante pensó que era más grande que Dios antes de darse cuenta de la verdad. Ese gobernante es el que dijo las palabras del versículo clave.

▶ ¿Por qué podemos estar seguros de que verdaderamente se cumplirán las profecías y las promesas sobre el regreso del Señor y sobre un nuevo cielo y una nueva tierra sin pecado ni sufrimiento?

35 JOSAFAT ENVÍA UN CORO A LA BATALLA
El poder de Dios protege a su pueblo de sus enemigos
2 Crónicas 20:1-30

Hubiera sido bastante malo que los moabitas vinieran solos para atacar al rey Josafat y a su pueblo. Eso hubiera significado una guerra y, en consecuencia, sufrimiento y dificultades para Judá. Pero los moabitas no venían solos: traían consigo a los amonitas y a algunos meunitas. Unidos formaban un ejército enorme, y los soldados del pequeño reino de Judá no serían suficientes para hacerle frente. Para empeorar las cosas, para cuando le

> «*"Somos impotentes ante este ejército poderoso que está a punto de atacarnos. No sabemos qué hacer, pero en ti buscamos ayuda". (...) Esto dice el Señor: "¡No tengan miedo! No se desalienten por este poderoso ejército, porque la batalla no es de ustedes sino de Dios"*». 2 Crónicas 20:12, 15

llegó la noticia al rey Josafat, este enorme ejército enemigo ya estaba en Hazezon-tamar, muy cerca de Jerusalén.

El rey Josafat se llenó de miedo. ¿Qué podía hacer contra un ejército tan grande? ¿Cómo podía protegerse a sí mismo y al pueblo de esta enorme multitud? Josafat se dedicó a suplicar la guía de Dios. Ordenó ayuno en todo Judá, y la gente se reunió con su rey a buscar la ayuda de Dios.

Josafat se puso de pie en medio del pueblo y oró: «Oh Señor, Dios de nuestros antepasados, solo tú eres el Dios que está en el cielo. Tú eres el gobernante de todos los reinos de la tierra. Tú eres fuerte y poderoso. ¡Nadie puede hacerte frente! [...] Somos impotentes ante este ejército poderoso que está a punto de atacarnos. No sabemos qué hacer, pero en ti buscamos ayuda».

Todo el pueblo de Dios (hombres, mujeres y niños) estaba presente para buscar la guía de Dios junto a su rey. Dios envió a su Espíritu a uno de los hombres para darles un mensaje: «Esto dice el Señor: "¡No tengan miedo! No se desalienten por este poderoso ejército, porque la batalla no es de ustedes, sino de Dios". —Se les ordenó que salieran al día siguiente para enfrentar al enemigo—. Ustedes ni siquiera tendrán que luchar. Tomen sus posiciones; luego quédense quietos y observen la victoria del Señor».

Entonces Josafat se inclinó hasta el suelo delante de Dios, y el pueblo también lo hizo. Juntos adoraron al Señor, y los levitas se pusieron de pie y alabaron a viva voz.

Temprano a la mañana siguiente, el pueblo de Dios se puso en marcha para encontrarse con el ejército enemigo, como Dios les había ordenado. Josafat tenía tal confianza en la promesa de Dios que designó cantores, vestidos con la ropa consagrada que usaban en el templo, para que lideraran el camino. Este coro, entonando alabanzas a Dios, encabezaba el ejército. Normalmente, sería necio hacer eso. El coro no llevaba armas; si marchaban adelante, los soldados enemigos los destruirían. Pero Dios le había dicho a su pueblo que ni siquiera tendrían que luchar; él lo haría por ellos. Y le creyeron.

De modo que el coro marchaba adelante cantando: «¡Den gracias al Señor; su fiel amor perdura para siempre!». Mientras tanto, Dios hizo que los amonitas y los moabitas encontraran algún motivo para pelear contra los meunitas. Lucharon unos contra otros, y los ejércitos amonita y moabita destruyeron al ejército meunita. Una vez que terminaron, Dios hizo que los amonitas y los moabitas comenzaran a pelear entre sí, y se destruyeron unos a otros.

Cuando llegaron Josafat y el pueblo de Judá cantando alabanzas a Dios, miraron hacia donde había estado el gran ejército y solo vieron cadáveres. No había quedado nadie. De modo que el pueblo de Judá salió a recoger el botín entre los soldados muertos. Reunieron todo: vestimenta, bienes y artículos valiosos. ¡Había tanto que les llevó tres días recogerlo todo!

El pueblo regresó lleno de alegría a Jerusalén. Fueron al templo con arpas, liras y trompetas para alabar a Dios. Dice la Biblia: «Cuando todos los reinos vecinos oyeron que el Señor mismo había luchado contra los enemigos de Israel, el temor de Dios se apoderó de ellos».

En esta historia, Dios protegió a su pueblo débil y pequeño frente a enemigos físicamente poderosos. Sin embargo, en otras ocasiones, Dios ha decidido no proteger físicamente a su pueblo. Sabemos que el poder de Dios es tan grande que nada es imposible para él. Cuando decide no protegernos físicamente, es porque tiene otro propósito para nosotros. Siempre usará su poder para proteger a sus hijos del daño más grave. Ninguno de nuestros enemigos: ni los acosadores que odian a Dios, ni Satanás, ni nuestro propio pecado podrá separarnos de Dios o impedir que vivamos con él para siempre. Nosotros somos débiles, pero su poder es suficiente para protegernos.

EN CUANTO A MÍ Y A MI FAMILIA...

▶ Josafat y su pueblo confiaron tan plenamente en Dios que enviaron un coro al frente del ejército. Lo hicieron porque tenían la promesa de lo que Dios haría por ellos, y la creyeron. Nunca sabemos cuándo repentinamente sufriremos ataques y estaremos tentados a desobedecer o alejarnos de Dios. Debemos fortalecernos ahora aprendiendo en su palabra cómo es Dios, y memorizando sus promesas.

▶ Oren por los hijos de Dios que se enfrentan a enemigos humanos que tratan de apartarlos de la fe en Cristo. Intercedan para que recuerden las promesas de Dios y se mantengan firmes.

ELÍAS Y EL REY OCOZÍAS

Dios es el Dios verdadero y el Rey más grande

2 Reyes 1

36

Durante años, hubo en Israel un tira y afloja entre Dios y Baal. Por supuesto, Baal no podía hacer nada para ganar ese enfrentamiento, ya que era un ídolo, un dios

«*Yo conozco la grandeza del Señor: nuestro Señor es más grande que cualquier otro dios. El Señor hace lo que le place por todo el cielo y toda la tierra, y en los océanos y sus profundidades*».

Salmo 135:5-6

de fantasía que no tenía vida. Pero los reyes de Israel luchaban a favor de la adoración a Baal, en tanto que los profetas de Dios los enfrentaban y les decían que estaban en el error.

Cuando el rey Acab estableció en Israel la adoración a Baal, el profeta Elías salió a su encuentro. Le dijo a Acab que no habría lluvia en Israel hasta que Dios lo dispusiera. Era Dios y no Baal quien enviaba la lluvia. No llovió en Israel durante años, hasta que Dios lo permitió.

Entonces Elías propuso un concurso y desafió a los profetas de Baal. Elías por un lado y los profetas de Baal por otro prepararon un sacrificio, pero no encendieron el fuego. Cualquiera de los dioses, Baal o el Señor, que respondiera a las súplicas de sus profetas al enviar fuego, ese era el verdadero Dios. Baal, por supuesto, no hizo nada; pero Dios respondió a la oración de Elías enviando fuego desde el cielo.

Más adelante, los profetas le dijeron a Acab que saldría victorioso en una batalla contra Siria, en tanto que un solitario profeta de Dios dijo que no: Acab moriría en la batalla. Eso fue lo que ocurrió.

Pensarías que el siguiente rey de Israel, Ocozías, habría entendido la lección ya que había presenciado esta lucha durante años. Quizás pensarías que se habría dado cuenta de que Baal no podía hacer nada, en tanto que el Señor es el verdadero Dios que habla y obra. De modo que cuando el rey Ocozías sufrió una caída desde la planta alta de su casa, y quería saber si iba a recuperarse, habrías esperado que le preguntara a un profeta del Señor. Pero en cambio, Ocozías envió mensajeros al templo de Baal-zebub, dios de Ecrón, para consultarle.

Esto enojó a Dios. Ocozías era rey del pueblo de Dios. Debía guiarlo a buscar al verdadero Dios, no a los ídolos. Dios envió a su profeta Elías para encontrarse con los siervos de Ocozías, con el siguiente mensaje para el rey: «¿Acaso no hay Dios en Israel? ¿Por qué recurren a Baal-zebub, dios de Ecrón, a consultarle si el rey va a recuperarse? Por lo tanto, esto dice el Señor:

nunca te levantarás de la cama donde estás; ten por seguro que morirás».

El rey Ocozías se sorprendió de que los mensajeros volvieran tan pronto. Era imposible que hubieran hecho todo el camino hasta Ecrón y regresado en tan poco tiempo. Los mensajeros explicaron que les había salido al encuentro un profeta diciéndoles que regresaran al rey con un mensaje de parte de Dios.

Los mensajeros describieron el aspecto del profeta, y Ocozías se dio cuenta de que se trataba de Elías, el mismo profeta que durante años había confrontado a su padre, el rey Acab. Ocozías quiso hablar con el profeta. Envió cincuenta soldados al mando de un capitán para que lo trajeran. Si Elías no quería venir por su propia voluntad, debían traerlo por la fuerza.

Cuando los soldados se encontraron con Elías, el capitán dijo:

—Hombre de Dios, el rey te ordena que vengas con nosotros.

Es Dios, no los reyes, quien da órdenes a sus profetas. Por eso, Elías respondió:

—Si yo soy un hombre de Dios, ¡que caiga fuego del cielo y te destruya a ti y a tus cincuenta hombres!

Y eso fue exactamente lo que ocurrió.

El rey envió a otros cincuenta hombres. El capitán fue aún más prepotente:

—Hombre de Dios, el rey te exige que bajes de inmediato.

Nuevamente Elías respondió:

—Si yo soy un hombre de Dios, ¡que caiga fuego del cielo y te destruya a ti y a tus cincuenta hombres!

Y una vez más, descendió fuego de Dios y consumió a los soldados.

El rey envió otros cincuenta soldados con su capitán. Este capitán entendía que un profeta, debido a que representa al Dios vivo y verdadero, tiene más autoridad que un rey. No intentó darle órdenes a Elías. Se mostró humilde arrodillándose ante Elías y rogándole que perdonara su vida y la de los soldados.

Esta vez, Dios le dijo a Elías que acompañara a los soldados y se presentara ante el rey Ocozías. Entonces Elías lo hizo. Cuando estuvo ante el rey, Elías le dio el mismo mensaje de parte de Dios que antes le habían llevado los mensajeros. «Esto dice el Señor: "¿Por qué enviaste mensajeros a Baal-zebub, dios de Ecrón, a preguntarle si te recuperarías? ¿Acaso no hay Dios en Israel para contestar tu pregunta? Ahora, porque hiciste esto, nunca te levantarás de la cama donde estás; ten por seguro que morirás"».

Entonces Ocozías murió así como el Señor lo había anunciado por medio de Elías.

Dios no tolera la dependencia simultánea de él *y* de otros dioses. Solo él es Dios, y exige que la gente lo adore solo a él. Dios no tolera que la gente pretenda darle órdenes a *él*, como si pudieran forzarlo a cumplir sus deseos. Él es el rey del universo, y nosotros debemos servirle a él en lugar de actuar como si él fuera nuestro servidor.

EN CUANTO A MÍ Y A MI FAMILIA...

▶ ¿Hay cosas que ustedes sienten que deben tener para sentirse satisfechos? ¿Corren el riesgo de que esas cosas sean ídolos de los cuales dependen?

▶ Cuando oran, ¿cuánto tiempo dedican a pedirle a Dios que les haga conocer su voluntad y les ayude a cumplirla? ¿Cuánto tiempo pasan pidiéndole a Dios que haga cosas que los beneficien o les dé lo que quieren?

ELISEO REEMPLAZA A ELÍAS

La obra de Dios continúa
2 Reyes 2

37

Si amabas a Dios, como lo amaba Eliseo, no había mucho de lo cual alegrarse en la tierra de Israel. El pueblo ignoraba el pacto que Dios había hecho con ellos. Los gobernantes adoraban ídolos y guiaban a la gente a hacer lo mismo. El rey y la reina mataban a ciudadanos inocentes. Daba la impresión de que lo único bueno en Israel era el fiel profeta de Dios, Elías.

En los días del rey Acab,

> «*Nosotros solo somos siervos de Dios mediante los cuales ustedes creyeron la Buena Noticia. Cada uno de nosotros hizo el trabajo que el Señor nos encargó. (...) No importa quién planta o quién riega; lo importante es que Dios hace crecer la semilla*». 1 Corintios 3:5, 7

Elías había enfrentado con valentía al cruel rey más de una vez, para decirle en la cara lo enojado que estaba Dios con su comportamiento. Elías, solo, había desafiado a los cuatrocientos profetas de Baal a un concurso que demostraría quién era el verdadero Dios. Elías había vencido; luego aniquiló a los cuatrocientos profetas de Baal. Elías se presentó ante el rey Acab cuando este mató a un hombre inocente para quedarse con su viñedo, y Elías había declarado el juicio de Dios sobre Acab y su esposa.

Elías era la voz de Dios en Israel. Daba el mensaje de Dios en una época oscura e impía. Había otros profetas del Señor, pero no eran muchos, y ninguno de ellos declaraba el mensaje del Señor con tanta valentía y claridad como lo hacía Elías.

Ahora Dios iba a llevarse a Elías. Eliseo había estado sirviendo con Elías, aprendiendo de él y ayudándolo. Eliseo sin duda había llegado a amar a su maestro, y lo iba a extrañar. Pero lo que más le afligía a Eliseo era que ya no estaría Elías para declarar la palabra de Dios.

Elías y Eliseo iban camino al lugar donde Dios se llevaría a Elías. La Biblia no nos dice cómo lo sabían, pero ambos parecían saber lo que iba a ocurrir. Aun los demás profetas de Israel parecían saberlo, porque cuando Elías y Eliseo llegaron a Jericó, donde vivían muchos de los profetas, le preguntaron a Eliseo: «¿Sabías que hoy el Señor se llevará a tu amo?». Eliseo lo sabía, pero no quería hablar sobre ello. Solo deseaba estar con Elías hasta el último momento.

Elías y Eliseo continuaron la marcha. Al llegar al río Jordán se detuvieron. No había puente y no tenían una embarcación. Elías dobló su manto y golpeó el agua con él. El río se dividió y ambos cruzaron sobre tierra seca.

Ahora había llegado el momento. Elías estaba por dejar a Eliseo. «Dime qué puedo hacer por ti antes de ser llevado», le dijo Elías a Eliseo.

Eliseo quería una sola cosa. Quería que continuara el ministerio fiel de Elías a Dios en la rebelde Israel. «Te pido que me permitas heredar una doble porción de tu espíritu», dijo Eliseo.

Elías respondió que si Eliseo lo veía en el momento de ser llevado, eso significaba que Eliseo estaría recibiendo lo que había pedido.

Entonces, mientras caminaban y conversaban, apareció una cuadriga de fuego, tirada por caballos de fuego, que pasó entre ellos y los separó. Elías fue llevado al cielo en un torbellino y Eliseo nunca más lo vio. ¡Pero Eliseo había visto irse a Elías! Eso significaba que Eliseo tendría la doble porción del Espíritu de Dios que había pedido. No solo eso: al partir, Elías había dejado caer su manto. Eliseo lo levantó.

Eliseo volvió por el mismo camino, ahora solo. Cuando llegó al río Jordán, golpeó el agua con el manto, como antes había hecho Elías. «¿Dónde está el Señor, Dios de Elías?», dijo. El río se abrió, como antes había ocurrido con Elías, y Eliseo cruzó sobre tierra seca.

Eliseo siguió hasta Jericó, donde la gente le dijo que el agua de la ciudad estaba contaminada. Eliseo arrojó sal en el manantial, y dijo: «Esto dice el Señor: "Yo he purificado el agua"». El agua quedó pura desde entonces.

Eliseo continuó hasta Betel, la ciudad que era el corazón del culto a los ídolos en Israel. Salió una banda de muchachos de la ciudad y se burlaron de Eliseo. Burlarse de un profeta que habla de parte de Dios es burlarse de Dios, por lo que Eliseo pronunció juicio contra ellos. Salieron del bosque dos osos que atacaron e hirieron a los mofadores.

Al pueblo de Israel y al propio Eliseo les quedó claro que Dios continuaría su obra aunque ya no estuviera Elías. Dios da dones a las personas para que hagan su obra, pero él no *depende* de nadie. La obra de Dios continúa con o sin los individuos que nos parecen tan importantes.

EN CUANTO A MÍ Y A MI FAMILIA...

▶ Agradezcan a Dios por líderes cristianos que conozcan. Oren por ellos, pidiéndole a Dios que los mantenga fieles a él y les dé la sabiduría para hacer la tarea que Dios les ha encomendado. Oren por la obra misma, pidiéndole a Dios que sea para su gloria, aun dentro de mucho tiempo cuando los líderes actuales ya no estén.

▶ Alaben a Dios porque él es autosuficiente. Eso significa que tiene en su ser todo lo que necesita. Denle gracias porque, aun así, da a sus hijos el privilegio de trabajar con él para llevar a cabo sus propósitos.

38 ELISEO AYUDA A UNA VIUDA
Los milagros muestran que un profeta viene de Dios
2 Reyes 4:1-7

La mujer había estado triste y preocupada, pero ahora también estaba aterrorizada. Triste porque había muerto su esposo y lo extrañaba. Y preocupada porque no tenía cómo sostenerse a sí misma y a sus dos hijos. En aquel tiempo, en Israel no había empleos para

> «Pues él es el Dios viviente,
>   y permanecerá para siempre.
> Su reino jamás será destruido,
>   y su dominio nunca tendrá fin.
> Él rescata y salva a su pueblo;
>   realiza señales milagrosas y maravillas
>   en los cielos y en la tierra».
>
> Daniel 6:26-27

las mujeres. Pero ahora la mujer estaba aterrada. Al morir su esposo había dejado deudas, y la mujer no tenía cómo pagarlas. El hombre a quien le debía se había presentado a cobrar. Cuando supo que la mujer no tenía cómo pagar, le dijo que tendría que llevar a sus hijos como esclavos. Eso cubriría la deuda.

La mujer se presentó ante Eliseo. «Mi esposo, quien te servía, ha muerto, y tú sabes cuánto él temía al Señor; pero ahora ha venido un acreedor y me amenaza con llevarse a mis dos hijos como esclavos».

Eliseo le preguntó qué tenía en su casa. «No tengo nada, solo un frasco de aceite de oliva», dijo ella con tristeza.

Con eso alcanzaría. Eliseo le dijo que acudiera a sus vecinos y pidiera prestadas jarras, como si tuviera aceite en abundancia. No debía conformarse con unas pocas jarras; debía conseguir tantas como pudiera. «Luego», continuó Eliseo, «ve a tu casa con tus hijos y cierra la puerta. Vierte en las jarras el aceite de oliva que tienes en tu frasco y cuando se llenen ponlas a un lado».

Realmente no tenía sentido. Si la mujer tenía solo una jarra de aceite, ¿cómo iba a llenar muchas jarras? Pero la mujer hizo lo que Eliseo le había indicado porque Eliseo era el profeta de Dios. Lo que dijera debía ser obedecido.

La mujer pidió jarras prestadas, volvió a su casa y vertió el aceite de su jarra a la primera jarra vacía. Cuando estuvo llena hasta el borde, todavía le quedaba aceite, por lo que continuó con la jarra siguiente. Pronto esa también estuvo llena hasta el borde, pero todavía le quedaba aceite. La mujer llenó una jarra tras otra, todas con aceite de su propia jarra. Comenzó a darse cuenta por qué Eliseo le había dicho que no se conformara con unas pocas jarras prestadas; iba a necesitar más. Envió a buscar más jarras, y continuó llenando una tras otra, y todavía le quedaba aceite.

—Tráeme otra jarra —dijo a uno de sus hijos, pero este respondió:

—¡Ya no hay más!

Finalmente, el aceite dejó de fluir.

La mujer miró el interior de su pequeña casa. Había jarras de aceite por todas partes. ¡Su casa parecía un negocio! Corrió a donde estaba Eliseo y le contó lo que había ocurrido.

Él le dijo: «Ahora vende el aceite de oliva y paga tus deudas; tú y tus hijos pueden vivir de lo que sobre». ¡Cuán aliviada se habrá sentido la mujer! Pudo pagar lo que debía y le quedó suficiente para sostener a su familia.

Generalmente, cuando en la Biblia alguien hace un milagro, el milagro es para ayudar, como en este caso. Una persona lisiada recibe sanidad y camina; un ciego recibe la vista; el agua es transformada en vino cuando la gente lo necesita en una boda. Pero los milagros no son solo buenas obras, pensadas para mostrar misericordia.

En primer lugar, un **milagro** es una señal de que la persona que lo hizo representa a Dios. En la Biblia, los siervos de Dios casi siempre realizan milagros cuando el Señor está haciendo algo nuevo e importante en su pueblo. El milagro es la señal de que eso viene verdaderamente de Dios. Moisés hizo milagros porque Dios lo había llamado para sacar a los israelitas de Egipto y darles la ley de Dios. Jesús hizo el mayor número de milagros porque él es el Salvador prometido por Dios; es muy importante que la gente lo escuche. Jesús dio a sus apóstoles la capacidad de hacer milagros para que la gente creyera en su mensaje.

Eliseo había ocupado el lugar de Elías como profeta de Dios en una época cuando muchos de los que pertenecían al pueblo de Dios se habían alejado del Señor para ir tras otros dioses. Cuando Elías y Eliseo hacían milagros, Dios estaba mostrando a su pueblo que los profetas hablaban de parte de él; la gente debía escucharlos. El milagro en este relato proveyó para la necesidad de la viuda. Mostró al pueblo rebelde que era una necedad recurrir a falsos dioses en busca de provisión. Dios es el único Dios verdadero y de él recibimos todo lo que necesitamos.

EN CUANTO A MÍ Y A MI FAMILIA...

▶ Muchos milagros son hechos para ayudar a las personas, pero algunos son acontecimientos extraordinarios para mostrar el juicio de Dios sobre quienes no le obedecen. ¿Pueden pensar en algunos ejemplos bíblicos de los dos tipos de milagros?

▶ ¿Quiénes realizaron los milagros que mencionaron en la pregunta anterior? ¿Eran siervos a quienes Dios quería que la gente prestara atención de manera especial?

ELISEO RESUCITA A UN NIÑO DE LA MUERTE
39
Dios es el único Dios verdadero
2 Reyes 4:8-37

No sabemos cómo la mujer rica de Sunem y su esposo se encontraron por primera vez con Eliseo, el profeta de Dios. Pero, de alguna manera, se conocieron. La mujer invitó a Eliseo a comer con ellos a su casa y Eliseo fue con mucho gusto. La próxima vez que Eliseo estuvo en Sunem fue a verlos, y también lo hizo la próxima vez y la vez que siguió. A Eliseo se le hizo costumbre: cada vez que pasaba por Sunem, se detenía a comer en esa casa con la mujer y su esposo.

Un día la mujer le dijo a su esposo: «Estoy segura de que este hombre que pasa por

> «¿Con quién me compararán?
> ¿Quién es igual que yo?
> Hay quienes derrochan su plata y su oro
> y contratan a un artesano para que de estos les haga un dios.
> Luego, ¡se inclinan y le rinden culto! (...)
> ¡Solo yo soy Dios!
> Yo soy Dios, y no hay otro como yo».
> *Isaías 46:5-6, 9*

aquí de vez en cuando es un santo hombre de Dios. Construyamos un pequeño cuarto [...] y pongámosle una cama, una mesa, una silla y una lámpara. Así tendrá un lugar dónde quedarse cada vez que pase por aquí». De ese modo, cuando Eliseo pasara por allí cumpliendo su tarea de proclamar la palabra de Dios, no solo tendría un lugar donde comer, sino también un lugar donde pasar la noche. El esposo de la mujer estuvo de acuerdo, de modo que construyeron la pequeña habitación.

Eliseo estaba agradecido de tener una habitación propia donde descansar durante sus viajes. Estaba contento de recibir el respaldo de este matrimonio generoso, cuando había tantos en Israel que no se interesaban en el ministerio de un profeta de Dios.

Eliseo quería hacer algo para demostrar su aprecio a esta mujer. «Agradecemos tu amable interés por nosotros. ¿Qué podemos hacer por ti?», le preguntó.

La mujer no esperaba ninguna recompensa. Tenía todo lo que necesitaba. Sin embargo, había algo que la mujer deseaba y no tenía. Giezi, el sirviente de Eliseo, sabía qué era. «Ella no tiene hijos y su esposo ya es anciano».

Entonces Eliseo llamó a la mujer a su cuarto y le prometió que, para esa misma fecha al año siguiente, tendría un hijo.

Al principio, la mujer no lo quería creer. Parecía demasiado bueno para ser cierto. Pero como era de esperar, quedó embarazada, y en la primavera siguiente, tenía a su hijo en brazos.

Pasaron años felices y el niño creció. Seguramente era la alegría y el orgullo de sus padres. Llegó el momento en que había crecido lo suficiente como para salir al campo en el tiempo de la cosecha. Pero un día, mientras estaba allí, vino corriendo hasta su padre, gritando: «¡Me duele la cabeza! ¡Me duele la cabeza!».

El padre hizo que llevaran a su hijo hasta la casa. La madre lo tuvo en su regazo hasta el mediodía, cuando murió. Con el corazón destrozado, la mujer llevó a su pequeño a la habitación que habían construido para Eliseo y lo acostó en la cama. Luego se puso en marcha para encontrar al hombre de Dios.

En ese momento, Eliseo estaba a varias horas de la casa. Cuando la mujer llegó al lugar, cayó de rodillas a sus pies. Él veía que estaba amargamente angustiada, pero no sabía por qué. Cuando la mujer le dijo que su hijo había muerto, Eliseo dio su bastón a su sirviente, Giezi. Le dijo que se apurara a donde estaba el muchacho y que colocara el bastón sobre su rostro.

La madre del niño no se conformó. Quería que el propio Eliseo, el hombre de Dios, fuera a ver a su hijo. Entonces él la siguió de regreso a su casa.

Mientras tanto Giezi se adelantó. Colocó el bastón de Eliseo sobre el niño muerto como el profeta le había dicho que hiciera, pero no ocurrió nada. Cuando llegó Eliseo, entró a la habitación donde estaba el niño sobre su cama. Eliseo cerró la puerta y oró a Dios. Luego se acostó sobre el muchacho, puso su boca sobre la boca del niño, sus ojos sobre los ojos del niño y sus manos sobre las manos del niño. El cuerpo del niño entró en calor, como si estuviera vivo, pero no ocurrió nada más.

Eliseo se levantó, caminó de un lado a otro, y volvió a recostarse sobre el muchacho. Esta vez, el niño estornudó siete veces y abrió los ojos. Eliseo llamó a la madre a la habitación. Ella se inclinó hasta el suelo en gratitud por la recuperación de su hijo, lo levantó y lo llevó consigo.

Dios obró dos veces por medio de Eliseo a favor de esta mujer. Le dio un hijo cuando parecía imposible que lo tuviera, y le devolvió la vida al niño cuando murió. Por medio de estos milagros, Dios mostró a Israel, su pueblo rebelde, que él es Dios. Baal y los demás ídolos que adoraban los israelitas no podían hacer nada. ¡Ni siquiera tenían vida! En cambio, el Dios vivo y verdadero da vida. Hasta puede devolver la vida a los muertos. Solo a él debemos adorar, servir y en él confiar.

EN CUANTO A MÍ Y A MI FAMILIA...

▶ Elías y Eliseo eran profetas que declaraban la palabra de Dios. Otros profetas también escribían lo que Dios decía: tenemos sus escritos en la Biblia. Casi todos los profetas escribieron sobre el pecado de Israel y de Judá de adorar a los ídolos en vez de o además de al verdadero Dios. A veces, los profetas se burlaban del pueblo de Dios por lo necio que era adorar a los ídolos. Lean un ejemplo de esto en Isaías 44:6-20. ¿Por qué es insensato pedir a un ídolo lo que necesitamos? ¿Por qué es insensato confiar en el dinero, en otras personas o en cualquier otra cosa en lugar de Dios para satisfacer nuestras necesidades?

40 ELISEO PROMETE QUE HABRÁ COMIDA
Dios cumple lo que declara
2 Reyes 6:24–7:20

A las puertas de Samaria, ciudad capital de Israel, se sentaban cuatro leprosos. La puerta estaba firmemente cerrada, y lo había estado por mucho tiempo. El ejército sirio quería invadir, pero los israelitas que vivían en Samaria se resistían. Si los sirios entraban, iban a destruir Samaria y capturar o matar a la gente. Por eso los israelitas mantenían la puerta cerrada. Eso, por supuesto,

> «Yo soy Dios, y no hay otro como yo.
> Solo yo puedo predecir el futuro
> antes que suceda. (...)
> He dicho lo que haría,
> y lo cumpliré».
> Isaías 46:9-10, 11

creaba un problema: tampoco podían entrar provisiones, y hacía tiempo que la ciudad se había quedado sin alimentos. Por lo tanto, los leprosos (y todo el pueblo) estaban pasando hambre. Los sirios simplemente esperaban. Tarde o temprano, la gente tendría que abrir la puerta o morir de hambre. De un modo u otro, los sirios capturarían la ciudad.

Joram era rey de Israel. En lugar de servir al Dios verdadero, adoraba a los ídolos como lo habían hecho sus padres Acab y Jezabel. Por eso Samaria estaba pasando estas dificultades: Dios había traído a los sirios para disciplinar a su pueblo rebelde. Pero Joram no se arrepentía. En lugar de eso, culpaba a Eliseo, el profeta de Dios, y quería matarlo.

A pesar de la idolatría de Joram, y de su perversa reacción a la disciplina de Dios, Dios le mandó al rey un mensaje de gracia sorprendente. Le dijo Eliseo al rey: «Esto dice el Señor: "Mañana, a esta hora, en los mercados de Samaria, siete litros de harina selecta costarán apenas una pieza de plata y catorce litros de grano de cebada costarán apenas una pieza de plata"». Hubo tan poca comida en Samaria durante tanto tiempo, que hasta algo que la gente normalmente no comería (¡como la cabeza de un burro!) se vendía por una suma increíble. Sin embargo, Eliseo estaba anunciando que la comida normal estaría otra vez muy asequible, ¡y que eso ocurriría al cabo de veinticuatro horas!

El capitán del ejército que se había presentado ante Eliseo con el rey Joram pensó que este anuncio era ridículo.

—¡Eso sería imposible aunque el Señor abriera las ventanas del cielo! —se burló.

Pero Eliseo le respondió:

—¡Lo verás con tus propios ojos, pero no podrás comer nada de eso!

Mientras tanto, los hambrientos leprosos que estaban a la puerta no sabían nada de esta conversación entre el rey, el profeta y el capitán del ejército. Lo único que sabían era que tenían hambre. ¿Qué debían hacer? Si entraban a la ciudad, con seguridad morirían igual que los demás. Si se quedaban sentados a la puerta, con seguridad morirían de hambre. Si cruzaban hasta el ejército sirio, era posible que los mataran; pero quizás, tan solo quizás, los sirios les perdonarían la vida y les darían algo de comer. Esta era su única esperanza, de modo que los cuatro leprosos se encaminaron hacia el campamento sirio cuando empezó a oscurecer.

A medida que se acercaban al campamento, les sorprendió lo silencioso que estaba. Un ejército tan numeroso como ese... ¿sin ningún ruido? Cuando los leprosos se acercaron lo suficiente, ¡descubrieron que allí no había nadie! ¿Adónde se habían ido los soldados? Los leprosos no lo sabían; solo sabían que había comida suficiente y comieron hasta quedar satisfechos. Entonces recogieron todo el oro, la plata y las vestimentas que podían cargar, se lo llevaron, lo escondieron y regresaron por más.

Lo que los leprosos no sabían era que Dios había hecho que los soldados sirios escucharan ruidos de cuadrigas y caballos... aunque no había ninguno. Temiendo que el rey Joram hubiera contratado un ejército para aniquilarlos, los sirios habían huido para salvar su vida, abandonando todo lo que tenían. Por eso había tantas cosas pero ni un solo soldado. Al poco tiempo, los leprosos se sintieron culpables de guardar como un secreto esta noticia maravillosa. Regresaron a Samaria e hicieron correr la voz de que los sirios habían huido, y que había abundante comida y riquezas para recoger en el campamento.

Cuando se difundió la noticia, la gente de Samaria salió corriendo de la ciudad hacia el campamento sirio. Dice la Biblia: «Así se cumplió ese día, tal como el Señor había prometido, que se venderían siete litros de harina selecta por una pieza de plata y catorce litros de grano de cebada por una pieza de plata». En cuanto al capitán del ejército que se había burlado de la palabra que Dios dio por medio de Eliseo, el rey Joram lo designó para custodiar la puerta de la ciudad. La gente de Samaria que se moría de hambre tenía tanta prisa por salir de la ciudad y encontrar comida, que atropellaron al capitán y este murió. Todo se cumplió tal como Dios había dicho por medio de Eliseo: el capitán vio llegar la provisión de alimento, pero no comió de él.

EN CUANTO A MÍ Y A MI FAMILIA...

▶ En nuestro versículo clave, Dios desafía a los idólatras a reconocer que él puede hacer lo que los ídolos no pueden. Cuando Dios dice que algo va a ocurrir, siempre ocurre. ¿Por qué puede Dios estar seguro de que lo que él anuncia ocurrirá tal como lo dice?

▶ ¿Cómo se compara esto con los ídolos? ¿Qué pueden hacer ellos?

JOÁS ESCAPA DE ATALÍA
Dios preserva al rey del pacto
2 Reyes 11

41

La mayoría de los niños tiene recuerdos gratos de sus abuelos. Las abuelas hornean galletitas para ellos, les compran regalos y los miman. Los abuelos los llevan de pesca, juegan con ellos y les muestran cómo armar cosas. Para el pobre bebé Joás, ¡esa no fue para nada su experiencia!

Lo que ocurre es que su abuela era Atalía, la malvada hija de los malvados reyes de Israel, Acab y Jezabel. Ellos habían sido asesinos durante su vida; habían matado a profetas de Dios y a otras personas inocentes. Atalía era su hija, y resultó ser igual que ellos.

Años antes, Atalía se había casado con el rey de Judá. Su esposo había muerto, y ahora Ocozías, el hijo de ambos, era rey de Judá. Un día, cuando el rey estaba lejos, lo mataron, ¡y la reina Atalía decidió que *ella* tomaría el

> «Ve y dile a mi siervo David: "(...) Tu casa y tu reino continuarán para siempre delante de mí, y tu trono estará seguro para siempre"».
>
> *2 Samuel 7:5, 16*

trono! No le importó que Dios hubiera prometido que el gobernante en Judá sería siempre un descendiente de David, y ella no lo era. No le importó que el trono debía pasar a uno de los hijos del rey, y de esos había varios. Podía librarse de los hijos del rey y así lo hizo. A pesar de que eran sus propios nietos, Atalía hizo matar a todos los hijos del rey. Luego se declaró reina en Judá.

Pero Dios había hecho una promesa a David. Una abuela perversa no podría impedir que cumpliera su promesa.

Cuando Atalía se apoderó del reino de Judá, Joás era un bebé. Apenas la tía de Joás se enteró de que Atalía estaba matando a los hijos del rey, tomó al bebé y lo escondió. Todos los hermanos de Joás fueron asesinados, pero él sobrevivió. La tía llevó al bebé a casa de su esposo, un sacerdote llamado Joiada. Juntos, esta pareja mantuvo a Joás escondido en el templo durante siete años.

Siete años no es tiempo suficiente para que un bebé crezca lo necesario para ser rey. ¡Imagínate a un rey de siete años de edad! Pero siete años sí es demasiado tiempo para tener a una idólatra malvada y asesina ocupando un trono que no le pertenece. De modo que cuando Joás tenía apenas siete años, el sacerdote Joiada tramó para arrebatar el trono de Atalía y entregarlo a Joás, el legítimo rey.

Lo primero que hizo Joiada fue traer a los capitanes de algunos de los mejores soldados y los hizo tomar un juramento; entonces les mostró a Joás. Joiada explicó sus planes a los capitanes. Cuando todo estuvo listo, los soldados ocuparon su lugar. Muchos de ellos rodearon a Joás para que nadie se acercara a herirlo. Entonces Joiada trajo la corona real y la colocó sobre la cabeza de Joás. El sacerdote ungió a Joás y lo proclamó rey. «¡Viva el rey!», exclamó toda la gente.

Cuando Atalía oyó la conmoción, entró a la casa del Señor para ver qué estaba ocurriendo. Vio al nuevo rey y a todos los soldados, y oyó la celebración de la gente. «¡Traición!», gritó, pero era demasiado tarde. Nadie le prestaba atención. Joiada hizo que la sacaran y pidió a los soldados que la mataran.

Dice la Biblia: «Luego Joiada hizo un pacto entre el Señor y el rey y el pueblo, de que serían el pueblo del Señor». El pueblo de Judá fue al templo de Baal, donde Atalía antes adoraba a su ídolo, y lo demolieron. Destruyeron a todos sus ídolos. Entonces colocaron a Joás en el trono del palacio.

Joás tenía apenas siete años, pero fue un buen rey mientras vivió el sacerdote Joiada para orientarlo en la manera en que Dios quería que gobernara. Juntos, Joás y Joiada trabajaron para restaurar el templo del Señor que se había deteriorado durante los años de idolatría. Joiada llegó a ver que en el templo volvían a presentarse en forma constante las ofrendas quemadas.

Sería bueno que el relato concluyera aquí, mientras las cosas estaban bien. Pero la historia continúa, y una vez que murió Joiada, Joás se alejó de Dios y adoró a los ídolos. Cuando Dios envió a un profeta para reprenderlo, Joás hizo que lo mataran.

Ya era muy malo que la reina Atalía hubiera tomado un trono que no le pertenecía. Fue aún peor que Joás, un descendiente de David, cuya vida había sido protegida para que gobernara, también se hubiera rebelado contra Dios. ¿No da la impresión de que Dios renunciaría a su promesa de asegurar un gobernante de la familia de David? Dios nunca renuncia a sus promesas. No importa cuántas cosas se interpongan, ni siquiera los pecados de quienes pertenecen a Dios, todo lo bueno que Dios haya prometido se cumplirá tal como lo dijo.

EN CUANTO A MÍ Y MI FAMILIA...

▶ Si a Joás lo hubieran matado igual que a sus hermanos, ¿qué hubiera ocurrido con la promesa de Dios de enviar a un Salvador, y por qué?

▶ Busquen estos versículos y respondan a las preguntas.

• Josué 23:14. Los israelitas estaban en la tierra que Dios les había prometido. ¿Cuántas de las promesas de Dios a los israelitas ya se habían cumplido? ¿Cuántas declaraciones de Dios habían fallado?

• Hebreos 6:18. ¿Hay algo imposible para Dios?

• Lucas 1:32-33. ¿Qué le entregó Dios a Jesús, y por cuánto tiempo reinaría Jesús?

42

OSEAS Y SU ESPOSA
El amor de Dios permanece
Oseas 1–3

En la Biblia, hay diecisiete libros de profecía en el Antiguo Testamento, escritos por (probablemente) dieciséis profetas distintos. Estos dieciséis diferentes profetas tenían muchas cosas en común.

Los dieciséis profetas habían sido llamados por Dios para comunicar el mensaje de Dios. La mayoría de los profetas recibió un mensaje para el reino de Judá; algunos recibieron un mensaje para el reino de Israel y otros para las naciones vecinas.

Todos los profetas escribieron justo antes, durante o inmediatamente

> «No nos castiga por todos nuestros pecados;
> no nos trata con la severidad que merecemos.
> Pues su amor inagotable hacia los que le temen
> es tan inmenso como la altura de los cielos
> sobre la tierra». *Salmo 103:10-11*

después de un momento concreto en la historia del pueblo de Dios en el Antiguo Testamento. Escribieron alrededor del tiempo del exilio, uno de los momentos más oscuros de la nación. Dios había hecho un pacto con Israel. Los había declarado como su pueblo y había prometido ser su Dios. Les había dado la Tierra Prometida y había dicho que cuidaría de ellos en ese lugar. Cuando llegó este tiempo oscuro de exilio, las naciones enemigas derrotaron al pueblo de Dios en la guerra y lo llevaron cautivo, lejos de su tierra. ¿Por qué? ¿Estaba Dios rompiendo sus promesas? ¿No tenía poder suficiente para proteger a su pueblo?

Parte del mensaje de los profetas era una explicación de por qué ocurrió el exilio. Algunos profetas escribieron antes de que ocurriera. Advertían a los israelitas que el enojo de Dios se debía a que adoraban a los ídolos y no obedecían sus leyes divinas. Les decían que Dios enviaría enemigos para derrotar a Israel si el pueblo no se arrepentía. Otros profetas escribieron durante el exilio o justo después. Señalaban que el juicio era por culpa de la gente, y no de Dios. Él no había roto su pacto con Israel; el pueblo había roto el pacto con Dios.

Muchos de los profetas sufrían. El pueblo de Dios no quería escuchar el mensaje del juicio, y hacían todo lo posible por silenciar a los profetas. Se burlaban de ellos; los ignoraban; los metían en la cárcel; los golpeaban; y a veces, hasta los mataban.

Dios llamó a Oseas a sufrir lo que ningún otro profeta tuvo que soportar. Pero era el sufrimiento que Dios mismo estaba soportando: y ese era el punto. Dios llamó a Oseas a ser la imagen de cómo sufría Dios por causa de su pueblo rebelde.

El mensaje de Oseas estaba dirigido al reino del norte de Israel. El pueblo de Israel pretendía mantener el culto a Dios, pero al mismo tiempo querían asegurarse de complacer también a cualquier otro dios que existiera. Aunque tenían un pacto con el único Dios verdadero, también oraban a los ídolos. Dios envió a Oseas a *mostrarles* a los israelitas cómo eran en realidad.

Dios le dijo a Oseas que se casara con una mujer que él sabía que le iba a ser infiel. Oseas obedeció, y se casó con Gomer. Como era de esperar, aun después de tener marido, Gomer también tenía otros amantes. Tomaba regalos que Oseas le había dado a ella y se los entregaba a sus novios. Esto debe haberle roto el corazón a Oseas. Dios les dijo a los israelitas que ellos se comportaban de esa manera. Tenían un pacto con Dios, él les había dado todo lo que necesitaban, y más; pero ellos tomaban los obsequios con los que él los había bendecido y los usaban para adorar a los falsos dioses.

Dios les dijo a los israelitas que los castigaría por su infidelidad hacia él. Quizás pienses que Dios iba a descartarlos para siempre a causa de este grave pecado. Pero

Dios dijo que después de castigarlos severamente, los iba a restaurar. Él los acercaría nuevamente hacia él.

Dios le dijo a Oseas que recibiera nuevamente a su esposa infiel y la amara. Oseas lo hizo. Tuvo que pagar con dinero para recuperar a Gomer. Sus pecaminosas decisiones la habían puesto en problemas, pero Oseas pagó todo lo necesario para rescatarla. Dios dijo que esta era la manera en que él amaba a los hijos de Israel, a pesar de que ellos se iban tras otros dioses y amaban a otras cosas más que a él.

Los planes de Dios incluían un nuevo pacto con su pueblo en el futuro y un nuevo corazón para su pueblo, cuando apareciera el Salvador: «Al llegar ese día —dice el Señor—, me llamarás "esposo mío" en vez de "mi señor". [...] Te haré mi esposa para siempre, mostrándote rectitud y justicia, amor inagotable y compasión. Te seré fiel y te haré mía, y por fin me conocerás como el Señor».

Los profetas muestran la ira de Dios y el juicio contra el pecado. Esa es una de las razones por las que muchas personas no disfrutan al leer sus libros. ¡Parecen tan deprimentes! Pero los profetas también muestran la gracia y el maravilloso amor de Dios. Nosotros también somos pecadores, igual que Israel. Por cuenta propia, también seguiríamos alejándonos de Dios y buscando ídolos. Necesitamos el tipo de imagen que hace Oseas del amor de Dios que sigue amando a pesar de los pecados de su pueblo.

EN CUANTO A MÍ Y A MI FAMILIA...

▶ ¿Se sienten igual de desanimados cuando ven que alguien desobedece a Dios como cuando no consiguen algo que desean? ¿Hay algo que le pertenece a otro que ustedes desean? ¿Están tan ansiosos por hacer la voluntad de Dios como por conseguir cosas para ustedes mismos? Todas esas son maneras en que nos volvemos a los ídolos, cuando deberíamos mantenernos fieles a Dios. Confiesen cualquier ídolo que tengan, y alaben a Dios por su amor fiel que hace que siga amando a su pueblo a pesar de nuestra infidelidad.

LA SOBERBIA DE UZÍAS

Dios exige que seamos humildes en su presencia

2 Crónicas 26

43

Uzías fue uno de los reyes buenos de Judá. Llegó al trono cuando tenía dieciséis años de edad y reinó durante cincuenta y dos años. La Biblia dice que Uzías «hizo lo que era agradable a los ojos del Señor. [...] Uzías buscó a Dios [...] y mientras el rey buscó la dirección del Señor, Dios le dio éxito». Durante su gobierno, hizo construcciones en Judá y la fortaleció. Dios ayudó a Uzías, y derrotó a las naciones enemigas; estas hasta le rindieron tributo. Uzías construyó torres y cavó cisternas para tener agua en el desierto. Tenía muchas

> «*Esto dice el Señor:*
> *"El cielo es mi trono*
> *y la tierra es el estrado de mis pies. (...)*
> *Bendeciré a los que tienen un corazón*
> *humilde y arrepentido,*
> *a los que tiemblan ante mi palabra"*».
>
> Isaías 66:1-2

manadas, rebaños, labradores, y su tierra era fértil. Uzías fortificó Jerusalén. Reunió y armó un gran ejército. Dice la Biblia que «su fama se extendió por todas partes porque el Señor le dio maravillosa ayuda, y llegó a ser muy poderoso».

Entonces Uzías cometió un grave pecado, y Dios lo castigó por eso. El pecado de Uzías fue entrar al templo y quemar incienso en el altar. Te preguntarás por qué eso era un pecado. Quemar incienso en la presencia de Dios era un acto de adoración. Dios había ordenado que se construyera ese altar, y que todos los días se quemara incienso allí. Pero Dios también había dicho exactamente cómo debía quemarse y quién debía hacerlo.

Solo los sacerdotes estaban autorizados para ofrecer sacrificios en el templo. Solo los sacerdotes podían quemar incienso en el altar. Uzías no era sacerdote; era rey. Tanto los reyes como los sacerdotes eran designados por Dios; tanto los reyes como los sacerdotes eran ungidos por Dios. Pero reyes y sacerdotes no eran lo mismo, y cada uno tenía tareas diferentes. Dios había hecho un pacto con los reyes que descendieron de David, prometiendo que siempre habría un rey descendiente de David en el trono. Uzías tenía muchos honores y privilegios por ser rey, pero no tenía derecho a entrar al templo y quemar incienso allí.

Incluso si Uzías no lo sabía, eso no era una excusa. Dios había dicho que solo los sacerdotes podían ofrecer incienso, y eso estaba claramente registrado en su ley. Se le requería al rey designado por Dios que tuviera una copia de la ley de Dios y que se la leyeran con regularidad. Pero parece que, aunque Uzías sabía lo que decía la ley, prefirió ignorarla. Después de todo, era el rey. La Biblia dice: «Pero cuando llegó a ser poderoso, Uzías también se volvió orgulloso, lo cual resultó en su ruina. Pecó contra el Señor su Dios cuando entró al santuario del templo del Señor y personalmente quemó incienso sobre el altar del incienso».

Es un acto de soberbia pensar que sabemos más que Dios. Es un acto de soberbia conocer la ley de Dios e ignorarla. Es un acto de soberbia pensar que podemos presentarnos ante Dios bajo *nuestras* condiciones, y que nos aceptará de ese modo. Uzías se había vuelto soberbio, y Dios tenía que mostrarle que, aunque hubiera llegado a ser un gran rey, siempre estaba por *debajo* del gran Rey. Todavía debía obedecer al verdadero Rey de Israel, que es Rey de todo el universo.

El sacerdote Azarías entró al templo

detrás de Uzías con el propósito de reprenderlo. Llevó consigo a ochenta sacerdotes que se pusieron en contra del rey. Le dijo Azarías: «No es a usted, Uzías, a quien corresponde quemar incienso al Señor. Eso es función exclusiva de los sacerdotes, los descendientes de Aarón, los cuales son apartados para este servicio. Salga del santuario, porque ha pecado. ¡El Señor Dios no le honrará por esto!».

En lugar de admitir humildemente su pecado, Uzías reaccionó con furor. Se enojó con los sacerdotes y al instante Dios lo castigó. Al rey le apareció lepra en la frente. En aquel tiempo, la lepra era una enfermedad terrible por la que se obligaba a la gente a vivir lejos de los demás y a no tener contacto con ellos por el resto de su vida. Cuando los sacerdotes vieron la lepra en el rostro de Uzías, lo sacaron de prisa del templo, reconociendo que era Dios quien la había provocado. Hasta el propio Uzías reconoció su falta (aunque ya era demasiado tarde), y salió rápidamente del templo.

Uzías vivió el resto de su vida como un leproso. Nunca más pudo adorar a Dios con el pueblo, y debió vivir totalmente aislado en otra casa.

El orgullo es uno de los pecados que más ofende a Dios. Todos somos criaturas, completamente dependientes de Dios hasta para cada respiro. Todos somos pecadores que merecemos la ira de Dios. Por su inmensa gracia, Dios provee un camino para que podamos entrar en su presencia y adorarlo. Si rechazamos su camino y tratamos de presentarnos ante Dios como nos guste, demostramos una soberbia que disgusta a Dios. Él es el gran Rey; debemos obedecer su palabra y ser humildes delante de él.

EN CUANTO A MÍ Y A MI FAMILIA...

▶ Ya no dependemos de sacerdotes humanos que ofrezcan sacrificios por nosotros, pero todavía necesitamos un sacerdote sin el cual no podemos presentarnos delante de Dios. ¿Quién es este sacerdote que necesitamos ahora?

▶ Con frecuencia, escuchamos que la gente dice cosas como: «Ah, sí creo en Dios, pero no voy a la iglesia. Adoro a Dios a mi manera». ¿En qué modo muestra eso soberbia delante de Dios?

44

ISAÍAS PROMETE UN SALVADOR
Son eternos los planes de Dios para un Salvador
Varios pasajes en Isaías

Buena parte del contenido del Antiguo Testamento está compuesto por los escritos de los profetas. Escribieron durante épocas oscuras, cuando el pueblo de Dios adoraba a los ídolos e ignoraba las leyes de Dios. Los profetas declaraban mensajes que anunciaban juicio. Amaban a su pueblo, y esos mensajes de juicio les provocaban tristeza. Pero también recibían mensajes de esperanza y de alegría. Hablaban de la salvación que llegaría con el Mesías de Dios y de un futuro glorioso para el pueblo de Dios.

> «Dios sabía lo que iba a suceder y su plan predeterminado se llevó a cabo cuando Jesús fue traicionado». Hechos 2:23

Isaías tenía muchas cosas espléndidas y esperanzadoras para anunciar. Eso se debe a que Isaías escribió más que ningún otro profeta sobre el Salvador que Dios iba a enviar. Cuando miramos algunas de las cosas que Isaías escribió sobre el Señor Jesucristo (quien nacería cientos de años más tarde), es evidente que era Dios quien daba los mensajes a Isaías. ¿De qué otro modo podía saber estas cosas?

Algo que tal vez podrás observar mientras consideremos algunas de las profecías de Isaías es que a menudo habla de algo como si ya estuviera ocurriendo o como si ya hubiera ocurrido, cuando en realidad sucedería en el futuro. Esto se debe a que lo que Dios dice que ocurrirá es tan seguro como si ya hubiera ocurrido.

Isaías dijo que Galilea, una región que había estado en tinieblas debido a que allí vivían gentiles, vería una gran luz. ¿Por qué? «Pues nos ha nacido un niño, un hijo se nos ha dado; el gobierno descansará sobre sus hombros, y será llamado: Consejero Maravilloso, Dios Poderoso, Padre Eterno, Príncipe de Paz. Su gobierno y la paz nunca tendrán fin. Reinará con imparcialidad y justicia desde el trono de su antepasado David por toda la eternidad» (Isaías 9:6-7). Este fue el lugar donde creció Jesús y donde llevó a cabo gran parte de su ministerio cuando ya era adulto.

Isaías dijo que se iba a escuchar una voz en el desierto, diciéndole a la gente que preparara el camino para el Señor (Isaías 40:3). Cuando Jesús era ya un hombre, poco antes de comenzar su ministerio, Dios envió a Juan el Bautista al desierto para llamar a la gente al arrepentimiento de sus pecados, porque el reino de Dios estaba cerca. Cuando le preguntaban a Juan quién era él, se presentaba como una voz que clama en el desierto, tal como Isaías había profetizado.

Jesús predicó uno de sus primeros sermones en la sinagoga de su ciudad natal, Nazaret. Antes del sermón, Jesús leyó en Isaías 61, donde estaba escrito: «El Espíritu del Señor Soberano está sobre mí, porque el Señor me ha ungido para llevar buenas noticias a los pobres. Me ha enviado para consolar a los de corazón quebrantado y a proclamar que los cautivos serán liberados y que los prisioneros serán puestos en libertad. Él me ha enviado para anunciar a los que se lamentan que ha llegado el tiempo del favor del Señor» (Isaías 61:1-2). Mientras todos en la sinagoga estaban atentos a él, Jesús dijo: «La Escritura que acaban de oír ¡se ha cumplido este mismo día!» (Lucas 4:21).

Isaías escribió un pasaje muy detallado acerca de la muerte de Jesús en favor de los pecadores (Isaías 53). Escribió Isaías: «Fue despreciado y rechazado: hombre de dolores, conocedor del dolor más profundo. [...] Fue traspasado por nuestras rebeliones y aplastado por nuestros pecados. [...]

A nadie le importó que muriera sin descendientes; ni que le quitaran la vida a mitad de camino. Pero lo hirieron de muerte por la rebelión de mi pueblo. [...] Fue enterrado como un criminal; fue puesto en la tumba de un hombre rico». Jesús murió, como ya sabemos, entre dos criminales (hombres malvados) y fue enterrado en la tumba de un hombre rico. En el libro de los Hechos, leemos el relato en el que Felipe se encuentra con un hombre etíope que estaba leyendo exactamente esa parte de Isaías. Felipe comenzó con este pasaje, y «le habló de la Buena Noticia acerca de Jesús» (Hechos 8:35).

Isaías describió lo que Dios iba a hacer por medio del ministerio de Jesús. Escribió las palabras del Señor a su siervo: «Harás algo más que devolverme al pueblo de Israel. Yo te haré luz para los gentiles, y llevarás mi salvación a los confines de la tierra» (Isaías 49:6).

Isaías incluso escribió sobre lo que ocurriría cuando Jesús regresara. «¡Él devorará a la muerte para siempre! El Señor Soberano secará todas las lágrimas. [...] En aquel día, la gente proclamará: "¡Este es nuestro Dios! ¡Confiamos en él, y él nos salvó! Este es el Señor en quien confiamos. ¡Alegrémonos en la salvación que nos trae!"» (Isaías 25:8-9).

Isaías podía decir mucho sobre Jesús, quien no nacería hasta más de setecientos años después, porque Dios se lo revelaba. Dios sabía lo que Jesús iba a hacer y cómo llevaría a cabo la salvación del pueblo de Dios. Dios lo había planeado desde hace mucho tiempo, aun antes de crear el mundo, y se aseguraría de que todo ocurriera tal como lo había planeado.

EN CUANTO A MÍ Y A MI FAMILIA...

▶ Isaías fue quien más escribió sobre el Salvador prometido, pero casi todos los profetas tuvieron algo que decir sobre él. Busquen los siguientes pasajes, donde Mateo se refiere a las profecías que se cumplieron por lo que Jesús hizo. Vean si pueden encontrar cuál de los profetas lo anunció. (Si no lo dice el propio Mateo, busquen la nota al pie de página). Mateo 1:22-23; 2:5-6, 17-18; 3:3; 4:13-16; 12:15-21; 21:4-5.

▶ La salvación no fue una idea repentina, de último momento, sino el plan de Dios desde la eternidad para su propia gloria. Alaben a Dios por su plan eterno.

EZEQUÍAS Y MANASÉS

Dios puede sanar el cuerpo y transformar el corazón

2 Crónicas 29:1–33:20; Isaías 38:1-8

45

Ezequías fue un rey piadoso en Judá, no precisamente gracias a su padre, Acaz. Cuando Acaz era rey, había adorado a otros dioses y había construido altares para ellos en todos los pueblos de Judá, además de cerrar las puertas del templo de Dios en Jerusalén. Pero después subió al trono su hijo Ezequías. Una

> «Algunos fueron necios; se rebelaron
> y sufrieron por sus pecados. (...)
> (El Señor) envió su palabra y los sanó;
> los arrebató de las puertas de la muerte.
> Que alaben al Señor por su gran amor
> y por las obras maravillosas que ha
> hecho a favor de ellos».
>
> *Salmo 107:17, 20-21*

de las primeras cosas que hizo fue reparar y abrir las puertas del templo. Aunque hubo mucho trabajo que hacer después del desastre creado por su padre, Ezequías hizo todo lo necesario para restablecer la adoración en el templo.

Ezequías también mandó mensajeros por todo Judá y aun por Israel, invitando a todos a celebrar la Pascua en Jerusalén, como Dios lo había ordenado. La Biblia nos dice que Ezequías hizo «lo agradable y bueno a los ojos del Señor su Dios. En todo lo que hizo para el servicio del templo de Dios y en sus esfuerzos por seguir las leyes y los mandatos de Dios, Ezequías buscó a su Dios de todo corazón; y como resultado, tuvo mucho éxito».

Llegó, sin embargo, el día en que el buen rey Ezequías se enfermó. Y no se recuperó; por el contrario, empeoró más y más. El profeta Isaías fue a verlo y le dijo que, si quería poner en orden sus asuntos antes de morir, debería hacerlo ya. No iba a recuperarse; iba a morir de esa enfermedad. Ezequías lloró amargamente y suplicó a Dios.

Vino nuevamente la palabra de Dios a Isaías. Dios envió a Isaías otra vez al rey con un nuevo mensaje. Le dijo Isaías a Ezequías de parte de Dios: «He oído tu oración y he visto tus lágrimas. Te añadiré quince años más de vida». Entonces Dios le dio a Ezequías una asombrosa señal de que, en efecto, cumpliría lo prometido. A medida que pasa el día, desde el amanecer hasta la puesta del sol, las sombras se mueven. Siempre se mueven en la misma dirección, cambiando a medida que avanza la hora. Dios dijo que una sombra se movería en la dirección *opuesta*, hacia atrás, como señal de que Ezequías mejoraría.

Tanto la recuperación de Ezequías como el movimiento de la sombra fueron actos asombrosos del poder de Dios. Pero la acción poderosa que vemos en la vida del hijo de Ezequías, Manasés, es aún más grandiosa.

Cuando Manasés llegó al trono, fue tan perverso como Ezequías fue piadoso. Manasés fue malvado como su abuelo, Acaz, y en realidad peor. Ezequías había recorrido la tierra destruyendo ídolos y altares levantados a los falsos dioses; Manasés los reconstruyó. El malvado abuelo de Manasés había cerrado las puertas del templo de Dios, lo cual era algo muy malo. Manasés mantuvo el templo abierto, pero adentro instaló altares a sus ídolos. Echó mano a la adivinación y a la brujería, cosas que Dios había prohibido. Derramó sangre de mucha gente inocente, y hasta ofreció a sus propios hijos en sacrificio a sus dioses. Dios había dado esta tierra a su pueblo cuando los sacó de Egipto. Les había permitido expulsar a las naciones que vivían antes ahí, porque esos pueblos eran cada vez más malvados. Pero Manasés llevó a Judá a ser aún más perversa que las naciones a las que Dios había expulsado. Dios envió profetas para advertirles a Manasés y a su pueblo, pero no quisieron escuchar. Años más tarde, cuando Jerusalén finalmente cayó a manos de Babilonia y el pueblo de Dios fue llevado al exilio, Dios declaró que se debía al modo en que habían pecado bajo el gobierno de Manasés.

El malvado corazón de Manasés estaba mucho más deteriorado que el cuerpo de Ezequías cuando este se enfermó. Hubiera sido mucho más difícil mover la conciencia de Manasés que mover la sombra hacia atrás. Pero el gran poder de Dios lo hizo. Envió al ejército asirio, y sus comandantes apresaron a Manasés. Lo llevaron cautivo a Babilonia con ganchos, encadenado. Entonces sintió angustia. La Biblia dice que «Manasés buscó al Señor su Dios y se humilló con sinceridad ante el Dios de sus antepasados». Oró a Dios, y tal como Dios lo había hecho con su padre, también lo hizo con Manasés: escuchó su oración y la respondió. Le permitió regresar a Jerusalén y a su reino. Dice la Biblia: «¡Entonces Manasés finalmente se dio cuenta de que el Señor es el único Dios!». Una vez de regreso en Jerusalén, Manasés demostró que su arrepentimiento había sido real, al ocuparse de quitar los ídolos y sus altares, y de restaurar el altar de Dios y utilizarlo nuevamente para los sacrificios que Dios había ordenado.

El reinado de Manasés pasa a la historia como un gobierno malvado que terminó en la destrucción de Jerusalén. Pero a Manasés se le dio la oportunidad de arrepentirse por la gran misericordia de Dios, quien transformó su corazón.

EN CUANTO A MÍ Y A MI FAMILIA...

▶ ¿Conocen a alguna persona que parece no tener ningún interés en Dios y que hasta parece estar endurecida en contra de él? Dediquen un tiempo a orar por esa persona, seguros de que el poder de Dios puede mover hasta el corazón más endurecido.

▶ La Biblia dice que ninguno de nosotros entiende lo terriblemente malo que es nuestro corazón. Cada persona que se arrepiente de sus pecados y confía en Cristo para su salvación es una demostración del poder milagroso de Dios, quien nos acerca al arrepentimiento y a la fe.

46 LA QUEJA DE HABACUC
El mayor propósito de Dios es dar a conocer su gloria
Habacuc 1–3

Entre los libros proféticos más breves en el Antiguo Testamento, hay un pequeño libro diferente a los demás libros de profecía. Todos los otros profetas registraron historias o mensajes de advertencia y de promesa de parte de Dios a pueblos en específico. Habacuc no incluye relatos en su libro. No se dirigió al pueblo de Dios ni a ningún otro pueblo. Todo el libro es el registro de una conversación. Esa conversación

> «Así como las aguas llenan el mar, la tierra se llenará del conocimiento de la gloria del Señor».
>
> Habacuc 2:14

no ocurrió entre dos seres humanos, sino entre el profeta y Dios.

Habacuc inició la conversación. La inició con una furiosa queja. Vivía en Judá, entre la gente del pueblo de Dios. Habacuc entendía que Dios es santo y exige que su pueblo sea santo. Pero el pueblo de Dios en tiempos de Habacuc no era santo, ¡sino todo lo contrario! Bajo el gobierno del rey Manasés, habían llegado a ser tan malvados que no solo se negaban a adorar a Dios, sino que adoraban a ídolos. A veces llegaban al extremo de adorar a sus ídolos mediante el sacrificio de sus propios hijos. También derramaban mucha sangre inocente. Habacuc, quien amaba a Dios y anhelaba que su pueblo le fuera fiel, había orado y orado sobre la lamentable situación. Pero nada parecía ocurrir.

Ahora Habacuc estaba enojado. Si Dios tenía todo el poder (y Habacuc estaba seguro de que lo tenía), ¿por qué no hacía algo? Entonces el profeta inició este diálogo diciendo: «¿Hasta cuándo debo pedir ayuda, oh Señor? ¡Pero tú no escuchas!». Le preguntó a Dios: «¿Tendré siempre que ver estas maldades?». Se quejó porque Dios no intervenía. «La ley se ha estancado y no hay justicia en los tribunales», protestó Habacuc.

Ahora bien, Dios no le debe a nadie ninguna explicación. Él es Dios, y hace lo que le plazca. Sin embargo, con amabilidad, Dios respondió a su afligido profeta. Le dijo que *sí* haría algo, ¡y que lo haría pronto! Dijo Dios: «Estoy levantando a los babilonios, un pueblo cruel y violento. Marcharán por todo el mundo y conquistarán otras tierras».

Es probable que Habacuc haya tomado una bocanada de aire, horrorizado. Los babilonios en el tiempo de Habacuc eran una potencia en ascenso. Se volvían cada vez más fuertes y empezaban a conquistar otras naciones. Eran famosos por su crueldad y su malicia. ¿Y Dios planeaba usarlos a *ellos* para castigar a su propio pueblo? ¿Cómo era posible? Hasta Dios decía acerca de ellos: «Son reconocidos por su crueldad [...] profundamente culpables, porque hicieron de su propia fuerza un dios».

Entonces Habacuc volvió a quejarse. Dijo que Dios había convertido a la gente en peces del mar, donde los más fuertes se comen a los más débiles, donde no hay ni bien ni mal. «Tú eres puro y no soportas ver la maldad», le recordó Habacuc a Dios. «¿Guardarás silencio mientras los perversos se tragan a gente más justa que ellos?».

La respuesta de Dios a Habacuc fue larga. En ella, Dios enumeró cinco males o descripciones del juicio que finalmente caería sobre *todos* los malvados. Dios no permitirá que el mal siga para siempre sin castigo. Sin explicar los detalles de cómo lo haría, Dios le dejó en claro a Habacuc que él siempre está obrando para cumplir sus propósitos, y que estos tendrán éxito. Aquellas personas que, tal como Habacuc, verdaderamente pertenecen al pueblo de Dios y quieren ver el triunfo de su causa, quizás deban esperar mucho tiempo, pero pueden estar seguras de que Dios cumplirá su propósito. ¿Y cuál es ese propósito? «Así como las aguas llenan el mar, la tierra se llenará del conocimiento de la gloria del Señor». Esta es la meta final de todo lo que Dios hace y de todo lo que Dios ha hecho: revelar su inmensa gloria.

Mientras esperan, quienes aman a Dios, tal como Habacuc, deben vivir por fe en el Dios que siempre está obrando y que cumple sus promesas (2:4). Dios completó su discurso diciendo que los ídolos no son nada, «pero el Señor está en su santo templo. Que toda la tierra guarde silencio delante de él».

Entonces Habacuc habló por tercera y última vez, y así termina el libro. Habacuc admitió que le daba miedo pensar en lo que harían los babilonios cuando Dios los enviara como juicio contra Judá, pero recordó y alabó a Dios por las ocasiones en el pasado cuando Dios había salvado a su pueblo. Le pidió a Dios que recordara su misericordia, aun en medio de su enojo, y se comprometió él mismo a confiar en Dios en cualquier circunstancia.

EN CUANTO A MÍ Y MI FAMILIA...

▶ Debido a que Dios inspiró a Habacuc a registrar este diálogo, los hijos de Dios a través de todos los tiempos han encontrado consuelo al recordar las promesas de Dios cuando da la impresión de que los malos triunfan sobre los justos. Agradezcan a Dios por darnos su palabra *escrita* para beneficio de su pueblo a lo largo de la historia.

▶ ¿Qué clase de cosas pide la gente a Dios generalmente? Según nuestro versículo clave, ¿qué es lo más importante para Dios? Digan o lean juntos el Padre Nuestro (Mateo 6:9-13) para ver cómo ora Jesús sin olvidar lo que es más importante para Dios.

LAS REFORMAS DE JOSÍAS

Dios usa su palabra para provocar arrepentimiento

2 Reyes 22:1–23:25; 2 Crónicas 34:1–35:19

47

Josías tenía apenas ocho años cuando llegó a ser rey en Jerusalén. Sin embargo, a pesar del mal ejemplo que recibió de su padre, el rey Amón, y de su abuelo, el rey Manasés, Josías fue un rey piadoso. La Biblia nos dice que cuando tenía dieciséis años de edad, «siendo

> «Tú no deseas sacrificios; de lo contrario, te ofrecería uno.
> Tampoco quieres una ofrenda quemada.
> El sacrificio que sí deseas es un espíritu quebrantado;
> tú no rechazarás un corazón arrepentido y
> quebrantado, oh Dios». *Salmo 51:16-17*

aún joven, Josías comenzó a buscar al Dios de su antepasado David».

El padre y el abuelo de Josías habían llenado de ídolos la tierra de Judá. Habían abandonado la adoración del verdadero Dios, y habían permitido que el templo de Dios se deteriorara. El abuelo de Josías, el rey Manasés, había llevado a Judá a pecar contra Dios de tal manera que eran aún más malvados que las naciones que los rodeaban. Su gobierno perverso se había prolongado durante cuarenta y cinco años, y le siguió el reinado de Amón durante dos años más. La Biblia dice «que Amón pecó aún más» (2 Crónicas 33:23). Cuando Josías llegó al trono, era solo cuestión de tiempo hasta que la ira de Dios cayera sobre su pueblo.

Por eso es asombroso que Josías fuera un rey piadoso y que amara a Dios desde pequeño. Lo que no sorprende es que supiera poco acerca de las exigencias de Dios. Siendo un hombre joven, el rey Josías se dispuso a limpiar a Judá de todos los falsos dioses y de los lugares de adoración a ídolos que su padre y su abuelo habían instalado. Derribó los altares a Baal y destrozó todos los ídolos. Los hizo polvo y lo dispersó. Josías castigó a los sacerdotes y a quienes adoraban a los falsos dioses.

Cuando terminó con eso, Josías se dispuso a reparar y limpiar el templo del Señor. A medida que avanzaba el trabajo, hicieron un descubrimiento. El sacerdote Hilcías encontró un libro. Siglos antes, Dios le había ordenado a Moisés que cuando los reyes gobernaran a su pueblo, debían siempre tener cerca el libro de la ley y leerlo. De ese modo, sabrían cómo ser gobernantes piadosos, obedientes a la voluntad de Dios. Durante el prolongado y perverso gobierno de Manasés, se había perdido el libro de la ley. Tal vez Josías ni siquiera sabía de su existencia.

Cuando el sacerdote Hilcías lo encontró, se lo entregó a Safán, el secretario del rey, y Safán se lo llevó a Josías. Safán le explicó qué era y cuál era su origen, y entonces comenzó a leerle el libro a Josías.

Cuando Josías leyó las palabras de la ley, se sintió horrorizado. Escuchó una cosa tras otra que Dios había prohibido, pero que el pueblo de Dios había practicado por años. Escuchó una cosa tras otra que Dios exigía en forma terminante, pero que el pueblo de Dios no había cumplido por mucho tiempo. Se rasgó la vestimenta para mostrar lo afligido que estaba por el pecado de Judá y cuánto temía el juicio de Dios. Josías envió a sus sirvientes a preguntarle a la profetisa Hulda qué sucedería. Dijo Josías: «Pues el gran enojo del Señor ha sido derramado sobre nosotros, porque nuestros antepasados no obedecieron la palabra del Señor. No hemos estado haciendo todo lo que este rollo dice que debemos hacer».

La respuesta de Hulda fue que, en efecto, Dios enviaría todas las maldiciones provocadas por la desobediencia, tal como Josías acababa de escuchar en la lectura del libro. Dijo Dios por medio de la profetisa: «Los de mi pueblo me han abandonado y han ofrecido sacrificios a dioses paganos. [...] Mi enojo será derramado sobre este lugar». Pero Dios también tenía un mensaje especial para el rey Josías: «Estabas apenado y te humillaste ante Dios al oír las palabras que él pronunció contra la ciudad y sus habitantes. Te humillaste, rasgaste tu ropa en señal de desesperación y lloraste delante de mí, arrepentido. Ciertamente te escuché, dice el Señor». Dios le dijo a Josías que el juicio no llegaría mientras él viviera, sino que iba a vivir y morir en paz.

Cuando el rey oyó ese mensaje, se sintió aliviado, pero siguió temiendo a Dios como debía. Dispuso que el libro de la ley hallado en el templo fuera leído a todo el pueblo. Josías hizo un pacto con Dios, comprometiéndose a obedecer sus mandamientos con todo su corazón y toda su alma, e invitó al pueblo a unirse con él en ese pacto. Mientras Josías vivió y gobernó en Jerusalén, el pueblo no se alejó de la adoración al Señor. Este rey fiel, de corazón tierno y humilde, los guio a cumplir el pacto con el Señor.

La Biblia nos enseña que Dios no *necesita* nada, ni de nosotros ni de nadie. Al mismo tiempo, un corazón humilde y arrepentido le da gran alegría a Dios (Lucas 15:7, 10).

EN CUANTO A MÍ Y MI FAMILIA...

▶ ¿Escucha Dios las oraciones de todos? Lean Salmo 66:18 para ver a quiénes Dios no escucha.

▶ Considerando que Josías había recibido tan mal ejemplo de su padre y de su abuelo, ¿cómo pudo ocurrir que tuviera el deseo de servir a Dios como rey y de serle fiel? ¿De dónde viene el arrepentimiento? Lean la respuesta en Hechos 11:18.

48

LA FIDELIDAD DE JEREMÍAS
Dios preserva su palabra
Jeremías 1; 20; 36–38

A Jeremías se le apodó «el profeta llorón». Una de las razones de este apodo es que muchos consideran que Jeremías escribió el libro de Lamentaciones, que en nuestra Biblia se encuentra justo después del libro de Jeremías. Lamentaciones es una colección de cinco lamentos o tristes poemas de duelo. Otra de las razones para apodar a Jeremías como «el profeta llorón» es que en varios lugares

> «Los seres humanos son como la hierba.
> Su belleza se desvanece tan rápido
> como las flores en un campo.
> La hierba se seca y las flores se marchitan
> bajo el aliento del Señor.
> Y así sucede también con los seres humanos.
> La hierba se seca y las flores se marchitan,
> pero la palabra de nuestro Dios permanece
> para siempre». Isaías 40:6-8

de su libro escribió sobre lo angustiado que se sentía por el pecado de su pueblo, por el juicio de Dios y por la manera en que la gente lo maltrataba cuando les presentaba un mensaje de parte de Dios que a ellos no les gustaba. Sin duda, Jeremías tuvo una vida difícil y le ocurrieron muchas cosas ¡que harían llorar a cualquiera!

Quizás un mejor apodo para Jeremías sería «el profeta perseverante». Una y otra vez, a pesar de que era maltratado y violentado por entregar el mensaje de Dios, nunca dejó de darlo. Jeremías perseveró durante cuarenta años, diciéndole fielmente al pueblo de Dios lo que este no quería escuchar, pero que Dios quería que supiera.

El mensaje de Jeremías era que el juicio de Dios estaba cerca y nada podría detenerlo. El pueblo de Dios había pecado contra él y había roto su pacto muchas veces; Dios ya no iba a perdonarlos. Los babilonios, enemigos de Judá, los conquistarían y los llevarían cautivos. Lo único que les quedaba por hacer, decía Jeremías, era arrepentirse y aceptar la disciplina de Dios. Tendrían que vivir en Babilonia setenta años antes de que Dios les permitiera regresar a su tierra.

Los gobernantes y sacerdotes de Jerusalén no querían escuchar este mensaje. Decían que era una traición y que el mensaje de Jeremías estaba ayudando al enemigo. El sacerdote Pasur ordenó que azotaran a Jeremías y que lo pusieran en el cepo. La función del cepo es mantener a la persona en una posición incómoda que le impide moverse. Jeremías tuvo que permanecer en el cepo toda la noche. Inmediatamente después de ese relato en la Biblia, encontramos un poema muy triste escrito por Jeremías sobre lo abatido que se sentía en esta circunstancia. Sin embargo, apenas Pasur liberó a Jeremías, este repitió exactamente el mismo mensaje que lo había metido en problemas.

En otra ocasión, Jeremías estaba diciéndole al pueblo que debían someterse a la disciplina de Dios y rendirse ante los babilonios; de lo contrario, morirían en Jerusalén. Los líderes de la ciudad se enojaron e hicieron que Jeremías fuera descendido mediante sogas dentro de una cisterna vacía, un pozo donde se guardaba agua. Esta cisterna no tenía agua, pero había tanto barro que Jeremías se hundía en él. A Ebed-melec, un amigo de Jeremías, se le permitió sacar a Jeremías de la cisterna para que no muriera allí; de todos modos, lo mantuvieron en la cárcel.

En una ocasión, Dios le ordenó a Jeremías que escribiera sus mensajes en un pergamino y que alguien los leyera en el templo. Luego le llevaron el pergamino al rey, quien estaba en su palacio de invierno, sentado junto al fuego. El rey dispuso que alguien le leyera el pergamino en voz alta. Después de que se leía una parte, el rey tomaba su cuchillo y cortaba esa parte del pergamino. Entonces arrojaba esa sección al fuego para que se quemara. Algunos de sus hombres le advirtieron al rey que no quemara el pergamino, ya que era la palabra de Dios. Pero ni el rey ni sus sirvientes tuvieron temor ni se arrepintieron.

El pueblo de Dios nunca quiso escuchar a Jeremías. Aun cuando se cumplió la palabra de Dios y Jerusalén fue destruida, los pocos que quedaron en la tierra no quisieron escuchar a Jeremías y siguieron persiguiéndolo.

Durante cuarenta largos años de persecución y oposición, Jeremías se mantuvo fiel a Dios. Perseveró en declarar el mensaje de Dios, y lo escribió como él se lo ordenaba. Esto no quiere decir que Jeremías haya sido una persona fuerte; cuando Dios lo llamó siendo joven para que fuera su profeta, Jeremías se resistió. Pero Dios declaró que Jeremías se presentaría ante toda persona a la que Dios lo enviara, y le diría todo lo que Dios le ordenara decir. Jeremías no tenía nada que temer porque Dios le dijo: «Estaré contigo y te protegeré. ¡Yo, el Señor, he hablado!».

A pesar de los intentos del hombre pecador por destruir la palabra de Dios, él la resguarda. Dios resguarda a sus mensajeros fieles que proclaman su palabra. Eso no significa que los proteja de todo lo que pueda lastimarlos; a veces, hasta permite que los maten. Pero Dios resguarda a su pueblo para que ellos perseveren. Les da lo que necesitan para que puedan seguir declarando su palabra. Dios se asegura de que su palabra permanezca para siempre, y que sus hijos le pertenezcan por toda la eternidad.

EN CUANTO A MÍ Y A MI FAMILIA...

▶ En la actualidad, en muchos países hay personas que se ponen en grave peligro por decir a otros lo que declara la palabra de Dios. Oren por los cristianos fieles que proclaman el mensaje de Dios en lugares donde podrían ser lastimados, encarcelados o asesinados por lo que dicen. Pidan a Dios que los proteja y que su palabra se difunda con poder.

▶ En los lugares donde no hay persecución, hay pastores y líderes de iglesias tentados a permitir que las actitudes pecaminosas o las falsas enseñanzas entren en la congregación y arruinen su ministerio de la palabra de Dios. Pidan que Dios resguarde a los líderes de la iglesia a la que ustedes asisten, y que mantenga puro el ministerio de su palabra.

JEREMÍAS Y LA CAÍDA DE JERUSALÉN
El juicio de Dios y la gracia de Dios
Jeremías 52

49

El pueblo que vivía en el pequeño reino de Judá era el pueblo más privilegiado del planeta. Entre todas las naciones de la tierra, Dios los había elegido para que fueran su pueblo. Se les había revelado, les había dado su ley y había provisto un modo de tratar con sus pecados para que pudieran entrar en su presencia. Dios vivía entre los judíos en Judá y había hecho un pacto con ellos, prometiendo que los cuidaría por siempre.

> «No obstante, aún me atrevo a tener esperanza cuando recuerdo lo siguiente:
> ¡El fiel amor del Señor nunca se acaba!
> Sus misericordias jamás terminan.
> Grande es su fidelidad;
> sus misericordias son nuevas cada mañana».
>
> Lamentaciones 3:21-23

El pueblo que vivía en el pequeño reino de Judá era también el pueblo más insensato, de hecho, el más malvado del planeta. A la luz de los honores y los privilegios que Dios les había dado, a pesar de todo lo que conocían sobre quién es Dios y qué es lo que exige, los judíos que vivían en Judá habían decidido ignorar su pacto y servir a otros dioses.

Dios había enviado a muchos profetas para llamar a su pueblo al arrepentimiento. A algunos de los profetas los habían ignorado. De otros profetas se habían burlado, a otros los habían perseguido y a otros incluso los habían matado. Pasaron siglos mientras Dios esperaba en su misericordia, pero el pueblo no se arrepentía. Ahora se había terminado el tiempo de la misericordia y había llegado el momento de que cayera sobre ellos el juicio de Dios.

Tal como Dios le había prometido al profeta Habacuc, Dios levantó a la nación de Babilonia y esta se hizo fuerte. La primera vez que el ejército babilonio atacó Jerusalén, los soldados se llevaron a miembros de la familia real y de otras familias importantes como cautivos a Babilonia. Entre los cautivos que llevaron estaba el rey Joacim, quien había cortado y quemado el pergamino de Jeremías que contenía el mensaje de Dios.

Unos años más tarde, los babilonios regresaron y se llevaron más cautivos. Mientras tanto, Jeremías continuaba rogando al pueblo de Dios que se arrepintiera. Era demasiado tarde para que el juicio fuera suspendido, pero los judíos todavía podían aceptar la disciplina de Dios y volver a él. Sin embargo, no querían hacerlo. Castigaron a Jeremías por anunciarles el mensaje de Dios porque no les gustaba lo que decía.

Entonces el ejército babilonio vino por última vez. Rodearon a Jerusalén, impidiendo que nadie entrara ni saliera. A la gente se le terminaron las provisiones. El ejército babilonio esperó dos años, mientras el hambre en la ciudad aumentaba. Finalmente, una noche, dándose cuenta de que ya no había esperanza, el rey Sedequías y algunos de sus soldados y sirvientes abrieron una brecha en el muro de Jerusalén y trataron de escapar en la oscuridad. El ejército babilonio los atrapó y ejecutó a los hijos de Sedequías. Encadenaron al rey y lo llevaron a Babilonia, donde vivió preso por el resto de sus días.

Los babilonios conquistaron Jerusalén. Esta vez, llevaron cautivos a Babilonia a todos sus habitantes. Solo dejaron allí a los más indigentes. Los babilonios destruyeron tanto la ciudad como el templo. Primero, los soldados se apropiaron de todo lo que encontraron en el templo que fuera hermoso, valioso y fácil de cargar. Entonces destruyeron y quemaron lo que quedaba. Derribaron los muros de la ciudad y quemaron las casas. De la ciudad donde Dios había prometido vivir con su pueblo, los babilonios dejaron tan solo ruinas humeantes.

Por supuesto, esto no ocurrió porque

Dios no era lo suficientemente fuerte para defender a su pueblo. Tampoco fue porque Dios no se mantuviera fiel a sus promesas. En realidad, Dios estaba cumpliendo sus promesas. Al establecer su pacto con Israel, Dios había declarado que, si su pueblo no se mantenía fiel al pacto, él traería enemigos para derrotarlos y sacarlos de su tierra. Eso fue exactamente lo que ocurrió. La Biblia nos dice: «Estas cosas sucedieron debido al enojo que el Señor tenía contra la gente de Jerusalén y de Judá, hasta que finalmente los expulsó de su presencia y los envió al destierro» (2 Reyes 24:20).

Los indigentes que habían quedado en Judá *seguían* negándose a obedecer a Dios. Fueron ante el profeta Jeremías, quien también había sido dejado allí, y le preguntaron si debían quedarse en ese lugar. ¿No sería más seguro irse a vivir a Egipto? Le prometieron a Jeremías que harían cualquier cosa que Dios les indicara. La respuesta de Dios por medio del profeta fue que no debían ir a Egipto. Dios iba a protegerlos en su tierra, y debían confiar en él. Pero los judíos no cumplieron la promesa que le habían hecho a Jeremías. Se fueron a Egipto, y obligaron a Jeremías a ir con ellos.

Aun así, Dios en su asombrosa misericordia prometió que, pasados setenta años, traería de regreso a su pueblo y ellos reconstruirían el templo. Dios prometió establecer un nuevo pacto con su pueblo, en el cual transformaría su corazón para que siempre le temieran y obedecieran. Una vez más, prometió que vendría un Rey de la familia de David, y prometió que Jerusalén sería conocida por el nombre de «El Señor es nuestra justicia» (Jeremías 33:16).

EN CUANTO A MÍ Y A MI FAMILIA...

▶ Pueden ver las promesas que Dios cumplió en esta triste historia leyendo Deuteronomio 28:45-52, 64. ¿Cuántas de estas promesas ven cumplirse en el relato de la destrucción de Jerusalén por parte de Babilonia?

▶ Nuestro versículo clave aparece casi exactamente en el centro de las lamentaciones (cánticos de duelo) que fueron escritas en ocasión de la destrucción de Jerusalén. La mayoría de estos cánticos es muy triste. Para ver un ejemplo, lean Lamentaciones 3 hasta el versículo clave. Observen que, en medio de todo el dolor, el escritor no tiene esperanza por la bondad o la fuerza de las personas. Entonces, ¿*por qué* tiene esperanza?

50 LA GLORIA DE DIOS ABANDONA SU TEMPLO
Dios es santo y exige que su pueblo sea santo
Ezequiel 8–11

Ezequiel vivía en Babilonia. No le gustaba Babilonia y no quería vivir allí. Quería vivir en Jerusalén. Allí había crecido. Pero los soldados babilonios habían venido a Jerusalén dos veces, y en ambas ocasiones habían llevado a gente como cautivos a Babilonia. Ezequiel era uno de esos cautivos.

*«Oh Dios, la maldad no te agrada;
no puedes tolerar los pecados de los malvados. (...)
Gracias a tu amor inagotable, puedo entrar en tu casa;
adoraré en tu templo con la más profunda
reverencia».* Salmo 5:4, 7

Además de que era su hogar, Ezequiel quería vivir en Jerusalén porque era donde estaba el templo de Dios. La familia de Ezequiel estaba entre las que Dios había designado como sacerdotes, y seguramente Ezequiel conocía toda la historia acerca de la casa del Señor.

Cuando Dios sacó a su pueblo de Egipto, hizo un pacto con ellos en el monte Sinaí. Una de las promesas más maravillosas de aquel pacto era que Dios viviría en medio de su pueblo. No sería un dios lejano, en alguna montaña allá en el cielo: iba a vivir allí mismo con su pueblo.

Entonces Dios había dado a Moisés instrucciones para construir el tabernáculo, una gran carpa que sería la primera casa del Señor. Era una carpa, no una construcción permanente, para que los israelitas pudieran cargarla mientras viajaban. Las indicaciones de Dios habían sido muy precisas, y Moisés las había seguido con exactitud. Una vez que el tabernáculo y todos sus muebles estaban listos, tal como Dios lo había ordenado, la gloria del Señor llenó la carpa y el pueblo de Dios supo que él estaba con ellos y viviría entre ellos.

Cuando los israelitas ya estaban establecidos en la tierra que Dios les había dado, David se convirtió en su rey piadoso. Él quería construir para el Señor una casa mejor, no solo un tabernáculo. Dios dijo que sería el hijo de David, Salomón, quien construiría su templo. De modo que David reunió materiales, dinero y obreros, y le pasó todo a Salomón. Este construyó el templo como casa para Dios, y lo hizo hermoso y espléndido, cubierto de oro por todas partes. Lo terminó, y una vez más la gloria del Señor en forma de nube llenó la casa del Señor. Una vez más, el pueblo de Dios supo que él viviría con ellos.

Ezequiel debería de haber comenzado a trabajar como sacerdote en ese templo cuando cumpliera treinta años de edad. Pero antes de que eso ocurriera, los babilonios habían invadido y lo habían llevado cautivo a Babilonia, junto con otros de su pueblo.

Dios tenía otro trabajo para Ezequiel. Llamó a Ezequiel como profeta para que diera la palabra de Dios a los exiliados, los judíos que vivían en Babilonia. La palabra de Dios vino a Ezequiel de diferentes maneras, incluso en visiones. Una visión era como un sueño que tenía el profeta mientras estaba despierto. Dios le mostraba lo que quería que le dijera a su pueblo, y el profeta recordaba perfectamente la visión cuando ya había pasado.

En una de las visiones de Ezequiel, Dios lo llevó de regreso al templo en Jerusalén. Llevó a Ezequiel a dar un recorrido por el templo, donde vio toda clase de maldades. El templo, designado para ser la casa de Dios, estaba lleno de ídolos, del culto a ellos y de otras cosas que despertaban los celos y la ira de Dios.

Entonces Ezequiel vio lo peor que podía haber visto. Vio que la gloria de Dios se levantaba y se movía hacia la puerta del templo. El Señor estaba abandonando su templo. Ya no viviría en medio de su pueblo. La gloria del Señor se detuvo en la entrada, pero no se quedó allí. Salió completamente del templo hacia el centro de la ciudad. Tampoco se detuvo allí. La gloria del Señor abandonó la ciudad y fue hacia lo alto de una montaña fuera de Jerusalén, donde finalmente se detuvo. El mensaje era claro. Los israelitas habían roto el pacto de Dios tantas veces que él ya no viviría entre ellos.

Ezequiel entendió que no importaba si ahora los babilonios destruían el templo. Era tan solo un edificio vacío: Dios ya no estaba allí.

Dios es santo. Exige santidad a su pueblo y no pasa por alto el pecado. Dios es demasiado puro para ver el mal y mucho menos convivir con él. Sin embargo, aquí, en el centro de la triste visión de Ezequiel, Dios le dio a su pueblo una promesa llena de gracia acerca de lo que sucedería cuando viniera el Salvador prometido. Su pueblo no era obediente porque su corazón era pecaminoso y estaba endurecido. Dios prometió que le daría a su pueblo un nuevo corazón: «Les quitaré su terco corazón de piedra y les daré un corazón tierno y receptivo, para que obedezcan mis decretos y ordenanzas. Entonces, verdaderamente serán mi pueblo y yo seré su Dios». En Cristo, Dios haría por su pueblo lo que ellos jamás hubieran podido hacer por sí mismos.

EN CUANTO A MÍ Y A MI FAMILIA...

▶ Si tienen una concordancia, busquen las menciones de la palabra «santo» en el libro de Isaías. Cuenten cuántas veces aparece la expresión «el Santo». Estos son los versículos tan solo en Isaías donde Dios es nombrado como «el Santo» o «el Santo de Israel».

▶ Lean los siguientes versículos: Levítico 11:45; Deuteronomio 7:6; 1 Pedro 1:15-16. ¿Qué dice cada uno de estos versículos sobre cómo debe ser el pueblo de Dios y por qué?

▶ Lean Efesios 1:3-4. ¿Para qué nos eligió Dios como sus hijos?

EZEQUIEL TIENE UNA VISIÓN DE HUESOS SECOS

La palabra de Dios da vida a los muertos

Ezequiel 37:1-14

51

Ezequiel miró alrededor y tragó saliva. Sabía que esta era una visión, y sabía que era Dios quien lo había llevado hasta ese lugar. Aun así, era espeluznante estar completamente solo en un enorme valle lleno de huesos de hombres muertos. Cuando Dios se lo ordenó, Ezequiel caminó un poco por el lugar. ¡Había huesos por todas partes! Eran huesos de personas muertas desde hace mucho tiempo, huesos que ya estaban totalmente secos.

> «Han nacido de nuevo pero no a una vida que pronto se acabará. Su nueva vida durará para siempre porque proviene de la eterna y viviente palabra de Dios».
>
> 1 Pedro 1:23

—Hijo de hombre, ¿podrán estos huesos volver a convertirse en personas vivas? —le preguntó Dios a Ezequiel.

¡Por supuesto que no! Para comenzar, han estado muertos por años. Están tan secos como leña vieja. Y además, los huesos no están conectados entre sí. Están dispersos por todos lados. Podríamos esperar que esa haya sido la respuesta de Ezequiel. Pero Ezequiel ya había sido profeta de Dios por un tiempo y había visto algunas cosas extrañas. Por eso dio una respuesta cautelosa:

—Oh Señor Soberano, solo tú sabes la respuesta.

Dios le dijo a Ezequiel que profetizara a los huesos, diciéndoles que escucharan la palabra del Señor. *Eso es ridículo. Son solo huesos. Huesos muertos y secos. ¡Ni siquiera tienen oídos! ¿Cómo podrían escuchar?* Quizás esperarías que Ezequiel pensara de ese modo, pero Ezequiel obedeció a Dios y les dijo a los huesos exactamente lo que Dios le ordenó. Les dijo que escucharan la palabra del Señor. Entonces proclamó que Dios volvería a unirlos, los cubriría de carne, pondría aliento en ellos y volverían a vivir.

Al principio, mientras Ezequiel comunicaba a los huesos el mensaje de Dios, solo escuchaba su propia voz. Pero pronto algo empezó a hacer ruido. Ezequiel continuó proclamando y el traqueteo se hizo más fuerte. Creció hasta rodearlo por completo. Era el ruido de los huesos que se unían entre sí, a medida que se armaban los esqueletos. Los huesos se cubrieron de músculos, de carne y de piel hasta que finalmente los cuerpos quedaron completos.

Pero simplemente yacían allí; no respiraban. Dios le dijo a Ezequiel que profetizara a los vientos, diciéndoles que vinieran y soplaran sobre esos cuerpos muertos para que volvieran a vivir. Una vez más, Ezequiel obedeció. El resultado: todos los cuerpos comenzaron a respirar y las personas (personas vivas, ya no cuerpos muertos) se pusieron de pie y fueron un gran ejército.

Ezequiel sabía que era una visión, de modo que esperó la explicación. Dios le dijo: «Hijo de hombre, estos huesos representan al pueblo de Israel. Ellos dicen: "Nos hemos vuelto huesos viejos y secos; hemos perdido toda esperanza. Nuestra nación está acabada"». ¡Eso era verdad! Ezequiel era uno de los muchos cautivos que habían sido llevados a Babilonia en contra de su voluntad. Desde entonces, su ciudad natal, Jerusalén, había caído en manos de los babilonios y la habían destruido. El templo de Dios había sido demolido, y el resto de la población había sido obligada a trasladarse a Babilonia. Lo peor de todo es que esto había ocurrido a causa del enorme pecado del pueblo de Dios. Parecía que el pacto que Dios había hecho con Abraham (la promesa de que Israel sería una gran nación en la tierra que Dios les había dado y que disfrutarían las bendiciones de Dios) era tan solo un recuerdo. No quedaban esperanzas.

Pero Dios puede hacer lo imposible. Dijo Dios por medio de Ezequiel: «Oh pueblo mío, abriré las tumbas del destierro y haré que te levantes. Luego te regresaré a la tierra de Israel». Eso parecía imposible, pero Dios dijo que lo haría y que sería maravilloso. Todavía más maravillosa era la siguiente promesa de Dios que parecía imposible: «Pondré mi Espíritu en ti, volverás a vivir y regresarás a tu propia tierra. Entonces sabrás que yo, el Señor, he hablado y que he cumplido mi palabra». Esta promesa de Dios de poner su Espíritu en su pueblo y darle vida se cumpliría con la venida de Jesús.

El pueblo de Dios no podía mantener el antiguo pacto. Dependía de que obedecieran a Dios y, con el corazón pecaminoso que todos tenemos, es imposible obedecer a Dios. Bajo el nuevo pacto que el Señor Jesucristo hizo con el pueblo de Dios, Jesús proveyó, en nuestro lugar, la obediencia perfecta que Dios exige. Bajo el nuevo pacto, Dios da el Espíritu Santo a seres humanos comunes (a cada una de las personas de su pueblo) para que viva en ellos, les dé vida eterna y los capacite para obedecer a Dios.

El método que Dios usa hoy para dar a su pueblo nueva vida en Cristo es el mismo que le dijo a Ezequiel que aplicara con los huesos: la proclamación de la palabra de Dios. Los siervos de Dios proclaman el evangelio a pecadores que se encuentran muertos y sin esperanza, que no pueden oír la voz de Dios ni pueden responder. Entonces Dios Espíritu Santo les da vida para que puedan arrepentirse y creer.

EN CUANTO A MÍ Y MI A FAMILIA...

▶ Ilustren esta historia, ya sea que cada uno haga un dibujo del relato, o distribuyan una escena a cada miembro de la familia.

▶ ¿Conocen a alguien que parece estar muerto sin esperanza en sus pecados, que no muestra interés en nada que tenga que ver con Dios? Pídanle a Dios que acerque a esa persona a algún lugar donde pueda escuchar la proclamación de la palabra de Dios, y que Dios use su palabra para darle vida.

▶ Oren como familia por la predicación de la palabra de Dios en la iglesia donde asisten, y pidan a Dios que la use para dar vida a su pueblo.

52 EZEQUIEL RECIBE UNA VISIÓN DEL NUEVO TEMPLO

Dios mantendrá su promesa de morar con su pueblo

Ezequiel 40–48

Ezequiel había visto muchas cosas tristes durante su vida. Había sido uno de los cautivos llevados lejos de su hogar por soldados enemigos cuando los babilonios invadieron Jerusalén. La esposa a la que amaba había muerto mientras vivían en Babilonia.

Una de las cosas más tristes

> «Oí una fuerte voz que salía del trono y decía: "¡Miren, el hogar de Dios ahora está entre su pueblo! Él vivirá con ellos, y ellos serán su pueblo. Dios mismo estará con ellos"».
>
> Apocalipsis 21:3

que vio Ezequiel fue la visión en la que Dios le mostró el templo allá en Jerusalén. El templo era el lugar donde Dios había prometido vivir en medio de su pueblo. Pero en esa tristísima visión, Ezequiel vio que el pueblo de Dios había roto tan terriblemente su pacto con Dios que hasta instalaron sus ídolos dentro del templo. En su dolorosa visión, Ezequiel vio cómo la gloria del Señor se elevaba desde el Lugar Santísimo y se movía, primero hacia la entrada del templo, luego hacia afuera, después hacia el centro de la ciudad de Jerusalén y, finalmente, se alejaba por completo de la ciudad. El pueblo de Dios había roto su pacto; Dios ya no viviría más en medio de ellos.

Ahora Ezequiel había vivido en el exilio durante muchos años. Jerusalén y su templo habían sido destruidos, y todos los judíos, no solo unos pocos, vivían cautivos en Babilonia. Parecía que Dios había abandonado a su pueblo pecador y nunca más iba a vivir en medio de ellos. Parecía que ya nunca iban a cumplirse las promesas de Dios de que serían *su* pueblo, que vivirían con él y llevarían su bendición a las demás naciones.

Fue entonces cuando Dios le dio otra visión a Ezequiel. En esta visión, Dios llevó a Ezequiel una vez más a Israel, su tierra natal. Aunque Jerusalén estaba en ruinas y el templo había sido destruido, en su visión Ezequiel vio una ciudad y un templo. Dios lo llevó por todos lados y a través de este templo; entonces ocurrió algo maravilloso. Ezequiel estaba en la puerta oriental del templo, la entrada principal. Miró hacia el oriente y vio que la gloria de Dios regresaba a su templo. Ezequiel escribió que el sonido de la llegada del Señor era como el sonido de muchas aguas, como una inmensa cascada, donde uno debe gritar con todas sus fuerzas para ser escuchado sobre el rugido del agua. Escribió que la tierra brillaba con la gloria del Señor que estaba llegando: «Miré y vi que la gloria del Señor llenaba el templo del Señor».

Ezequiel oyó la voz de Dios: «Hijo de hombre, este es el lugar de mi trono y el lugar donde pondré los pies. Viviré aquí para siempre, entre los israelitas. Ni ellos ni sus reyes volverán a profanar mi santo nombre, [...] y yo viviré entre ellos para siempre».

Todavía en la visión, Ezequiel fue llevado a la puerta posterior, donde vio agua que salía desde el templo. Cuando Ezequiel siguió esta corriente de agua, se hizo cada vez más profunda hasta que le llegó a los tobillos. Siguió andando y el agua subió hasta el nivel de sus rodillas, y luego hasta la cintura. Finalmente, el agua que fluía del templo se convertía en un gran río, tan profundo que era imposible cruzarlo. Las riberas a ambos lados de este río estaban cubiertas de árboles. Se le dijo a Ezequiel que el río fluía a través del desierto hasta el mar, donde el agua salada del mar se volvería dulce. El río entonces rebosaría de peces, y los árboles en sus riberas darían toda clase de fruto durante todo el año. Debido a que los árboles recibían el riego de las aguas del templo, sus frutos serían alimento y sus hojas darían sanación. Antes de que se terminara la visión, Ezequiel recibió el nombre de esta ciudad donde se encontraba el templo maravilloso. Dice la Biblia: «El nombre de la ciudad será: "El Señor está allí"».

El último libro de la Biblia, que fue escrito siglos después de que Ezequiel recibiera su visión, nos relata la visión que tuvo el apóstol Juan. En ella, vio una hermosa ciudad donde iba a vivir el pueblo de Dios. Allí no había templo, porque el Señor Dios Todopoderoso y el Cordero estaban allí. Juan también vio un río «con el agua de la vida», que fluía desde el trono de Dios. A cada lado de ese río crecía el árbol de la vida, dando fruto y con hojas que servían para sanar a las naciones. En esa ciudad, el pueblo de Dios verá su rostro y vivirá con él para siempre.

Los detalles de las dos visiones no son idénticos, pero ambas prometen lo mismo: que Dios mantendrá su promesa de tener un pueblo que será su pueblo y que él vivirá con ellos para siempre. Cuando vino Jesús, era Dios que venía a su pueblo. Un día, Jesús vendrá otra vez y llevará a todo su pueblo a estar con él por toda la eternidad.

EN CUANTO A MÍ Y A MI FAMILIA...

▶ Lean Mateo 1:22-23. Uno de los nombres de Jesús es «Emanuel». ¿Qué significa «Emanuel»?

▶ Lean Juan 14:16-17. ¿A quién prometió Jesús enviar para que viviera con y en los hijos de Dios?

▶ Lean Apocalipsis 21:1-3. En el nuevo cielo y la nueva tierra, ¿cuál será el lugar de residencia de Dios?

DANIEL: JOVEN, ANCIANO Y FIEL
Dios está con su pueblo en todo lugar
Daniel 1, 6

53

Daniel era apenas un muchacho, quizás adolescente, cuando los babilonios lo sacaron de su casa y lo llevaron cautivo a la lejana Babilonia. Daniel seguramente extrañaba su casa y a su familia. Pero aun siendo joven, Daniel entendió que Dios estaba con él sin importar dónde estuviera.

Cuando llegó a Babilonia, Daniel descubrió que Nabucodonosor, rey de Babilonia, tenía planes para él. Los planes incluían a un

> «Pues Dios ha dicho:
> "Nunca te fallaré.
> Jamás te abandonaré".
> Así que podemos decir con toda confianza:
> "El Señor es quien me ayuda,
> por tanto, no temeré.
> ¿Qué me puede hacer un simple mortal?"».
> Hebreos 13:5-6

grupo de jóvenes como Daniel, hijos de familias nobles en Israel. Los planes consistían en darles la mejor educación que Babilonia podría brindar. Esto se haría durante tres años, y una vez cumplidos, los jóvenes entrarían al servicio del rey. Mientras recibieran entrenamiento, serían atendidas todas sus necesidades. De hecho, Daniel y los demás recibirían cada día los mismos alimentos que comía el rey y el mismo vino que bebía el rey.

Pero Daniel no quería contaminarse recibiendo la comida del rey. La Biblia no nos dice por qué, pero por alguna razón Daniel creía que era un error comer de la mesa del rey. Le pidió al hombre que estaba a cargo de la alimentación que le permitiera a él y a tres de sus amigos, que tenían la misma convicción, recibir otros alimentos. Dice la Biblia: «Ahora bien, Dios había hecho que el jefe del Estado Mayor le tuviera respeto y afecto a Daniel». Daniel no quería ocasionarle problemas a este hombre, de modo que le propuso el siguiente plan: durante diez días, Daniel y sus amigos no comerían los alimentos extravagantes que le servían al rey. Comerían solo verduras y agua. Al cabo de los diez días, si su apariencia era menos saludable que la de los otros jóvenes, entonces volverían al menú del rey.

Pasaron los diez días, y Daniel y sus tres amigos se veían más saludables que los otros, de modo que el hombre a cargo de la alimentación permitió a los cuatro jóvenes que continuaran con la dieta que preferían. Además, Dios les dio aptitud excepcional en sus estudios. Cuando concluyeron los tres años de preparación, el rey Nabucodonosor entrevistó personalmente a los jóvenes. Dice la Biblia: «Ninguno le causó mejor impresión que Daniel» y sus tres amigos.

Dios estaba con Daniel aun allí en su cautiverio. Daniel sirvió con eficiencia al rey Nabucodonosor, pero también declaró con fidelidad los mensajes que Dios le daba para que proclamara. También sirvió a los reyes de Babilonia que gobernaron después de Nabucodonosor. Tiempo después, cuando los persas conquistaron Babilonia, Daniel sirvió a los reyes de Persia, siempre haciendo de su servicio a Dios la prioridad principal.

Cuando Daniel era anciano, sirvió a Darío, el rey persa. Darío estaba tan impresionado por el desempeño de Daniel que lo ascendió a uno de los cargos más elevados del reino. Esto provocó celos entre quienes servían bajo las órdenes de Daniel. Conspiraron para desplazarlo de este elevado cargo. ¿Qué podían informar al rey Darío para que este se pusiera en contra de Daniel? Parecía no equivocarse nunca. De modo que sus enemigos convencieron al rey de dictar un decreto que durante treinta días nadie en el reino podía pedir nada a alguien que no fuera el rey mismo. Cualquiera que desobedeciera sería arrojado al foso de los leones.

Daniel se enteró de la nueva ley, pero tenía que desobedecerla. No dejaría de orar a Dios ni de pedirle a él todo lo que necesitara, sin importar lo que dijera la ley. Como lo hacía siempre, Daniel continuó orando junto a su ventana, mirando hacia Jerusalén. Por supuesto, sus enemigos lo vieron y se apuraron a informarle al rey. Cuando Darío se dio cuenta de la trampa, se sintió muy angustiado; ¡pero la ley era la ley, y ahora estaba atrapado! Ordenó que pusieran a Daniel en el foso de los leones y luego hizo cerrar el foso, pero le dijo a Daniel: «Que tu Dios, a quien sirves tan fielmente, te rescate».

Después de pasar la noche sin dormir, preocupado por Daniel, el rey Darío fue de prisa al foso de los leones para ver qué había ocurrido. Encontró a Daniel sano y salvo. «Mi Dios envió a su ángel para cerrarles la boca a los leones, a fin de que no me hicieran daño», le dijo al rey. Este ordenó que los enemigos de Daniel fueran arrojados al foso de los leones, y estos los devoraron antes de que llegaran al fondo del foso. Darío alabó al Dios de Daniel, y este continuó sirviendo fielmente a Dios y al rey. Durante toda la larga vida de Daniel, Dios siempre estuvo con él, y Daniel se aseguró de que los reyes a quienes servía supieran que Dios es el más sublime de todos los reyes.

EN CUANTO A MÍ Y A MI FAMILIA...

▶ Dediquen un tiempo a orar por cualquier miembro de su familia que esté en un lugar donde, por alguna razón, preferirían no estar. Pídanle a Dios que les recuerde que él está con ellos y que los ayude a honrarlo fielmente.

▶ Oren, también, por otras personas conocidas que a veces tienen que estar en lugares difíciles, y oren por los hijos de Dios en otros países que lo sirven fielmente en las prisiones, donde se encuentran por haber adorado a Dios. Pídanle a Dios que les recuerde constantemente que él siempre está con ellos.

54 LA VISIÓN DE DANIEL
Solo el reino de Dios permanecerá para siempre
Daniel 7

¿Alguna vez has tenido pesadillas? ¿Pesadillas tan reales que al despertar te lleva unos momentos darte cuenta de que en realidad la pesadilla nunca sucedió? Dios le dio a Daniel un sueño tan aterrador que Daniel escribió: «Yo, Daniel, estaba espantado por mis pensamientos y mi rostro estaba pálido de miedo». El sueño era aterrador porque se trataba de cosas reales que iban a suceder y que serían terribles.

> «Vi a alguien parecido a un hijo de hombre (...). Se le dio autoridad, honra y soberanía sobre todas las naciones del mundo, para que lo obedecieran los de toda raza, nación y lengua. Su gobierno es eterno, no tendrá fin. Su reino jamás será destruido».
>
> *Daniel 7:13, 14*

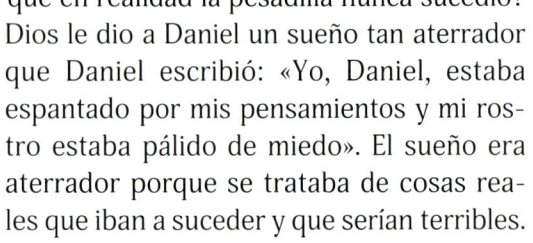

Sin embargo, el final del sueño estaba lleno de consuelo.

En el sueño, Daniel estaba de pie mirando al mar. En el sueño, los vientos eran tormentosos y azotaban las olas. Una por una, cuatro bestias enormes (en realidad, monstruos) salían del mar hacia la playa. Cada bestia era más aterradora y más terrible que la anterior.

Primero, salió del mar un enorme león con alas de águila. Las alas le fueron arrancadas, y entonces el león se irguió sobre dos patas como un hombre. Le fue dada la mente de un hombre.

La segunda bestia que salió del mar era un oso salvaje que se levantó sobre su costado, y tenía tres costillas entre los dientes. Una voz le dijo al oso: «¡Levántate! ¡Devora la carne de mucha gente!».

La tercera bestia era un leopardo con cuatro alas como de ave y cuatro cabezas. Se le dio autoridad para que pudiera gobernar.

La cuarta bestia era aterradora, espantosa y muy fuerte. Tenía enormes dientes de hierro con los que destrozaba las cosas y las devoraba, y aplastaba con las patas todo lo que quedaba. Sus garras eran de bronce. Esta bestia tenía diez cuernos. Entonces surgió sobre la cabeza de la bestia otro cuerno. Ese cuerno era pequeño, pero arrancó tres de los otros cuernos. Este pequeño cuerno tenía ojos como los ojos humanos y una boca. Con su boca este cuerno alardeaba con arrogancia.

Estas bestias ya eran lo suficientemente aterradoras para Daniel con solo mirarlas. Pero también vio que ese pequeño cuerno en la cabeza de la cuarta bestia, la más aterradora, entraba en guerra contra el pueblo de Dios, y lo venció.

En su visión, se le dijo a Daniel que las cuatro grandes bestias representaban a cuatro grandes reyes que se iban a levantar. La cuarta bestia, y en especial su pequeño cuerno, representaban un gran reino que lucharía contra el pueblo de Dios, persiguiéndolos, dañándolos y matándolos. El rey se levantaría en contra de Dios mismo y, por un tiempo, daría la impresión de que ese rey podría gobernar para siempre y aniquilar a todo el pueblo de Dios.

Pero Daniel vio algo más en su sueño. Vio que se colocaban tronos, y vio al Anciano ocupar uno de los tronos. Su vestimenta era blanca como la nieve, y su cabello brillaba como la lana más pura. Su trono era de llamas ardientes. Este Anciano era Dios, y una gran multitud estaba de pie delante de él para servirle. La corte de Dios se sentó a juzgar y las cuatro bestias fueron juzgadas; los cuatro reinos perdieron su poder. La cuarta bestia, la más malvada, fue asesinada y su cuerpo, destruido.

Luego Daniel vio que llegaba alguien «parecido a un hijo de hombre». Recibió dominio sobre todo reino y sobre todas las cosas. Pueblos, naciones y lenguas le servían. Recibió enorme gloria y un reino que no tendría fin y nunca sería destruido. A Daniel se le prometió que el «pueblo santo del Altísimo», el pueblo de Dios, recibiría este reino y gobernaría para siempre con este ser «parecido a un hijo de hombre».

Daniel tuvo este sueño en Babilonia, donde el pueblo de Dios vivía cautivo. En ese momento, daba la impresión de que el rey de Babilonia era más fuerte que Dios y tenía un reino más grandioso. Y habría momentos como ese una y otra vez en el futuro. Se levantarían reinados y gobiernos que desconocerían al verdadero Dios o deliberadamente se opondrían a él, y perseguirían, dañarían y matarían a su pueblo. Cuando ocurren estas cosas, son muy aterradoras para los hijos de Dios que deben vivirlas.

Pero Dios quería que su pueblo supiera que él permanecía como el rey supremo. En el tiempo de Dios, él enviaría a su Hijo. Su Hijo establecería un reino que duraría para siempre. Mientras Jesús vivió en la tierra, el título que más frecuentemente usó fue el de «Hijo del Hombre». Jesús estaba refiriéndose a este sueño de Daniel. Jesús es aquel «parecido a un hijo de hombre» que recibe gloria inmensa y un reino. Cuando Jesús regrese, todos sus enemigos serán juzgados y destruidos, y él gobernará para siempre junto a su pueblo.

EN CUANTO A MÍ Y A MI FAMILIA...

▶ Alaben a nuestro gran Dios porque es el Altísimo, el único Rey que siempre fue y siempre será. Alábenlo por ser el Juez perfecto que castigará toda maldad. Agradézcanle por enviar a su Hijo como lo prometió, y por establecerlo como Rey de un reinado que nunca tendrá fin.

▶ Por fe, agradezcan a Dios que él cuida a su pueblo, aun a quienes hoy sufren por él. Pídanle a Dios que su pueblo perseguido en otros países tenga acceso a la palabra de Dios, para que se sienta consolado por las promesas que Dios dispuso para esas situaciones.

NEHEMÍAS RECONSTRUYE LOS MUROS DE JERUSALÉN

55

Dios obra en su pueblo y en las circunstancias

Nehemías 1–6

La historia comienza con una promesa y una oración. La oración era de Nehemías, al Dios del cielo, acerca del estado deplorable de la ciudad de Jerusalén. La promesa era de Dios, y la oración de Nehemías se basaba en esa promesa.

Nehemías era un judío que vivía en Susa, la capital

> «Entonces el rey me concedió estas peticiones porque la bondadosa mano de Dios estaba sobre mí». *Nehemías 2:8*
>
> «Se completó la muralla (...) porque el pueblo había trabajado con entusiasmo». *Nehemías 4:6*
>
> «A los cincuenta y dos días después de comenzar la obra, se terminó la muralla. Cuando se enteraron nuestros enemigos, (...) se dieron cuenta de que esta obra se había realizado con la ayuda de nuestro Dios». *Nehemías 6:15-16*

de Persia. Era copero del rey Artajerjes, rey de Persia. Un rey anterior, Ciro, había anunciado que todos los judíos que vivían en el exilio podían regresar a sus casas en Jerusalén, Israel. Muchos judíos lo hicieron, pero algunos, como Nehemías, se quedaron allí donde estaban.

La razón por la que tantos judíos vivían en Babilonia, y más tarde también en Susa, era que hacía años que los babilonios habían destruido a Jerusalén, incluso su templo. Habían llevado prisioneros a los judíos. Dios había prometido que eso ocurriría si su pueblo rompía el pacto, y así ocurrió. Pero Dios también había prometido que si su pueblo regresaba a él y guardaba sus mandamientos, los reuniría de donde quiera que se hubieran dispersado y los traería de regreso a su tierra.

Nehemías, quien vivía y trabajaba en Susa, cierto día recibió un visitante. El hombre acababa de llegar de Jerusalén. Le informó a Nehemías que los judíos que habían regresado vivían avergonzados y con grandes dificultades. Los muros de la ciudad estaban en ruinas y las puertas de la ciudad habían sido destruidas por el fuego.

Jerusalén era la ciudad donde Dios había prometido vivir en medio de su pueblo. Aunque Nehemías no estaba viviendo allí, le dolió que la ciudad estuviera en ruinas. Lloró, hizo duelo y ayunó durante varios días. Confesó que él y su pueblo habían pecado contra Dios y eso había acarreado la gran destrucción. Pero le recordó a Dios su promesa de regresar su pueblo a su tierra cuando se arrepintieran. Suplicó a Dios que el rey fuera bondadoso con él, para que pudiera hacer algo acerca de esta triste situación en Jerusalén.

Cuando Nehemías fue a cumplir con su trabajo para el rey, Artajerjes notó que su copero parecía triste y le preguntó qué le pasaba. Nehemías oró brevemente, y le explicó lo que ocurría en Jerusalén. Pidió permiso al rey para ir a Jerusalén y reconstruir sus muros. También le pidió materiales para la reparación. Dios obró en el corazón del rey, y este le dio a Nehemías todo lo que pidió.

Cuando Nehemías llegó a Jerusalén, les dijo a los judíos que vivían allí cuánto lo había bendecido Dios y todos se entusiasmaron con la idea de reconstruir los muros de la ciudad. Familias e individuos se hicieron cargo de diferentes partes del muro y asumieron el compromiso de reconstruir cada sección. En poco tiempo, el muro había alcanzado la mitad de su altura original porque Dios le dio a su pueblo la voluntad de trabajar.

A las naciones vecinas no les gustó esto. Eran enemigas de los judíos y querían que siguieran siendo débiles. Intentaron un complot tras otro para detener el trabajo en los muros, aun amenazando con un ataque. Nehemías oró y los judíos no se desanimaron. Se calzaron armas de defensa y continuaron trabajando. Los líderes enemigos conspiraron contra Nehemías. Sabían que él era el líder, de modo que pensaron que si podían tenderle una trampa y sacarlo del medio, el trabajo se detendría. Nehemías oró y pasó por alto sus amenazas, y no cayó en ninguna de sus trampas. En poco tiempo, el muro estuvo terminado. Les tomó tan solo ¡cincuenta y dos días para terminar toda la construcción! Relató Nehemías: «Cuando se enteraron nuestros enemigos y las naciones vecinas, se sintieron aterrorizados y humillados. Se dieron cuenta de que esta obra se había realizado con la ayuda de nuestro Dios».

Dios había prometido que su pueblo regresaría a su ciudad y viviría en paz allí. Tuvieron que ocurrir muchas cosas para que esa promesa se hiciera realidad, pero Dios obró por medio de las circunstancias y por medio de su pueblo para que sucediera, tal como lo había dicho. Motivó al rey Ciro para decretar que los judíos podían volver a Jerusalén. Obró en Nehemías para hacer de él un líder piadoso que anhelaba reconstruir a Jerusalén para la gloria de Dios. Obró en el rey Artajerjes para que le diera a Nehemías todo lo necesario para reconstruir el muro. Obró en el corazón de los judíos que vivían en Jerusalén para que tuvieran la voluntad de reconstruir y completar el trabajo. Y obró contra los enemigos de su pueblo, derrotando todos sus planes. Dios siempre obra, y mueve personas y circunstancias para cumplir sus propósitos. Levanta líderes en su pueblo y les da un corazón dispuesto para hacer la tarea que les encarga.

EN CUANTO A MÍ Y A MI FAMILIA...

▶ Oren por los responsables en su iglesia y por otros líderes cristianos que conozcan, pidiéndole a Dios que los guíe y que obre por medio de ellos. Agradezcan a Dios por levantar líderes en su iglesia.

▶ Den gracias a Dios por ser el Rey supremo, quien siempre interviene para organizar las circunstancias a fin de cumplir sus propósitos para su pueblo.

▶ Pidan a Dios que les dé un corazón dispuesto a trabajar para él.

56

EL ÁNGEL SE APARECE A MARÍA
El nacimiento de Jesús fue un milagro
Mateo 1:18-25; Lucas 1:26-38

¿Has escuchado decir «Así es la naturaleza humana»? ¿Qué quiere decir eso? Probablemente estén comentando sobre algo que alguien hizo, y lo que expresan es que ese comportamiento es típico de un ser humano. Probablemente los perros, las aves o los peces no lo harían, pero los humanos sí porque encaja con la naturaleza humana.

Un perro hace lo que es propio de

> «El ángel le contestó: "El Espíritu Santo vendrá sobre ti, y el poder del Altísimo te cubrirá con su sombra. Por lo tanto, el bebé que nacerá será santo y será llamado Hijo de Dios"».
> Lucas 1:35

la naturaleza «perruna» (o canina). Ladra, olfatea todo y a todos y persigue cosas porque eso es propio de su naturaleza. Las aves vuelan y construyen nidos y migran porque está en su naturaleza que los pájaros hagan esas cosas. Cada criatura tiene su propia naturaleza. Los seres humanos compartimos la naturaleza humana. Aun Dios tiene una naturaleza divina. En su naturaleza divina está ser santo, poderoso y bondadoso. Pecar o mentir son comportamientos que van en contra de la naturaleza de Dios, de modo que él nunca hace esas cosas.

Solo Jesucristo, en todo el universo, tiene dos naturalezas. Es una sola persona, pero en esa persona hay dos naturalezas. Nuestro Señor siempre ha sido plena y eternamente Dios; tiene una naturaleza divina. Para él es imposible mentir o pecar. Le es imposible morir. Cuando nuestro Señor vino como Salvador para su pueblo, tomó también una naturaleza humana. Sin una naturaleza humana, Jesús no podría haber mostrado una obediencia perfecta a Dios en nuestro lugar, y tampoco podría haber muerto por nuestros pecados.

Tú y yo tenemos una naturaleza humana. Dios tiene una naturaleza divina. Solo Jesucristo tiene las dos naturalezas. No es mitad Dios y mitad hombre, como Hércules y otros personajes de fantasía de la mitología griega. Jesús es cien por ciento Dios y cien por ciento ser humano.

Para que esto fuera así, el nacimiento de Jesús tenía que ser un milagro.

María era una joven comprometida para casarse con un carpintero de su aldea de Nazaret. El nombre de este carpintero era José. Por supuesto, no iban a tener hijos antes de estar casados.

Un día, María se sobresaltó (¡como nos ocurriría a ti o a mí!) porque se le apareció un ángel. El ángel la saludó nombrándola como «mujer favorecida». María se sintió perturbada por el aspecto y el saludo del ángel, pero este le dijo que no tuviera miedo. Le dijo que ella quedaría embarazada y tendría un hijo. Debía ponerle por nombre «Jesús». Sería grandioso, el Hijo del Altísimo. Dios le daría al bebé de María el trono de David; reinaría sobre el pueblo de Dios para siempre, y su reinado no tendría fin.

Ahora María se preocupó aún más.

—¿Pero cómo podrá suceder esto? —le preguntó María al ángel.

Ella no había estado con un hombre, y ningún bebé nace solamente de una madre. Para que comience la nueva vida de un bebé, siempre debe haber un padre *y* una madre.

—El Espíritu Santo vendrá sobre ti —respondió el ángel—, y el poder del Altísimo te cubrirá con su sombra. Por lo tanto, el bebé que nacerá será santo y será llamado Hijo de Dios.

A María seguramente le habrá inquietado mucho recibir la visita de un ángel.

Se habrá asombrado de saber que sería la madre del Hijo de Dios. Se habrá sentido ansiosa de lo que iban a pensar los demás, especialmente José, cuando ella quedara embarazada antes de casarse. Pero María confió en que Dios haría lo que es mejor y lo más sabio.

—Soy la sierva del Señor. Que se cumpla todo lo que has dicho acerca de mí —dijo María.

Y entonces ocurrió el milagro. María quedó embarazada por el poder de Dios. Comenzó la vida de este bebé divino y humano sin la intervención de un padre humano.

José, el hombre con el que se iba a casar María, se sintió afligido cuando se hizo evidente que María iba a tener un bebé. José sabía que él no era el padre de ese niño. Todo bebé tiene un padre, de modo que José habrá pensado que María le había sido infiel y que el padre de ese bebé era otro hombre.

Dios envió un ángel a ver a José, diciéndole que no tuviera miedo de tomar a María como esposa. El ángel le dijo a José que Dios era el Padre del bebé de María. Dijo el ángel: «Tendrá un hijo y lo llamarás Jesús, porque él salvará a su pueblo de sus pecados». («Jesús» significa «Dios salva»).

Cuando José se despertó, hizo lo que el ángel le había dicho. Tomó a María como esposa y, cuando nació el bebé, le puso por nombre Jesús. José amó, protegió y crio al niño Jesús, aunque supo siempre que no era el padre de ese bebé; este niño existía mediante un milagro.

EN CUANTO A MÍ Y A MI FAMILIA...

▶ Un ser humano sin pecado, alguien que fuera *solamente* humano, no podría pagar por los pecados de todo el pueblo de Dios. Y Dios, siendo *solamente* divino, no podría morir. Alaben a Dios por su maravilloso plan de enviar a su Hijo *como un ser humano*, para morir por los pecados de todo su pueblo.

▶ Imaginen estar en todo lugar al mismo tiempo, y luego limitarse a un cuerpo físico. Imaginen ser el Creador de todas las cosas, y luego vivir como una criatura. Imaginen haber vivido en la gloria con Dios, para entonces venir a vivir en un mundo pecador. ¡Alaben a nuestro Señor Jesucristo por su inmenso amor!

LOS PASTORES ADORAN A JESÚS
Dios cumple su promesa de enviar un Salvador
Lucas 2:8-20

57

Ya era muy de noche, y ninguna luz rompía la oscuridad, excepto tal vez el resplandor de un pequeño fogón. Ya era muy de noche, y los únicos sonidos eran los típicos ruidos en el campo abierto: el crujido de las hojas en el viento; el movimiento ocasional de alguna de las muchas ovejas o el balido de una llamando a otra; grillos, un búho, lobos

> «Pero el ángel los tranquilizó. "No tengan miedo —dijo—. Les traigo buenas noticias que darán gran alegría a toda la gente. ¡El Salvador —sí, el Mesías, el Señor— ha nacido hoy en Belén, la ciudad de David!"».
> Lucas 2:10-11

en la lejanía; el crepitar del pequeño fogón. Si los pastores todavía estaban despiertos a esas horas, quizás se escuchaba el sonido de voces bajas y apagadas. Nada más que oír salvo esos suaves sonidos de la noche. Nada más que ver salvo la profunda oscuridad y el resplandor del fuego.

Entonces, vino el ángel. En esa oscuridad profunda, de pronto la gloria del Señor brilló más intensa que el sol del día. Imagínate la confusión de los pastores que levantaban las manos para proteger sus ojos de esa luz enceguecedora. ¿Qué podía ser? Nunca antes habían visto nada igual. Allí en medio de esa brillante, brillante gloria del Señor, vieron un ángel, lo cual solo aumentó su susto.

Los pastores estaban acostumbrados a la oscuridad, a las horas nocturnas, a defenderse de animales salvajes o de ladrones. Eran hombres rudos, que vivían a la intemperie. Pero este ángel y toda esta grandiosa gloria de Dios los llenó de temor.

Lo primero que les dijo el ángel fue: «No tengan miedo». Entonces les dijo por qué. No había venido a sacudirlos con la santidad de Dios porque ellos eran tan pecadores. No había venido a aterrorizarlos. Había venido a traerles noticias que les quitarían el temor para siempre.

«No tengan miedo —dijo el ángel—. Les traigo buenas noticias que darán gran alegría». No quería que sintieran miedo, sino un gozo inmenso. El ángel continuó diciendo que esta buena noticia daría gozo a toda la gente. ¿Acaso el hecho de que se apareciera en este momento a los humildes pastores no era una prueba de que la noticia era para toda la gente?

Entonces supieron de qué se trataba esta buena noticia de gran alegría. «¡El Salvador —sí, el Mesías, el Señor— ha nacido hoy en Belén, la ciudad de David!». Quizás los pastores no se dieron cuenta de todo lo que encerraba esa breve proclama cuando la escucharon por primerísima vez, mientras estaban aturdidos por la repentina aparición de un ángel y de la gloria de Dios. El ángel estaba diciéndoles que todas las promesas de Dios, desde la primera que hizo en el jardín de Edén, estaban cumpliéndose en ese momento, esa noche, donde ellos vivían. Todo lo que Adán y Eva habían arruinado por ceder ante la serpiente ahora iba a ser reparado, comenzando en ese momento. El Salvador había nacido.

Ese Salvador era el Mesías, Cristo Jesús. «Cristo» es un título. Es la palabra griega que significa «ungido», igual que la palabra hebrea «Mesías». Aquel que Dios había prometido —un Rey como David, pero mejor; un Profeta como Moisés, pero mejor— había nacido esa misma noche.

El Salvador no solo era el Mesías; era el Señor mismo. El bebé recién nacido era

Dios. Seguramente los pastores no entendieron que este bebé era Dios, pero si vivieron lo suficiente para ver a Jesús, ya adulto, sanar a los paralíticos y levantar a los muertos, quizás recordaron las palabras del ángel y las entendieron. El ángel dijo a los pastores que podían ir a ver por sí mismos a este bebé tan esperado: «Y lo reconocerán por la siguiente señal: encontrarán a un niño envuelto en tiras de tela, acostado en un pesebre».

Estos pastores ya habían visto y oído maravillas más grandes de lo que la mayoría de las personas puede presenciar en toda una vida, pero aún había más. De pronto, al ángel se le sumó una multitud, una enorme muchedumbre de ángeles. Juntos, los ángeles alabaron a Dios: «Gloria a Dios en el cielo más alto y paz en la tierra para aquellos en quienes Dios se complace». Si alguna vez has escuchado un coro de cientos de hombres cantando juntos, sabrás que es un sonido poderoso. ¡Imagínate cómo se habrán oído las voces de esta multitud de ángeles de Dios!

Cuando los ángeles regresaron al cielo, los pastores salieron de prisa a encontrar a este maravilloso pequeño Salvador en el pesebre. Lo encontraron, con María y José. Vieron a Jesús, que se parecía a cualquier otro bebé. Entonces se fueron y contaron a todos lo que habían escuchado acerca de este maravilloso, maravilloso bebé.

EN CUANTO A MÍ Y A MI FAMILIA...

▶ No importa qué día del año sea, este sería un momento excelente para buscar el himnario (¡espero que tengan uno!) y cantar algunos villancicos de Navidad. «Al mundo paz», «Oh ven, oh ven, Emanuel», «¡Escuchad! Los ángeles mensajeros cantan» y muchos otros tienen valiosas palabras de adoración. Léanlos juntos y conversen sobre su significado antes de cantarlos.

58

EL NIÑO JESÚS EN EL TEMPLO
Jesús obedeció perfectamente al Padre
Lucas 2:41-52

¿Cómo se sentiría tu mamá si al final del día no te encontrara por ningún lado? ¿Y qué si tú y tu familia estuvieran fuera de casa cuando eso ocurriera? ¿Si estuvieran todos de viaje cuando desapareciste? Tu mamá estaría frenética, y probablemente así se sintió María cuando, al caer la noche lejos de casa, no podían encontrar al niño Jesús, de doce años de edad.

La familia de Jesús tomaba la ley de Dios en serio. En su ley, Dios

«"¿Pero por qué tuvieron que buscarme? —les preguntó—. ¿No sabían que tengo que estar en la casa de mi Padre?" (...) Luego regresó con sus padres a Nazaret, y vivió en obediencia a ellos».
Lucas 2:49, 51

convocaba a su pueblo a celebrar la Pascua en Jerusalén todos los años. La familia de Jesús vivía en Nazaret, pero cada año viajaba a Jerusalén para la Pascua. No eran adinerados, de modo que es probable que viajaran a pie, lo cual les llevaría varios días. También iban otras familias desde Nazaret. Los adultos caminaban y conversaban con sus amigos. Los niños más grandes, como Jesús, podían andar con sus amigos durante el camino. Todos se conocían; los padres no se afligían por no poder ver a sus hijos en todo momento. Sabían que andaban por ahí y que estaban a salvo.

Cuando María y José comenzaron el regreso hacia Nazaret, después de la Pascua, dieron por sentado que Jesús estaba en algún lugar del numeroso grupo de vecinos y parientes que volvían a casa. No lo veían, pero sabían que andaba por ahí.

Pero no estaba. Cuando se detuvieron a pasar la noche, Jesús no volvió a donde estaban sus padres. José y María recurrieron a todas las familias, preguntando si alguien lo había visto. Pero les respondieron que no. Los padres de Jesús finalmente se dieron cuenta de que con seguridad lo habían dejado en Jerusalén. Al día siguiente, apenas hubo suficiente luz, volvieron a Jerusalén para buscar a su hijo.

El regreso les llevó un día y no vieron a Jesús en ningún lugar a lo largo del camino. Volvió a caer la noche. María y José seguían sin saber dónde estaba Jesús. Jerusalén era una ciudad grande. ¿Dónde podría estar? ¿Qué podría haberle sucedido?

Por la mañana, María y José comenzaron a buscar a su hijo de doce años por toda Jerusalén. Buscaron en todos los lugares donde pensaban que podría haberse quedado, pero no estaba allí. Cada hora que pasaba los ponía más ansiosos. ¿Qué había ocurrido con Jesús?

Cuando sus padres finalmente lo encontraron, Jesús no estaba donde esperaban encontrar a un muchacho de esa edad, y no estaba haciendo algo típico de un niño de doce años. Jesús estaba en el templo. Estaba sentado entre los maestros, escuchándolos enseñar sobre Dios y sobre las Sagradas Escrituras, y les hacía preguntas.

Como cualquier madre que encuentra sano y salvo a un hijo perdido, todos los temores de María respecto a Jesús de pronto se convirtieron en frustración porque no estaba donde se suponía que debía estar.

—Hijo, ¿por qué nos has hecho esto? —le dijo su madre—. Tu padre y yo hemos estado desesperados buscándote por todas partes.

Tal vez María no había visto cómo reaccionaban ante su hijo las otras personas. Todos los que lo escuchaban estaban maravillados de su entendimiento y sus respuestas. Aunque tenía apenas doce años, Jesús sabía que era el Hijo de Dios. Sabía que tenía por delante un importante ministerio y que parte de ese ministerio consistía en revelar a la gente de una manera totalmente nueva quién era Dios, su Padre. María también debía haberlo sabido. Si se hubiera detenido a pensarlo, no hubiera tenido que preocuparse. Ella debería haber sabido exactamente dónde estaba Jesús.

Jesús les preguntó:

—¿Pero por qué tuvieron que buscarme? ¿No sabían que tengo que estar en la casa de mi Padre?

Quizás confundidos por la preocupación, o porque todavía no entendían del todo quién era Jesús, María y José no comprendieron lo que Jesús quería decir. Pero ahora era momento de ir a casa y se pusieron en marcha hacia Nazaret: *todos*, ¡incluso Jesús! Regresó con ellos y, según las Escrituras, «vivió en obediencia a ellos». Jesús había venido para hacer la voluntad de Dios Padre. Iba a cumplirla a la perfección, en cada etapa de su vida. La voluntad de Dios para los niños es que respeten y obedezcan a sus padres, de modo que Jesús respetó y obedeció a María y a José. Esto fue parte de lo que Jesús hizo para salvar a su pueblo. Debido a que con frecuencia fallamos en dar a nuestros padres la honra que Dios espera que les demos, Jesús lo hizo en nuestro lugar de manera perfecta. No desobedeció ni una vez a sus padres ni a Dios.

EN CUANTO A MÍ Y A MI FAMILIA...

▶ Reciten el quinto mandamiento (o búsquenlo y léanlo: Éxodo 20:12). Confiesen a Dios las ocasiones en las que han roto este mandamiento, y agradezcan a Jesús por haberlo cumplido a la perfección en lugar de ustedes.

▶ No honramos a nuestros padres *para* estar en paz con Dios; los honramos *porque* estamos en paz con Dios por haber creído en lo que Jesús hizo por nosotros. Pídanle a Dios que los ayude a respetar y obedecer a sus padres como una manera de mostrar que están agradecidos por lo que hizo a favor de ustedes por medio de Cristo, y como una manera de parecerse a Jesús.

JUAN DA TESTIMONIO DE JESÚS

Jesús es el Mesías prometido por Dios

Juan 1:19-42

59

Andrés era pescador. Trabajaba con su hermano Simón, pescando en el mar de Galilea. A menudo pescaban de noche, y durante el día arreglaban las redes, vendían el pescado, daban mantenimiento a su barca y, cuando quedaba tiempo, dormían. ¡Andrés no hacía otra cosa que no tuviera que ver con la pesca!

Pero ocurrió que todos estaban hablando de un hombre llamado Juan. Al parecer, este Juan era alguien fuera de lo común. Vivía en el desierto; se vestía con ropa rústica hecha con pelo

> «Dios envió a un hombre llamado Juan el Bautista para que contara acerca de la luz, a fin de que todos creyeran por su testimonio. Juan no era la luz; era solo un testigo para hablar de la luz. Aquel que es la luz verdadera, quien da luz a todos, venía al mundo». *Juan 1:6-9*

de camello; y se alimentaba con lo que le daba la tierra, comiendo langostas y miel silvestre. Eso era fuera de lo común, pero no tanto como para sacar a Andrés de la pesca.

Juan iba de un lugar a otro, predicando y llamando a la gente al arrepentimiento. Siempre se quedaba cerca del río Jordán, porque cuando la gente escuchaba su mensaje y decidía obedecerlo, él los bautizaba como señal de arrepentimiento de sus pecados. Las multitudes salían a escuchar a Juan, y él bautizaba a muchos.

Andrés oyó que Juan había recibido la palabra de Dios. Nadie había recibido palabra de Dios desde hacía mucho, mucho tiempo… ciertamente no desde que había nacido Andrés. El último profeta que había recibido palabra de Dios había vivido cuatrocientos años antes, de modo que si Juan verdaderamente había recibido palabra de Dios, ¡eso era algo extraordinario!

Por eso, Andrés se dio tiempo en medio de su trabajo en la pesca: quería oír a este hombre llamado Juan. Después de escucharlo, Andrés quería escuchar más, de modo que volvió varias veces, hasta que finalmente quedó claro que Andrés era uno de los discípulos de Juan.

Andrés escuchó los sermones de Juan, en los que llamaba a la gente a arrepentirse y a mostrar ese arrepentimiento en una nueva manera de vivir. Oyó que Juan anunciaba que la razón para arrepentirse era que el reino de Dios estaba cerca. Andrés observó el entusiasmo de las multitudes que veían en Juan algo especial. La gente hasta le preguntaba a Juan si era el Cristo, aquel que Dios había prometido enviar para que salvara y gobernara a su pueblo. Juan aclaró que él no era el Cristo.

—¿Con qué derecho bautizas? —quisieron saber entonces.

—Yo bautizo con agua —respondió Juan—, pero aquí mismo, en medio de la multitud, hay alguien a quien ustedes no reconocen. Aunque su servicio viene después del mío, yo ni siquiera soy digno de ser su esclavo, ni de desatar las correas de sus sandalias. —Juan dijo que esa persona bautizaría con el Espíritu Santo.

Por interesada que estuviera la gente en Juan, el propio Juan estaba interesado en la persona de la cual él les hablaba. En una ocasión, Juan vio que Jesús salía de entre la multitud y se acercaba a él. «¡Miren! ¡El Cordero de Dios, que quita el pecado del mundo! —Juan dijo que, al bautizar a Jesús, vio descender al Espíritu Santo sobre Jesús, en forma de una paloma, y había reposado allí—: Vi que eso sucedió con Jesús, por eso doy testimonio de que él es el Elegido de Dios».

Al día siguiente, Andrés y otro de los discípulos de

Juan estaban allí con él cuando pasó Jesús. «¡Miren! ¡Ahí está el Cordero de Dios!», dijo Juan nuevamente. Andrés y el otro discípulo querían saber más, de modo que siguieron a Jesús.

Pronto Jesús se volvió y los vio. Les preguntó qué querían. Lo que realmente querían era saber más sobre él, pero dijeron:

—Maestro, ¿dónde te hospedas?

—Vengan y vean —los invitó Jesús.

Fueron y se quedaron con Jesús por el resto del día. No sabemos de qué conversaron Jesús y los dos discípulos de Juan. Fuera lo que fuera, fue suficiente, con lo que también había dicho Juan acerca de Jesús, para convencer a Andrés de que Jesús era el Mesías, aquel que Dios había prometido enviar tanto tiempo atrás.

Lo primero que hizo Andrés cuando se despidió de Jesús fue buscar a su hermano y socio de pesca, Simón. «Hemos encontrado al Mesías», le dijo Andrés a Simón, y lo llevó a conocer a Jesús.

Cuando Jesús y Simón se encontraron, Jesús le dijo: «Tu nombre es Simón hijo de Juan, pero te llamarás Cefas» (que significa «Pedro»). Andrés y su hermano, Simón Pedro, llegaron a ser dos de los doce discípulos de Jesús. Juan (mejor conocido como «Juan el Bautista») no se lamentó de haberlos perdido como discípulos porque siguieron a Jesús. Él sabía que Jesús era mucho más que él. Desde el comienzo, su misión había sido guiar a otros para que vieran a Jesús y hacerles saber que Jesús era el Cristo, el Hijo de Dios, el que quitaría el pecado.

EN CUANTO A MÍ Y A MI FAMILIA...

▶ Más adelante, más y más gente siguió a Jesús, lo cual dejaba cada vez menos gente para escuchar a Juan. Con frecuencia, a las personas famosas les resulta difícil ver que otros se vuelven más famosos que ellos. Algunos de los discípulos de Juan se sentían celosos de Jesús, pero Juan dijo que, ahora que Jesús había venido, su alegría estaba completa. «Él debe tener cada vez más importancia y yo, menos», declaró Juan. Pídanle a Dios que produzca en ustedes este mismo deseo de ver que Jesús sea cada vez más importante y que ustedes cada vez se fijen menos en ustedes mismos.

60 JESÚS TRANSFORMA EL AGUA EN VINO
Las señales de Jesús revelan su gloria
Juan 2:1-11

Imagínate a un papá joven cuya esposa está a punto de tener su primer bebé. Ella lo despierta en medio de la noche y le dice que cree que el bebé ya está por llegar. Él los apresura al automóvil y salen hacia el hospital lo más rápidamente posible. Él no sabe cómo ayudar, pero quiere estar seguro de que ella estará en algún lugar donde las personas encargadas puedan hacer lo mejor por ella y por el bebé. Conduce a toda prisa, pasando el límite

> «Esta señal milagrosa en Caná de Galilea marcó la primera vez que Jesús reveló su gloria. Y sus discípulos creyeron en él».
> Juan 2:11

de velocidad permitida, hasta que a un lado de la calle ve el señalamiento con una «H» enorme que indica el hospital, y una flecha que apunta hacia adelante. Se estaciona a la orilla de la carretera, da un suspiro de alivio y se relaja.

—¿Qué haces? —le pregunta su esposa.

—Me detengo —dice él—. Aquí está la señal del hospital.

¡Qué insensatez! La señal solo *apunta* hacia el hospital. La señal no es el hospital, y la señal no puede hacer nada para ayudar a la mamá primeriza a tener su bebé. Las señales son importantes solo por aquello hacia lo cual apuntan. Por sí mismas, no son nada.

Los milagros son señales. Un milagro es algo extraordinario que Dios hace, y su sentido siempre es el de ser una señal. Apunta hacia algo, o hacia *alguien,* más. En el Evangelio de Juan, el escritor describió siete milagros de Jesús, y siempre los denominó «señales». Juan entendió que los milagros no son solo cosas lindas que Dios hace para darle felicidad a la gente. Entendió que los milagros no son algo que debamos buscar en sí mismos. Los milagros de Jesús son señales que apuntan a Jesús. Permiten que todos sepan que Jesús es el Mesías que Dios prometió; él es el Hijo de Dios.

Jesús y sus discípulos habían sido invitados a una boda en Caná de Galilea. Las bodas generalmente se celebraban en la casa del novio; allá fueron Jesús y sus discípulos. La madre de Jesús también había sido invitada a la boda; quizás estaba ayudando a atender a los invitados. Como generalmente ocurre en una boda, la gente estaba comiendo, bebiendo, conversando y pasándola bien. ¡Entonces sucedió el desastre! *¡Los anfitriones se quedaron sin vino!* Esto era tan malo como que no alcanzara el pastel en una fiesta de cumpleaños, o como quedarse sin refrescos en un pícnic en el parque.

¿Cómo pudo haber ocurrido? Todos quieren que el día de su boda sea perfecto. Los padres que organizan una recepción para la boda de sus hijos quieren dar ese día a sus hijos como un regalo, un recuerdo que van a guardar con cariño. ¡Pero el vino se había terminado! ¡La fiesta se venía abajo! ¡El día estaba arruinado!

Antes de que la gente supiera lo que estaba ocurriendo, María, la mamá de Jesús, descubrió la terrible situación. Ella no había visto a Jesús hacer ningún milagro. No sabemos qué esperaba que él hiciera frente al problema, pero se le acercó y le dijo: «Se quedaron sin vino».

La respuesta de Jesús daba la impresión de que no iba a hacer nada al respecto. Sin embargo, parece que María sabía que Jesús podía ayudar de alguna manera, y que además probablemente lo haría. Se dirigió hacia los sirvientes que estaban trabajando en la boda y les dijo: «Hagan lo que él les diga».

En los tiempos bíblicos, las casas no tenían tubería en las paredes que terminaran en un grifo que la gente hacía girar cuando necesitaba sacar agua. Acarreaban el agua desde los pozos hacia sus casas, y la almacenaban en tinajas. En esta casa había seis grandes tinajas cada una con capacidad de entre ochenta a ciento veinte litros. Jesús dijo a los sirvientes que llenaran las seis tinajas con agua. Eso les habrá llevado algún tiempo, pero los sirvientes lo hicieron y llenaron las tinajas hasta el borde.

Entonces Jesús dijo a los sirvientes que sacaran algo de agua y se la llevaran al maestro de ceremonias, el hombre encargado de asegurarse que todo marchara bien. El hombre probó un sorbo... y era el vino más delicioso que jamás hubiera probado. ¡Y había seis tinajas enormes llenas de ese buen vino! Sin conocer la procedencia del vino maravilloso, el maestro de ceremonias dio por sentado que era una provisión que la familia había guardado en secreto. «Un anfitrión siempre sirve el mejor vino primero —le dijo al novio—, ¡Pero tú has guardado el mejor vino hasta ahora!».

El novio probablemente no tenía la menor idea de lo que le estaba hablando el maestro de ceremonias. ¡Solo estaba contento de que finalmente había suficiente vino!

Este fue el primero de los milagros o señales de Jesús. Como todos sus milagros, tenían el propósito de apuntar hacia él, mostrando quién era y qué podía hacer. La Biblia nos dice que: «Esta señal milagrosa en Caná de Galilea marcó la primera vez que Jesús reveló su gloria. Y sus discípulos creyeron en él».

EN CUANTO A MÍ Y A MI FAMILIA...

▶ ¿Qué nos dice de Jesús este milagro de convertir agua común en el mejor de los vinos, y en buena cantidad, durante una fiesta de bodas?

▶ Recorran las páginas del Evangelio de Juan, mirando los subtítulos. Vean si pueden hacer una lista con las otras seis «señales» (o milagros) de Jesús que Juan describió en su Evangelio. ¿Qué aprendemos sobre Jesús a partir de su capacidad para hacer cada uno de esos milagros?

JESÚS LLAMA A MATEO
Jesús llama e invita a pecadores
Lucas 5:27-32

61

¿Yo?, habrá pensado Mateo. *No puede ser que me llame a mí.*

Mateo (cuyo otro nombre era Leví) era judío, miembro del pueblo de Dios. Conocía bien las Escrituras, y podía leer y escribir. (En los tiempos bíblicos, no toda la gente podía hacerlo). Pero Mateo era cobrador de impuestos.

«Jesús les contestó: "La gente sana no necesita médico, los enfermos sí. No he venido a llamar a los que se creen justos, sino a los que saben que son pecadores y necesitan arrepentirse"». Lucas 5:31-32

Los cobradores de impuestos trabajaban para los romanos. Todos odiaban a los romanos. Los romanos gobernaban a los judíos, y los judíos tenían que obedecer sus órdenes. Los romanos no eran parte del pueblo de Dios. Adoraban ídolos y practicaban todo tipo de perversiones. Ya era bastante malo ser gobernados por extranjeros, pero tener como gobernantes a los romanos era para los judíos especialmente irritante.

Los romanos hacían algunas cosas útiles. Construían rutas por todo su imperio, por ejemplo, rutas buenas que facilitaban el viajar de un lugar a otro. Además, los romanos mantenían la paz. Por supuesto, estas cosas requerían dinero, por lo cual los romanos obligaban a los pueblos dominados a pagar impuestos. Por cierto, los impuestos también se destinaban para que los gobernantes romanos vivieran con lujos y tuvieran fiestas donde se embriagaban y practicaban todo tipo de inmoralidad.

Los judíos odiaban a los romanos y odiaban pagarles impuestos. Por lo tanto, odiaban a los cobradores de impuestos. Estos eran judíos como ellos, que también deberían haber odiado a los romanos. Pero los cobradores cooperaban con los romanos para colectar el dinero de sus compatriotas. Con frecuencia, los cobradores exigían a la gente más dinero del que los romanos habían establecido que pagaran. De ese modo, tenían dinero extra para sí mismos. Muchos judíos cobradores de impuestos se habían enriquecido engañando a sus propios compatriotas.

Mateo probablemente se había acercado a escuchar a Jesús cuando enseñaba. Después de todo, Jesús era famoso. Todos iban a escucharlo y a ver sus milagros de sanación. Es muy probable que, escuchando a Jesús, Mateo se haya sentido confrontado por su malvado estilo de vida y por lo perverso que era su corazón. Quizás haya comenzado a desear que hubiera una manera de cambiar. Quizás habrá deseado pasar más tiempo con Jesús.

Pero Jesús era, sin lugar a dudas, un hombre que estaba mucho más cerca de Dios que cualquier otra persona a la que Mateo jamás hubiera visto. Seguramente Jesús no querría tener nada que ver con Mateo. Todos odiaban a Mateo, un cobrador de impuestos cuyos pecados estaban a simple vista.

Por lo tanto, en este día particular, Mateo estaba sentado en su puesto de cobranzas, trabajando como siempre, cuando pasó Jesús. Jesús dijo solo: «Sígueme y sé mi discípulo».

Quizás Mateo habrá mirado alrededor para ver a quién le hablaba Jesús. Quizás no había nadie por allí, o quizás Jesús estaba mirándolo directamente a él. En todo caso, por imposible que le hubiera parecido, Mateo entendió que Jesús lo estaba llamando a él. Si Jesús, este hombre justo, estaba llamándolo, después de todo tenía que haber esperanza de perdón y de cambio, aun para él, un cobrador de impuestos y un pecador.

Mateo pudo haber tenido todo tipo de preguntas. ¿Seguir a Jesús? ¿Adónde? ¿Por cuánto tiempo? ¿Qué comeré y dónde me hospedaré? ¿Qué de mi trabajo? ¿Cómo ganaré dinero? Parece que Mateo no pensó en nada de eso. La Biblia simplemente dice: «Entonces Leví se levantó, dejó todo y lo siguió».

Mateo estaba tan entusiasmado con Jesús que dio una gran fiesta para él en su casa. Asistieron todos sus amigos y, por supuesto, todos sus amigos eran cobradores de impuestos como él. Eran todos pecadores, cada cual; aun así, Jesús asistió, se sentó a la mesa y comió con ellos.

Los fariseos y los escribas se quejaron:

—¿Por qué comen y beben con semejante escoria?

Jesús respondió:

—La gente sana no necesita médico, los enfermos sí. No he venido a llamar a los que se creen justos, sino a los que saben que son pecadores y necesitan arrepentirse.

Jesús no estaba diciendo que algunas personas son lo suficientemente justas como para no necesitar de él. Lo que decía es que algunas personas, como los escribas y los fariseos, no reconocen cuán pecadoras son y cuán desesperadamente necesitan de un Salvador. Piensan que son lo suficientemente buenas y que Dios debería estar complacido con ellas tal como son. No pueden recibir la invitación de Jesús al arrepentimiento porque no consideran que hayan hecho nada malo.

Cuando Dios ha obrado en el corazón de una persona, esta reconoce que es pecador o pecadora y que nunca será lo suficientemente justa delante de Dios. Esas son las personas a las que Jesús llama al arrepentimiento. Ellas responden y a ellas las salva.

EN CUANTO A MÍ Y A MI FAMILIA...

▶ A veces, los niños que crecen en hogares cristianos son como los escribas y los fariseos. Con frecuencia, sus padres les exigen que se comporten mejor que otros niños, y entonces pueden comenzar a pensar que ellos agradan a Dios y otros niños no lo hacen. Todos necesitamos reconocer que ante los ojos de Dios estamos enfermos y necesitamos un médico. Todos somos pecadores que debemos arrepentirnos y buscar la salvación en Cristo.

▶ Vean si pueden encontrar en Internet la magnífica pintura de Caravaggio, *La vocación de San Mateo*, y contémplenla.

62 JESÚS EXPLICA LA LEY DEL DÍA DE DESCANSO

Jesús es Señor del día de descanso

Mateo 12:1-14

Quizás había pasado mucho tiempo desde su última comida. Los discípulos de Jesús habían dejado sus trabajos regulares cuando los invitó a seguirlo, para que pudieran aprender de él y ayudarlo. Los discípulos no tenían manera de ganar dinero, y dependían de la generosidad de otros que creían en Jesús y querían colaborar para que siguiera enseñando. Por lo tanto, quizás en este día en particular no habían comido nada.

> «Pues el Hijo del Hombre es Señor, ¡incluso del día de descanso!».
> *Mateo 12:8*

Por la razón que fuera, los discípulos tenían hambre mientras seguían a Jesús a través de los trigales. Entonces arrancaron algunas espigas, las frotaron entre sus manos para quitarles la cáscara y comieron los granos. (No estaban robando; la ley de Dios requería que los propietarios dejaran los bordes de los campos sin cosechar, para que aquellos que tenían pocos recursos pudieran recoger algo de alimento).

Los fariseos eran judíos que pensaban que si eran capaces de establecer y obedecer suficientes reglas en adición a la ley de Dios, él estaría complacido con ellos. Esto incluía reglas acerca de lo que estaba permitido y prohibido hacer en el día de descanso. Algunos fariseos vieron lo que estaban haciendo los discípulos y se molestaron. Era el *sabbat*, el día establecido por Dios para descansar del trabajo, ¡y los discípulos de Jesús estaban trabajando!

«Mira, tus discípulos violan la ley al cosechar granos en el día de descanso», dijeron los fariseos a Jesús.

Jesús les recordó a los fariseos que David y sus hombres habían hecho algo parecido. Cuando David huía del rey Saúl para salvar su vida, se había detenido en el tabernáculo y le había pedido alimentos al sacerdote. El sacerdote le dio los panes sagrados, pan que se ofrecía diariamente como sacrificio a Dios. Solo los sacerdotes consagrados estaban autorizados a comer ese pan, pero a causa de la necesidad de alimento que tenía David, el sacerdote dio esos panes a David y a sus hombres. La idea que Jesús estaba comunicando era que la ley fue dada para satisfacer las necesidades del ser humano. El día de descanso del trabajo, establecido para adorar a Dios, es una bendición, un regalo. Al decir que los discípulos de Jesús no podían arrancar las espigas aunque tuvieran hambre porque era el día de descanso, los fariseos demostraban que no entendían el propósito de la ley.

Entonces Jesús recordó a los fariseos que los sacerdotes trabajaban en el templo en el día de descanso y no eran culpables de desobedecer la ley. ¿Por qué? Porque el templo era de *Dios*. Era santo. El trabajo que se hacía en el templo al ofrecer sacrificios a Dios era tan importante que se llevaba a cabo aun en el día consagrado a Dios. «Les digo, ¡aquí hay uno que es superior al templo», dijo Jesús, refiriéndose a sí mismo.

Entonces Jesús dijo a los fariseos que no entendían las Escrituras cuando estas dicen que Dios desea misericordia, no sacrificios. Dios dictó su ley para guiar al pueblo a vivir en el amor a él y a los demás. Los fariseos estaban usando la ley para criticar y condenar a la gente, y hacerles la vida más difícil. Su manera de pensar no se parecía en absoluto a la de Dios.

Jesús concluyó diciendo: «Pues el Hijo del Hombre es Señor, ¡incluso del día de descanso!». Jesús es Dios. La ley vino de él; es su ley. Solo él tiene la autoridad para explicar su significado.

Jesús continuó su marcha hacia la sinagoga, donde los judíos se reunían los días de descanso para escuchar la lectura y enseñanza de las Escrituras. Estaba allí un hombre con la mano deforme. Los judíos le preguntaron a Jesús si la ley permitía sanar a alguien en el día de descanso. En realidad, estaban buscando motivos para acusar a Jesús de desobedecer la ley de Dios.

«Si tuvieran una oveja y esta cayera en un pozo de agua en el día de descanso, ¿no trabajarían para sacarla de allí? —preguntó Jesús—. Por supuesto que lo harían. ¡Y cuánto más valiosa es una persona que una oveja! Así es, la ley permite que una persona haga el bien en el día de descanso». Jesús le dijo al hombre que extendiera la mano. El hombre lo hizo y su mano quedó restaurada, sana, igual a la otra mano. Ahora podría usarla; estaría en condiciones de trabajar. Seguramente el hombre estaba contento, pero los fariseos no lo estaban. Salieron de la sinagoga y comenzaron a conspirar en contra de Jesús, buscando una manera de destruirlo.

Los fariseos nunca entendieron quién era Jesús. Se negaron a permitir que los poderosos milagros de Jesús y su enseñanza llena de autoridad los convencieran de que verdaderamente era el Hijo de Dios que había venido para salvar a su pueblo.

EN CUANTO A MÍ Y A MI FAMILIA...

▶ En su famoso Sermón del monte, Jesús corrigió muchas ideas equivocadas que la gente tenía acerca de la ley de Dios. Observen las primeras palabras de estos pares de versículos en Mateo 5. ¿Qué se repite en todos ellos? Versículos 21 y 22; 27 y 28; 31 y 32; 33 y 34; 38 y 39; 43 y 44.

▶ Lean Mateo 7:28-29, donde vemos la reacción de la gente hacia el Sermón del monte. ¿Por qué estaban asombrados de la enseñanza de Jesús?

JESÚS ELIGE A DOCE APÓSTOLES

Jesús provee apóstoles para su iglesia

Marcos 3:13-19; Lucas 6:12-16

63

¿Alguna vez te has quedado despierto toda la noche? Quizás tuviste que viajar toda la noche y no dormiste hasta llegar al lugar adonde ibas. O quizás te quedaste a dormir con tus amigos y se mantuvieron despiertos durante toda la noche mirando películas o jugando. Una noche, Jesús se quedó despierto toda la noche para orar. Lo hizo porque a la mañana siguiente tenía que hacer algo muy importante.

> «Luego nombró a doce de ellos y los llamó sus apóstoles. Ellos lo acompañarían, y él los enviaría a predicar y les daría autoridad para expulsar demonios». Marcos 3:14-15

Después de pasar toda la noche orando, Jesús pidió a sus discípulos que se acercaran a él y entre ellos designó a doce que serían sus apóstoles. Eligió a dos pares de hermanos: Andrés y Simón (a quien dio el nombre de Pedro), y Santiago y Juan. Estos cuatro habían sido socios de pesca en el mar de Galilea, y Jesús les había prometido que desde ese momento pescarían hombres en lugar de peces. Llamó a Mateo (o Leví), el cobrador de impuestos que había dejado su puesto de cobranza para seguir a Jesús. Llamó a Felipe, a Bartolomé (también llamado Natanael), a Tomás, a otro de nombre Santiago, a otro llamado Simón (conocido como Simón el zelote), a Tadeo (también llamado Judas) y a Judas Iscariote, quien después lo traicionó y lo entregó a sus enemigos. Más adelante, después de ascender al cielo, Jesús se apareció a Saúl (quien llegó a ser conocido como Pablo) y también lo designó como apóstol.

La palabra griega de la que viene nuestra palabra «apóstol» se refiere a alguien que es enviado. En un sentido, cualquier mensajero podría ser llamado apóstol. Sin embargo, estos doce apóstoles designados por Jesús eran únicos. Cuando Jesús regresó al cielo, estos hombres dirían a otros lo que habían visto hacer a Jesús y lo que le habían oído enseñar a las multitudes. Un apóstol era alguien que había acompañado a Jesús en todo su ministerio, que había sido enseñado por él y que lo había oído enseñar a la gente. Un apóstol era alguien designado por Jesús mismo, alguien que había visto a Jesús vivo después de su muerte. Eso te permite entender por qué ahora no hay apóstoles; ahora nadie ha sido testigo de la resurrección ni ha acompañado a Jesús durante su ministerio.

¡Ser un apóstol era un gran trabajo! Es muy probable que, cuando Jesús los llamó, al principio estos doce hombres no hubieran tenido consciencia de todo lo que significaba. Por ahora, lo que entendían era que debían estar con Jesús, aprender de él, ayudarlo, ir adonde los enviara y llevar su mensaje a los pueblos y a las aldeas. Jesús les dio autoridad para sanar, para expulsar demonios y para predicar.

Más adelante, la iglesia primitiva iba a ser construida sobre la enseñanza de los apóstoles. Estos hombres, o los que trabajaban con ellos, fueron quienes por inspiración del Espíritu Santo escribieron nuestro Nuevo Testamento. Fueron responsables de todo lo que conocemos sobre Jesús, ya que Jesús mismo nunca escribió libros ni cartas. Si los apóstoles se hubieran dado cuenta de esto cuando Jesús primero los llamó, quizás se hubieran sentido nerviosos. ¿Cómo iban a recordarlo todo correctamente? Sin embargo, antes de morir, Jesús les prometió que les enviaría al Espíritu Santo, quien les recordaría todo lo que Jesús quería que pusieran por escrito sobre lo que él había dicho y hecho. El Espíritu Santo también les ayudaría a entender con claridad todo lo que Jesús quería que su iglesia entendiera de lo que había logrado con su vida, muerte y resurrección.

Jesús es un Salvador perfecto. No ha dejado pendiente nada que sea necesario para que tengamos vida eterna. Nació como ser humano para vivir entre nosotros. Vivió una vida de perfecta obediencia a Dios en nuestro lugar. Murió en la cruz para pagar por nuestros pecados. Se levantó de entre los muertos y regresó al cielo para preparar un lugar para nosotros. Pero hizo aún más. Para garantizar que su pueblo supiera y entendiera lo que había hecho por ellos, Jesús designó apóstoles que enseñaran y escribieran la verdad acerca de él. Y para asegurarse de que sus apóstoles enseñaran la verdad con precisión, les dio el Espíritu Santo.

Podríamos pensar que sería maravilloso haber vivido cuando Jesús estaba en la tierra. Sí, hubiera sido maravilloso, pero lo que ahora tenemos es una comprensión más clara que la que tenía la gente en tiempos de Jesús. Tenemos todo el Nuevo Testamento, escrito por sus apóstoles, donde se nos explica lo que Jesús hizo y lo que todo eso significa. Tenemos al Espíritu Santo que obra en nosotros para ayudarnos a entender la palabra de Dios y ser cada vez más parecidos a Jesús.

¡Qué salvación tan completa nos da Jesús! Él da a su iglesia todo lo que necesita y no le ha faltado nada.

EN CUANTO A MÍ Y A MI FAMILIA...

▶ Si nunca han memorizado los nombres de los doce apóstoles, pueden hacerlo ahora. Descubran algún juego de memoria que los ayude.

64 JESÚS SANA AL SIERVO DE UN CENTURIÓN
La palabra de Jesús tiene poder para sanar
Lucas 7:1-10

No sabemos qué le había pasado a este siervo. Uno de los relatos dice que estaba paralizado y que sufría mucho, mientras que el otro dice que estaba enfermo. Lo que sí sabemos es que estaba a punto de morir. El amo de este hombre, un centurión romano, estaba muy afligido. Este no era cualquier siervo; era alguien muy apreciado por él. Le dolía ver cuánto sufría este fiel siervo. Seguramente

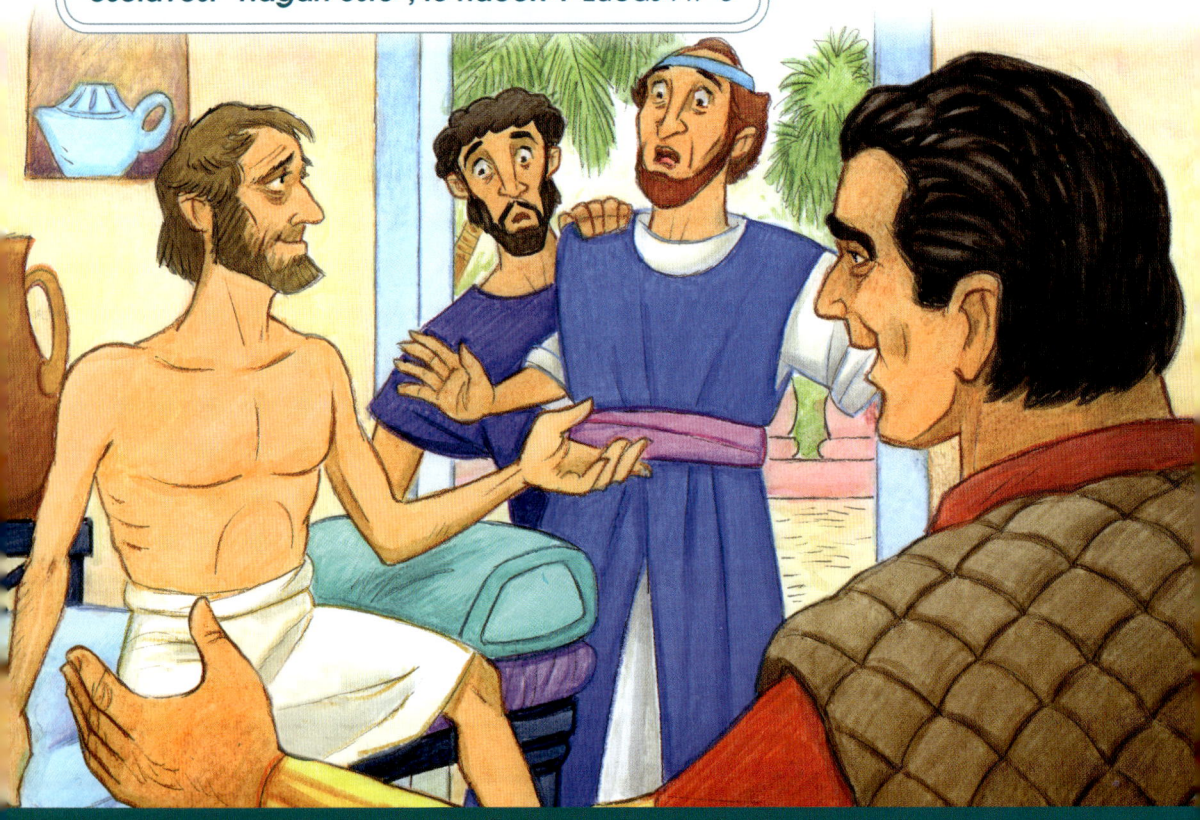

> «Tan solo pronuncia la palabra desde donde estás y mi siervo se sanará. Lo sé porque estoy bajo la autoridad de mis oficiales superiores y tengo autoridad sobre mis soldados. Solo tengo que decir: "Vayan", y ellos van, o "vengan", y ellos vienen. Y si les digo a mis esclavos: "Hagan esto", lo hacen». *Lucas 7:7-8*

el centurión no había reparado en gastos para que los médicos atendieran a su siervo, pero había sido inútil. Nadie había podido ayudarlo.

Entonces el centurión oyó algo que le renovó la esperanza. Oyó que Jesús iba a llegar pronto al pequeño pueblo de Capernaúm. Ya tenía conocimiento de Jesús, que había estado yendo de pueblo en pueblo por Galilea, predicando y enseñando acerca de Dios y de su reino. Su enseñanza era diferente de lo que cualquiera hubiera oído antes. Hablaba de Dios con autoridad, como alguien que sabía por experiencia de qué estaba hablando. No solo eso, sino que, dondequiera que iba, Jesús hacía milagros. Había sanado enfermos y expulsado demonios; había hecho que los paralíticos caminaran y las personas ciegas pudieran ver. Si Jesús estaba en camino a Capernaúm, los problemas del centurión tendrían fin. Solo tenía que hacerle saber a Jesús que necesitaban su ayuda.

Pero el centurión era un gentil. Los judíos consideraban «impuros» a los gentiles. Si un judío entraba en la casa de un gentil, ese judío también sería considerado «impuro». Este centurión había hecho cosas buenas a favor de los judíos en Capernaúm, de modo que ahora llamó a los líderes judíos de su pueblo para que lo ayudaran. No quería causarle problemas a Jesús yendo él mismo, un gentil «impuro» como era, así que pidió a los ancianos de los judíos que fueran a Jesús en su nombre y le pidieran que sanara a su siervo.

Los ancianos se mostraron dispuestos a ayudarlo. Fueron a ver a Jesús cuando llegaba al pueblo con sus discípulos. Le hablaron sobre el siervo tan enfermo y a punto de morir, y le rogaron a Jesús que lo ayudara. Del centurión dijeron: «Si alguien merece tu ayuda, es él; pues ama al pueblo judío y hasta construyó una sinagoga para nosotros». (No entendían que Jesús no ayuda a las personas porque merezcan su ayuda; lo hace por su gracia).

Los ancianos judíos insistieron en que la situación era urgente y que quedaba poco tiempo. De inmediato, Jesús se dispuso a ir con ellos. Pero cuando estaban cerca de la casa del centurión, llegaron más mensajeros.

El centurión no quería que Jesús entrara en su casa porque entonces sería considerado «impuro». Además, entendía que Jesús no necesitaba estar en la habitación con su siervo a fin de sanarlo. Jesús tenía autoridad sobre todas las cosas, y si él simplemente *daba la orden* de que algo ocurriera, eso ocurriría, sea que Jesús estuviera o no en el lugar.

Estos nuevos mensajeros le dijeron a Jesús de parte del centurión: «Señor, no te molestes en venir a mi casa, porque no soy digno de tanto honor. Ni siquiera soy digno de ir a tu encuentro. Tan solo pronuncia la palabra desde donde estás y mi siervo se sanará. Lo sé porque estoy bajo la autoridad de mis oficiales superiores y tengo autoridad sobre mis soldados. Solo tengo que decir: "Vayan", y ellos van, o "vengan", y ellos vienen. Y si les digo a mis esclavos: "Hagan esto", lo hacen». Los soldados y los siervos que estaban bajo el mando del centurión romano debían mostrar obediencia apenas escucharan sus órdenes. El centurión estaba convencido de que Jesús tenía este mismo tipo de autoridad, no solo sobre soldados, sino sobre todas las cosas, incluso la enfermedad... y tenía razón. Jesús tiene toda la autoridad y lo que él ordena, ocurre.

Jesús se asombró de que un gentil creyera en él de esta manera. «Les digo, ¡no he visto una fe como esta en todo Israel!», dijo Jesús a quienes estaban alrededor de él. Jesús dijo que se haría en favor del centurión tal como había creído, y el siervo fue sano desde aquel instante. Cuando los mensajeros regresaron a casa del centurión, encontraron a su siervo completamente sano.

EN CUANTO A MÍ Y A MI FAMILIA...

▶ ¿Pueden responder a estas preguntas? Si no pueden, consulten las referencias.

- ¿Qué usó Dios para crear el mundo? (Hebreos 11:3)
- ¿Cómo calmó Jesús una tormenta en el mar? (Marcos 4:39)
- ¿Qué hizo Jesús para devolverle la vida a Lázaro cuando había estado muerto durante cuatro días? (Juan 11:43-44)
- ¿Qué sostiene al universo entero en forma permanente? (Hebreos 1:1-3)

▶ Alaben a Jesús por el gran poder de su palabra. Denle gracias por el consuelo que nos da saber que todas las cosas están bajo su autoridad y deben obedecerle.

JESÚS RESUCITA AL HIJO DE UNA VIUDA

65

Jesús da vida a los muertos

Lucas 7:11-17

¡Las dos multitudes iban a chocar de frente! Viajaban por el mismo camino angosto, a punto de encontrarse. Las dos eran multitudes grandes, y ambas estaban en movimiento; pero en otros sentidos, estas dos multitudes eran muy diferentes.

Una de ellas entraba en la pequeña aldea de Naín; la otra multitud salía. Una estaba formada por gente entusiasta y contenta; la otra por personas en duelo. En el centro de una de las multitudes estaba Jesús, el todopoderoso Hijo de Dios. En el centro de la otra, una mujer pobre que había quedado sola en el mundo.

Jesús había decidido ir a Naín. Por

> *«Y les aseguro que se acerca el tiempo —de hecho, ya ha llegado— cuando los muertos oirán mi voz, la voz del Hijo de Dios, y los que escuchen, vivirán».* Juan 5:25

supuesto, sus discípulos iban con él, además de una gran cantidad de otras personas. Jesús parecía estar siempre rodeado por una muchedumbre. La gente estaba ansiosa por ver cualquier milagro de sanación que realizara. Ansiosa por escuchar lo que dijera. Su enseñanza les daba ideas completamente nuevas acerca de cómo era Dios y qué significaban las Escrituras. Por lo menos en aquellos días, estar con Jesús probablemente era como estar en alguna clase de festival. Era un día libre, con mucha gente reunida, riéndose, conversando, participando de lo que sucedía.

La mujer que estaba en el centro de la otra multitud lloraba con un dolor sin esperanza, y las personas que estaban en ese grupo iban en silencio, algunas llorando junto a ella. La mujer era viuda. Su esposo había muerto, dejándola sola en el mundo sin nadie que le proveyera sustento... excepto su único hijo. Al no tener esposo, probablemente esta mujer había volcado toda su energía y todo su amor en el cuidado de su hijo. Este ya había crecido, y hubiera compartido de buena gana con su madre lo que obtuviera de su trabajo, pero ahora él también había muerto. Esta multitud era una procesión funeral, camino al entierro. Cargaban un ataúd, y en el ataúd iba el cuerpo del único hijo de esa mujer. ¿Quién proveería el sustento de esta pobre viuda ahora? ¿Cómo iba a sostenerse? ¿Quién se preocuparía por ella, y a quién daría su amor? ¡Con razón lloraba!

Seguramente habrá sido dramático el momento de encuentro de estas dos multitudes. La gente que iba al final de la animada multitud que seguía a Jesús no se habrá percatado de la gente que se acercaba, hasta que repentinamente quedaron frente a frente. Poco a poco, las risas y la charla se habrán aquietado a medida que se daban cuenta de que se habían encontrado con un funeral. Por respeto a quienes hacían duelo, habrán guardado silencio. ¿Se habrá siquiera dado cuenta la viuda que había otra multitud? Quizás estaba demasiado desconsolada como para pensar en cualquier otra cosa.

Cuando el Señor la vio, tuvo compasión de ella. Podía percibir su dolor y su profundo sentimiento de pérdida. Podía entender su necesidad y sus temores por el futuro. La Biblia no dice *por qué* Jesús iba a Naín; quizás fue a propósito para encontrarse con esta viuda.

«No llores», le dijo Jesús. Se abrió camino entre la multitud doliente de los que asistían al funeral, se acercó al ataúd donde estaba el joven y puso su mano sobre él. Los hombres que cargaban el ataúd se detuvieron. Jesús miró al joven muerto mientras las dos multitudes observaban, en silencio, curiosas por escuchar lo que diría. Quizás la mujer *sí* dejó de llorar, preguntándose qué haría Jesús. O quizás, al seguir la mirada de Jesús y enfocarse en el rostro de su amado hijo, rompió nuevamente en llanto.

Lo que Jesús dijo e hizo tomó a todos por sorpresa. «Joven —dijo Jesús. (¿Le hablaba a un *muerto*?)—. Te digo, levántate». (¡Imposible!, los muertos no se levantan. Los muertos no hacen nada).

El joven muerto se incorporó. Sospecho que los hombres que cargaban el ataúd ¡habrán estado a punto de dejarlo caer en su sorpresa! Entonces el hijo de la mujer comenzó a hablar. ¿No te encantaría saber qué dijo? Jesús entregó al joven, nuevamente vivo, a su madre. ¡Sin duda este fue el mejor regalo que jamás recibió!

La multitud se llenó de temor, y todos alabaron a Dios. Quizás no entendían plenamente quién era Jesús, pero por lo menos reconocían que Dios lo había enviado. ¿De qué otro modo hubiera sido capaz de resucitar a un muerto?

Nuestro Salvador tiene el poder para resucitar a los muertos. Cuando él regrese en gloria, levantará los cuerpos de todo su pueblo y los unirá nuevamente con sus espíritus. Él es también quien llama a las personas mientras están muertas en sus pecados y les da vida nueva y eterna.

EN CUANTO A MÍ Y A MI FAMILIA...

▶ ¿Tienen algún amigo o miembro de la familia que conocía y amaba al Señor, y ya falleció? Den gracias a Jesús por la promesa de que un día levantará el cuerpo de esa persona de entre los muertos y que su cuerpo será perfecto y sano para siempre.

▶ ¿Conocen a alguien que quizás no tiene todavía vida eterna? Oren por esa persona, ya que Jesús es capaz de dar vida a quienes están espiritualmente muertos.

66 UNA MUJER PECADORA RECIBE EL PERDÓN
Jesús recibe y perdona a los pecadores
Lucas 7:36-50

¿Por qué habrá invitado Simón a Jesús a cenar en su casa? No da la impresión de que Simón amara y respetara a Jesús. En aquel tiempo, era habitual saludar a los amigos con un beso. Pero cuando Jesús llegó a la casa de Simón, este no le dio el beso de bienvenida. En tiempos de Jesús, uno de los gestos básicos de hospitalidad era ofrecer una vasija con agua, la atención de un sirviente y una toalla para secar los

> «*"Te digo que sus pecados —que son muchos— han sido perdonados, por eso ella me demostró tanto amor; pero una persona a quien se le perdona poco demuestra poco amor."* Entonces Jesús le dijo a la mujer: *"Tus pecados son perdonados"*». *Lucas 7:47-48*

pies. La mayoría de la gente se trasladaba a pie, y los caminos no estaban pavimentados. Cuando llegaban al lugar al que iban, tenían los pies llenos de polvo y necesitaban lavarlos. Cuando Jesús llegó a la casa de Simón, este no le ofreció con qué lavarse los pies. En la época de Jesús, una manera común de mostrar que uno estaba contento de que alguien haya venido de visita era ungir con aceite la cabeza del invitado. Cuando Jesús entró a la casa de Simón, este no le ungió la cabeza.

Simón era un fariseo, uno de los líderes religiosos que estaban siempre celosos de Jesús. Quizás Simón lo haya invitado a propósito para observarlo durante la velada y encontrar de qué criticarlo.

En tiempos de Jesús, la gente no se sentaba en sillas a la mesa, como lo hacemos hoy. Tenían sofás sobre los que se extendían. Las personas se reclinaban a la mesa: medio sentados, medio recostados. Mientras Jesús estaba en casa de Simón, reclinado a la mesa, una mujer entró sigilosamente. Esta mujer era famosa por ser una pecadora. Su vida cotidiana era tal que todos la consideraban una persona particularmente mala. Todos sabían que era una pecadora.

Esta mujer, esta pecadora, entró cargando un pequeño frasco con perfume. Se arrodilló al lado del sofá de Jesús, a sus pies. Estaba llorando. Sus lágrimas caían sobre los pies de Jesús y ella los secaba con sus cabellos. Entonces besó los pies de Jesús y los ungió con el perfume.

Simón no dijo nada, ¡pero sí que pensó! Estaba molesto con la mujer y con lo que estaba haciendo, y de inmediato comenzó a criticar a Jesús. Decidió de inmediato que todo lo que había oído decir a otros, acerca de Jesús como un gran profeta de Dios, era mentira. Jesús no podía ser un profeta, porque si lo fuera se hubiera dado cuenta de que lo estaba tocando una mujer pecadora. A Simón no se le ocurrió pensar que alguien enviado por Dios podía darse cuenta de que una persona es pecadora y de todos modos recibirla bien.

Simón estaba rumiando sobre estas cosas cuando de pronto Jesús se dirigió a él. «Simón —le dijo—, tengo algo que decirte». Entonces Jesús comenzó a relatarle una historia. A todo el mundo le gustan las historias. Probablemente en la sala se guardó silencio mientras los demás invitados se disponían a escuchar. Jesús dijo que había un hombre que se dedicaba a prestar dinero. Cuando la gente se lo devolvía, le pagaba con intereses; de ese modo, el prestamista obtenía su ganancia. Un hombre le debía al prestamista quinientos denarios, que sería aproximadamente lo que un trabajador podía ganar a lo largo de dos años. Otro hombre le debía solo cincuenta denarios. Ninguno de los dos podía saldar la deuda. El prestamista, siendo un hombre amable y generoso, canceló la deuda de ambos. Los perdonó, y les dijo a los dos que no tenían que pagarle nada.

—¿Quién crees que lo amó más? —le preguntó Jesús a Simón.

Simón respondió:

—Supongo que la persona a quien le perdonó la deuda más grande.

Jesús estuvo de acuerdo con él. Entonces le enumeró todo lo que la mujer había hecho por él, y todo lo que Simón no había hecho al recibirlo. Simón no había saludado a Jesús con el beso habitual, mientras que la mujer no había dejado de besarle los pies. Simón no le había dado agua para lavarse los pies, mientras que la mujer los había lavado con sus lágrimas y los había secado con sus cabellos. Simón no había ungido a Jesús, mientras que la mujer había derramado sobre sus pies un costoso perfume.

La mujer, que realmente había cometido muchos pecados, sabía que Jesús la había perdonado. Su gratitud y su amor eran enormes. Simón, en cambio, se consideraba lo suficientemente bueno; no había buscado el perdón de Jesús, y tampoco lo amaba.

Entonces Jesús se volvió hacia la mujer y le dijo: «Tus pecados son perdonados».

Eso sobresaltó a Simón, ¡y a todos los presentes! «¿Quién es este hombre que anda perdonando pecados?», se decían entre sí.

«Tu fe te ha salvado; ve en paz», dijo Jesús a la mujer.

El único requisito para acercarnos a Jesús es reconocer que somos pecadores desesperadamente necesitados de perdón. Jesús vino a salvar a los pecadores. Es a los pecadores a quienes recibe. Jesús salva a quienes saben que son pecadores, no a quienes se consideran rectos. Cuando los perdona, Jesús despierta un inmenso amor en el corazón de los pecadores.

EN CUANTO A MÍ Y A MI FAMILIA...

▶ ¿Han admitido cada uno sus pecados ante Jesús, y se han acercado a él como el único que puede perdonar? ¿O tienen la idea de que agradan a Dios así como son?

▶ Aun las personas que están seguras de que Jesús es su Salvador y que sus pecados han sido perdonados querrán pedirle con regularidad que les señale sus pecados para que puedan confesarlos y arrepentirse. Pídanle a Dios que les ayude a reconocer más y más el gran perdón que nos dio en Cristo, de modo que el amor hacia él crezca más y más.

JESÚS RESUCITA A LA HIJA DE JAIRO

67

Jesús tiene poder sobre la enfermedad y la muerte

Marcos 5:21-43; Lucas 8:40-56

Jairo estaba desgarrado. Quería quedarse junto a la cama de su pequeña hija, que estaba muy enferma. Pero también quería salir a esperar a Jesús, quien venía camino al pueblo. Jairo quería alcanzarlo pronto, antes que nadie lo hiciera, y rogarle que fuera a sanar a su hija.

La pequeña niña empeoraba rápidamente. ¿Por qué no llegaba Jesús? ¿Y si venía demasiado tarde? Finalmente le avisaron que Jesús había entrado al pueblo, y Jairo corrió a su encuentro.

> *«Los discípulos vieron a Jesús hacer muchas otras señales milagrosas además de las registradas en este libro. Pero estas se escribieron para que ustedes continúen creyendo que Jesús es el Mesías, el Hijo de Dios, y para que, al creer en él, tengan vida por el poder de su nombre».* Juan 20:30-31

No fue para nada difícil encontrar a Jesús. Había una multitud esperándolo, y ahora que lo habían visto, lo rodearon y le dieron la bienvenida con entusiasmo.

Quizás a Jairo le ayudó el hecho de que era líder de la sinagoga. Quizás todos lo conocían y lo respetaban, y le permitieron abrirse camino directamente hasta Jesús. O quizás estaba tan desesperado que se abrió paso a empujones, sin importarle cuántos le obstaculizaban el camino. Cuando llegó hasta Jesús, Jairo cayó a sus pies y le rogó que lo acompañara a su casa.

Jairo le dijo a Jesús que tenía una sola hija, de doce años, y temía que se estaba muriendo. Le rogó: «Venga y ponga sus manos sobre ella para que pueda sanar y vivir».

Jairo habrá sentido un estallido de esperanza cuando Jesús estuvo dispuesto a ir con él sin demora. Pero había tanta gente en el camino. Jairo se movía entre la multitud, tratando de abrir paso a Jesús, pero el avance era muy lento.

Entonces, para empeorarlo todo, Jesús repentinamente se detuvo.

—¿Quién me tocó? —preguntó.

Jairo ni siquiera entendía por qué lo preguntaba. Muchas personas estaban tocando a Jesús. ¡Estaba en medio de una gran multitud! Incluso uno de los discípulos de Jesús le dijo:

—Maestro, la multitud entera se apretuja contra ti.

Pero Jesús insistió en que alguien lo había tocado a propósito, de un modo que había salido poder de él. Fue entonces que una mujer menuda y tímida salió de entre la gente. Admitió que había sido ella. Había estado enferma durante doce largos años. Había gastado todo su dinero en médicos, pero ninguno había podido ayudarla. Había escuchado hablar sobre Jesús. Había escuchado acerca de los enfermos que había sanado, los paralíticos que habían vuelto a caminar, y los ciegos a los que les había devuelto la vista. Había escuchado que hasta podía expulsar demonios. Le dijo a Jesús que entonces había pensado: «Si tan solo tocara su túnica, quedaré sana». No quería interrumpir a Jesús. Tampoco quería que la gente se enterara. Solo quería tocarlo.

Y cuando lo tocó, en el mismo instante, quedó sana. Lo sentía, y estaba muy emocionada. Normalmente Jairo se hubiera alegrado por ella. Era un final maravilloso para su triste historia. Pero en este momento, Jairo quería gritar con impaciencia.

«Hija —le decía Jesús con ternura a la mujer—, tu fe te ha sanado. Ve en paz».

Entonces Jairo vio que venía alguien desde su casa, y el temor le inundó el corazón. Recibió palabras que no podía soportar: «Tu hija está muerta».

Jesús también oyó esas palabras. Se volvió hacia Jairo y le dijo: «No tengas miedo. Solo ten fe, y ella será sanada».

Jairo se aferró a las palabras de Jesús mientras lo conducía el resto del camino hasta su casa, donde se encontraron con personas llorando y lamentando a viva voz. Jairo debe haber querido sumarse a ellas. «¡Dejen de llorar! —dijo Jesús—. No está muerta; solo duerme».

Los que estaban llorando se rieron de Jesús. La niña no estaba dormida, ¡estaba *muerta*! ¡Ellos sabían la diferencia! Jesús entró donde estaba la pequeña hija de Jairo, tan pálida e inmóvil. Solo permitió que entraran con él Jairo y su esposa, con tres de los discípulos de Jesús. Tomó la mano de la pequeña. «¡Niña, levántate!», dijo, y su espíritu regresó. No solo estaba nuevamente viva, sino completamente sana. Se levantó de inmediato, y Jesús les dijo a sus conmovidos padres que le dieran de comer.

No hay nada en el universo que pueda resistir el poder de Jesús. Su poder puede sanar enfermedades que nadie más puede. Su bondadosa orden puede devolver vida a los muertos. Todos los asombrosos milagros que hizo tienen el propósito de convencernos de que él es el Salvador que Dios prometió enviar. Podemos confiar en su extraordinario poder para salvarnos.

EN CUANTO A MÍ Y A MI FAMILIA...

▶ No hay *nada* imposible para Jesús. Eso debería darnos confianza cuando oramos. Él puede salvar a nuestros seres queridos aunque eso parezca imposible. Nos da capacidad para obedecerle aun en aquellas áreas en las que parece que nunca podremos hacerlo. Puede sanar a quienes tienen enfermedades incurables, o darles la fortaleza necesaria para sobrellevarlas. A veces, en su sabiduría, Jesús da una respuesta diferente de la que pedimos, pero nunca es porque haya algo demasiado difícil para él.

68 JESÚS CAMINA SOBRE EL AGUA
Jesús es Señor de la creación
Mateo 14

¡Q ué día! Comenzó con noticias terribles. Herodes, el malvado gobernante de Galilea y Perea, había mandado a matar a Juan el Bautista. Juan había sido siempre el fiel mensajero del Señor, declarando lo que Dios le ordenaba que dijera. El mensaje de Juan para Herodes había sido una amo-

> «¡Oh Señor Dios de los Ejércitos Celestiales! ¿Dónde hay alguien tan poderoso como tú, oh Señor? (...)
> Gobiernas los océanos; dominas las olas embravecidas por la tormenta». *Salmo 89:8-9*
>
> «Cuando subieron de nuevo a la barca, el viento se detuvo. Entonces los discípulos lo adoraron. "¡De verdad eres el Hijo de Dios!", exclamaron». *Mateo 14:32-33*

nestación porque tenía como mujer a la esposa de su hermano. Herodes puso a Juan el Bautista en la cárcel, y la esposa de Herodes maquinó la muerte de Juan. Ahora ella se había salido con la suya, y Juan el Bautista estaba muerto.

Esta era una noticia triste porque Juan era uno de los siervos fieles de Dios. Pero Jesús y sus discípulos estaban particularmente dolidos porque conocían y amaban a Juan. Varios de los discípulos de Jesús habían sido seguidores de Juan antes de que comenzaran a seguir a Jesús; además, Juan y Jesús eran primos. De modo que cuando Jesús recibió la triste noticia, reunió a los discípulos y fueron en barca a algún lugar donde pudieran estar solos.

Pero las multitudes siguieron a Jesús. Fueron a pie por la costa. Cuando la barca llegó al otro lado del lago, fue recibida por otra gran multitud. Probablemente los discípulos esperaban que Jesús despidiera a la gente, al menos por ese día, cuando era tan reciente el dolor por la muerte de Juan. Pero Jesús vio que la gente traía a los enfermos, y tuvo compasión por ellos. Resultó que estuvo todo el día sanando a los enfermos y enseñando a la gente.

Finalmente, cuando estaba terminando el día, los discípulos de Jesús le dijeron que realmente era necesario despedir a la gente. Habían estado todo el día allí, y necesitarían comer. Jesús les respondió: «Denles ustedes de comer».

Los discípulos, sobresaltados de solo pensarlo, dijeron que lo único que tenían eran cinco panes y dos pescados. ¡Había miles de personas! Nunca podrían alimentarlos a todos.

Jesús tomó los panes y los pescados, los bendijo y luego comenzó a partirlos en trozos. A medida que lo hacía, la comida se multiplicaba. Los discípulos la distribuyeron entre la multitud y hubo suficiente para todos. ¡Hasta sobraron doce canastas llenas! ¡Un milagro extraordinario! Nadie había visto antes algo así.

De modo que el día triste y melancólico se convirtió en un día largo y agotador, y finalmente en una jornada llena de asombrosa alegría. Pero el día no había terminado. Para los discípulos, el día estaba a punto de convertirse en una noche de terror.

Jesús les dijo a los discípulos que regresaran en la barca al otro lado del lago. Él se quedó despidiendo a la multitud. Una vez que se fueron todos, Jesús subió a una colina para orar.

Mientras tanto, la barca había llegado ya al centro del mar de Galilea, y había caído la noche. Se levantó un viento fuerte, como ocurría a menudo en este extenso lago, y los vientos embravecieron. Varios de los discípulos de Jesús eran pescadores de profesión; se habían criado en las barcas. Pero el viento y el agua les eran tan contrarios esa noche, que por mucho que se esforzaran, no lograban poner la barca en el rumbo deseado. Lucharon durante horas en la tormenta, cada vez más exhaustos.

En el momento más oscuro de la noche, lo vieron: ¡algo venía caminando sobre el agua! Parecía una silueta humana, pero ningún ser humano puede caminar sobre el agua. Tenía que ser otra cosa, y los discípulos concluyeron que se trataba de un fantasma. Se sintieron aterrados. Estos pescadores fuertes y endurecidos estaban tan asustados que comenzaron a gritar.

De inmediato, Jesús (pues de él se trataba) les habló:

—No tengan miedo —dijo—. ¡Tengan ánimo! ¡Yo estoy aquí!

Pedro exclamó:

—Señor, si realmente eres tú, ordéname que vaya hacia ti caminando sobre el agua.

—Sí, ven —dijo Jesús.

Pedro salió del barco y él también caminó sobre el agua. ¡Cuán asombrados habrán estado los discípulos... y hasta el propio Pedro! Pero la tormenta seguía rugiendo. El viento soplaba salvajemente, batiendo el agua en grandes olas, y cuando Pedro vio eso, se asustó y comenzó a hundirse.

—¡Sálvame, Señor! —gritó.

De inmediato, Jesús extendió una mano y agarró a Pedro.

—Tienes tan poca fe —le dijo Jesús—. ¿Por qué dudaste de mí?

Ambos subieron a la barca, y el viento se calmó.

Los discípulos adoraron a Jesús: «¡De verdad eres el Hijo de Dios!». ¿Quién podría caminar sobre el agua, excepto Dios, su Creador? ¿Quién sino Dios podría calmar de forma instantánea un viento tan fuerte? ¿Quién podría dar la orden para que un ser humano común caminara sobre el mar? Los discípulos tenían razón en reaccionar de esa manera a ese día y noche asombrosos: Jesús verdaderamente es el Hijo de Dios.

EN CUANTO A MÍ Y A MI FAMILIA...

▶ Los relatos sobre lo que Jesús hizo tienen el propósito de abrumarnos con la certeza de que Jesús es quien dijo ser: el Hijo de Dios, quien tiene toda la autoridad y quien dio su vida para salvar a su pueblo. Alaben a Jesús por ser quien es y denle gracias a Dios por darnos su Palabra escrita, donde podemos ver lo que Jesús hizo y reconocer que es nuestro todopoderoso Salvador.

PEDRO CONFIESA A JESÚS COMO EL CRISTO

Jesús es el Hijo de Dios, nuestro Salvador

Mateo 16:13-28

69

Dondequiera que Jesús iba, lo esperaban las multitudes. Aunque no esperaban nada en particular, ¡valía la pena seguirlo aunque fuera solo para observar! La gente llevaba a sus amigos ciegos, y estos volvían con la visión restaurada. Las familias llevaban a sus seres queridos enfermos o paralíticos, y él los sanaba, por lo que se marchaban caminando por sí mismos. Sanó a leprosos impuros a quienes nadie tocaba. Hasta se le conocía como alguien que devolvía

> «A partir de entonces, Jesús empezó a decir claramente a sus discípulos que era necesario que fuera a Jerusalén, y que sufriría muchas cosas terribles a manos de los ancianos, de los principales sacerdotes y de los maestros de la ley religiosa. Lo matarían, pero al tercer día resucitaría». Mateo 16:21

la vida a los muertos. Más recientemente, había multiplicado una minúscula porción de comida para alimentar a miles de personas. Ah, sí, valía la pena acercarse solo para mirar y, si tenías una necesidad o sabías de alguien necesitado, tenías más razones para seguir a Jesús.

No cabe duda de que los discípulos estaban encantados de ver que la gente se acercara. Hombres, mujeres y niños se arrimaban a Jesús de a miles, todos hablando de él y la mayoría diciendo lo maravilloso que era. Por supuesto, también estaban los líderes religiosos (los fariseos y los saduceos), quienes siempre criticaban a Jesús, pero, existía la esperanza de que la multitud los hiciera cambiar de opinión. ¿Cómo era posible que los líderes siguieran oponiéndose a Jesús a pesar de que hiciera milagros tan asombrosos?

Mientras los discípulos veían cómo crecía la popularidad de Jesús y observaban cada día más maravillosos actos de poder, se habrán sentido seguros de que se acercaba el tiempo para que Jesús estableciera su reino y fuera el gobernador supremo.

Un día, cuando Jesús estaba solo con sus discípulos, les preguntó:

—¿Quién dice la gente que es el Hijo del Hombre?

—Bueno —contestaron—, algunos dicen Juan el Bautista, otros dicen Elías, y otros dicen Jeremías o algún otro profeta.

—Y ustedes, ¿quién dicen que soy? —les preguntó Jesús.

Pedro respondió:

—Tú eres el Mesías, el Hijo del Dios viviente.

—Bendito eres Simón hijo de Juan —dijo Jesús—, porque mi Padre que está en el cielo te lo ha revelado. No lo aprendiste de ningún ser humano. —Jesús continuó diciendo que levantaría su iglesia y que el poder de la muerte no podría vencerla.

Todo esto habrá entusiasmado a los discípulos. Habían estado en lo cierto al pensar que Jesús era más que solo un profeta, aún más que el más grande y más famoso de los profetas. Él era Aquel que Dios había prometido enviar y el Hijo de Dios. ¡Y él tendría la victoria!

Pero entonces Jesús los sorprendió cuando comenzó a decirles, una y otra vez, algo que no querían oír. Les dijo que tenía que ir a Jerusalén, que sufriría a manos de los líderes religiosos, que lo matarían y que resucitaría al tercer día.

¿*Cómo podía ser?*, se habrán preguntado los discípulos. Jesús era Aquel que Dios había prometido; era el Hijo de Dios; hacía milagros poderosos y asombraba a la gente con su enseñanza. Ni siquiera el infierno podía resistirlo... ¿por qué, entonces, tendría que sufrir y ser asesinado?

De hecho, Pedro estaba tan afligido que llevó a Jesús aparte ¡y lo reprendió por lo que había dicho!

—¡Dios nos libre, Señor! —dijo—. Eso jamás te sucederá a ti.

Jesús sabía que *sí* le ocurriría. Tenía que ocurrir. Para eso había venido. El camino de salvación que Dios daba a su pueblo era a través del sufrimiento y la muerte de su Hijo. Jesús le dijo a Pedro que sus palabras le eran un estorbo:

—Ves las cosas solamente desde el punto de vista humano, no desde el punto de vista de Dios.

Entonces Jesús continuó diciéndoles a sus discípulos otras cosas que probablemente no hubieran querido escuchar. Les dijo que sus seguidores también iban a tener que sufrir. Todo el que quisiera seguir a Jesús debía estar dispuesto a dejarlo todo, aun su propia vida, a fin de seguirlo.

—Si tratas de aferrarte a la vida, la perderás, pero si entregas tu vida por mi causa, la salvarás —dijo Jesús—. ¿Y qué beneficio obtienes si ganas el mundo entero pero pierdes tu propia alma? ¿Hay algo que valga más que tu alma?

Jesús vino con el propósito de sufrir y morir. Lo hizo para que nuestros pecados pudieran ser perdonados. Jesús prometió que su iglesia sería victoriosa y triunfaría aun sobre el infierno, pero el camino de la iglesia hacia la victoria con frecuencia pasa por el sufrimiento. El sufrimiento de la iglesia no es como el de Jesús: su pueblo está dispuesto a sufrir como expresión de gratitud por lo que él ya hizo.

EN CUANTO A MÍ Y A MI FAMILIA...

▶ La acción más perversa jamás cometida fue el asesinato del Hijo de Dios. Sin embargo, eso estaba en el plan de Dios y él lo utilizó para dar un bien incomparable a los seres humanos y para darse inmensa gloria a sí mismo. Podemos alabar a Dios y seguir confiando en él aun cuando ocurren cosas horribles, con la seguridad de que nada ocurre fuera de su plan sabio y bienhechor.

▶ Pídanle a Dios que los ayude a ver con claridad cuán valioso es Jesús, para que siempre estén dispuestos a entregar hasta lo que más les cueste, a fin de seguirlo con fidelidad.

70 EL SIERVO QUE NO PERDONA
Jesús exige que su pueblo perdonado perdone
Mateo 18:21-35

Es una hermosa mañana de sábado, y tú y tus amigos hacen planes de salir a pasear en bicicleta. Corres a sacar la tuya... y descubres que no está allí. Tu hermano se la llevó sin preguntarte, y ahora tendrás que esperar a que regrese antes de poder encontrarte con tus amigos. Finalmente

«Dado que Dios los eligió para que sean su pueblo santo y amado por él, ustedes tienen que vestirse de tierna compasión, bondad, humildad, gentileza y paciencia. Sean comprensivos con las faltas de los demás y perdonen a todo el que los ofenda. Recuerden que el Señor los perdonó a ustedes, así que ustedes deben perdonar a otros». Colosenses 3:12-13

llega a casa, pero ¿quién sabe dónde estarán tus amigos ahora? ¡Has esperado tanto! Tu hermano balbucea una disculpa y dice que no sabía que habías hecho planes para usar tu bicicleta. Le contestas que si hubiera preguntado, se lo habrías podido decir. Nuevamente te pide perdón, y promete que la próxima vez preguntará primero. Debido a que tus amigos ya no están cerca, la opción que te queda es jugar con tu hermano; después de todo, no quieres desperdiciar un sábado, de modo que lo perdonas y marchan juntos a construir un fuerte en el patio trasero.

El sábado siguiente, corres a buscar tu bicicleta, ¡y otra vez no está! Una vez más, tu hermano se la llevó, y una vez más no te la pidió antes. Podrías perdonarlo cuando regrese, pero tendrá que portarse muy bien esta vez antes de que lo hagas. Y si vuelve a sacarla el sábado siguiente... ¡olvídalo! Ya fue suficiente.

En tiempos de Pedro, la tradición judía establecía que las personas debían estar dispuestas a perdonar tres veces la misma ofensa. Pedro pensaba que de verdad había entendido la enseñanza de Jesús sobre el perdón, y se acercó con la siguiente proposición:

—Señor, ¿cuántas veces debo perdonar a alguien que peca contra mí? ¿Siete veces?

(¡Imagínate siete sábados corridos en los que tu hermano se lleva tu bicicleta sin pedírtela, y en cada ocasión te dice que lo siente! ¿Querrías *tú* perdonarlo las siete veces?).

—No siete veces —respondió Jesús—, sino setenta veces siete.

Eso sería 490 sábados... ¡nueve años y medio perdonando a tu hermano cada semana!

Entonces Jesús relató la siguiente historia. Dijo que el reino de los cielos puede compararse con un rey que tenía siervos que le debían dinero. Uno de esos siervos le debía millones de monedas de plata. Jesús eligió un monto que fuera una cifra increíblemente alta. En dinero estadounidense, serían algo así como ¡seis mil millones de dólares! Por supuesto, el siervo no podía pagar una deuda tan elevada, de modo que el rey decidió venderlo como esclavo a él, a su esposa y a sus hijos. También vendería todas las posesiones del hombre. No alcanzaba ni para empezar a pagar la deuda, pero el rey al menos recuperaría algo.

El siervo cayó de rodillas ante el rey y le suplicó: «Por favor, tenme paciencia y te lo pagaré todo». Por supuesto, el rey sabía que el siervo jamás podría saldar su deuda, pero le tuvo lástima. Entonces perdonó la deuda a su siervo. Le dijo que no tendría que pagarle nada, absolutamente nada, ni siquiera un centavo de los seis mil millones de dólares.

El siervo perdonado salió y se encontró con uno de sus compañeros de servicio que le debía a él unos pocos miles de monedas de plata: mucho, mucho menos que los seis mil millones. El siervo perdonado tomó del cuello a su compañero siervo y comenzó a asfixiarlo, exigiéndole que le pagara de inmediato.

Su compañero cayó de rodillas a sus pies, suplicándole: «Ten paciencia conmigo, y yo te pagaré». Pero el otro siervo se negó a tenerle paciencia. Hizo encarcelar al hombre hasta que pagara toda la deuda.

Los otros siervos del rey vieron lo que ocurría. Afligidos, fueron ante el rey y le describieron lo que habían visto. El rey llamó al siervo a quien había perdonado. Cuando el siervo entró, el rey le dijo: «¡Siervo malvado! Te perdoné esa tremenda deuda porque me lo rogaste. ¿No deberías haber tenido compasión de tu compañero así como yo tuve compasión de ti?». Furioso, el rey envió al hombre a la prisión hasta que pagara toda la deuda... lo cual, por supuesto, era imposible.

El rey de este relato es como Dios. Pecamos contra Dios muchas veces al día. Tenemos con él una deuda tan grande que jamás podríamos empezar siquiera a saldar. En su misericordia, Dios envió a su Hijo a pagar nuestra deuda, y hemos sido completamente perdonados. Ahora Dios exige que perdonemos a quienes nos ofenden.

Hemos recibido un perdón tan grande que no deberíamos estar contando cuántas veces debemos perdonar a otros.

EN CUANTO A MÍ Y A MI FAMILIA...

▶ ¿Hay alguien que con frecuencia hace o dice cosas que los lastiman o los molestan? Pídanle a Dios que les ayude a recordar cuánto han sido perdonados y que les ayude a perdonar sinceramente a esa persona.

▶ Oren por el pueblo de Dios perseguido en otros países, quienes han sido gravemente lesionados o cuyos seres queridos han sido asesinados por personas que odian a Cristo. Pídanle a Dios que les dé la fortaleza sobrenatural que ellos necesitan para perdonar.

LA PARÁBOLA DEL RICO INSENSATO

La verdadera riqueza es la relación con Dios

Lucas 12:13-21

71

La mayoría de nosotros tiene una respuesta inmediata para la siguiente pregunta: ¿Qué harías si tuvieras suficiente dinero para hacer cualquier cosa? La mayoría de nosotros piensa que con tan solo un poco más de dinero, podríamos estar tranquilos. La mayoría de nosotros puede pensar en algo que nos falta, algo que podríamos conseguir con dinero y que desearíamos tener. Eso ocurre sin importar cuánto o cuán poco tengamos. Es parte de la naturaleza humana querer más. Es parte

> «No almacenes tesoros aquí en la tierra, donde las polillas se los comen y el óxido los destruye, y donde los ladrones entran y roban. Almacena tus tesoros en el cielo, donde las polillas y el óxido no pueden destruir, y los ladrones no entran a robar».
>
> Mateo 6:19-20

de la naturaleza humana, la naturaleza humana pecadora, no estar del todo satisfechos con lo que tenemos. La mayoría de las personas creen, sea que lo admitan o no, que cuantas más cosas tengan, más plena y mejor será su vida.

La Biblia nos invita a pensar de otra manera. Nos invita a reconocer qué es lo verdaderamente valioso y dejar de lado lo que no tiene valor eterno. Si tuvieras una regla que representa tu vida y otra que representara la eternidad, la que representa tu vida sería tan pequeña que posiblemente no podrías verla a simple vista, mientras que la regla que representa la eternidad no tendría comienzo ni fin. Las cosas que compramos con dinero solo se pueden usar en el breve lapso de nuestra vida. Cuando esta vida se termina, hay una eternidad por delante y ninguna de esas cosas servirá de nada.

Un día Jesús estaba enseñando y un hombre de la multitud exclamó: «Maestro, por favor, dile a mi hermano que divida la herencia de nuestro padre conmigo». En los tiempos bíblicos, al morir los padres, el hijo mayor recibía una porción más grande de las pertenencias. Este hombre habrá sido el hermano menor. Probablemente el hermano mayor había recibido más de lo que había recibido él. Este hombre en la multitud no estaba satisfecho con lo que tenía. Quería más.

Jesús se negó a decirle algo al hermano mayor. En lugar de eso, le aconsejó a este hombre que se detuviera y reflexionara en que no eran más cosas lo que necesitaba; lo que sí necesitaba era ser rico en su relación con Dios. Dijo: «¡Tengan cuidado con toda clase de avaricia! La vida no se mide por cuánto tienen». La vida no depende de las posesiones que tengas.

Entonces Jesús relató una parábola para ilustrar este concepto.

Había una vez un hombre que tenía un campo que producía buenas cosechas cada año. Su tierra había dado cosechas generosas y él se había vuelto más y más rico. El hombre estaba muy complacido. Pero ¡vaya!, su buena fortuna también le presentaba un problema. Su tierra estaba produciendo tan bien, que se le acababa el espacio para almacenar sus cosechas. «¿Qué debo hacer?», se preguntó.

Hay una gran variedad de respuestas que podrían haber sido buenas. Este hombre podría haber dado parte de su cosecha para alimentar a los pobres. O podría haber vendido una parte para repartir el dinero a los pobres. Podría haber invitado a otros que tenían menos tierra, o cuya tierra no producía bien, para que cultivaran en una pequeña parte de su campo y se alimentaran de la cosecha. Entonces el propietario habría tenido menos trabajo y habría contado con más tiempo para buscar a Dios.

En lugar de eso, el hombre se dijo a sí mismo: «Ya sé. Tiraré abajo mis graneros y construiré unos más grandes. Así tendré lugar suficiente para almacenar todo mi trigo y mis otros bienes». Se volvería tan rico como pudiera y guardaría todo para sí mismo. Continuó el hombre en su egoísta ensoñación: «Luego me pondré cómodo y me diré a mí mismo, "Amigo mío, tienes almacenado para muchos años. ¡Relájate! ¡Come y bebe y diviértete!"». El hombre rico tenía tantas posesiones que podía vivir sin trabajar y pasar todo el tiempo disfrutando de lo que tenía. ¡Qué futuro encantador había por delante!, pensó.

Sin embargo, no sería así. La misma noche en la que este propietario rico elaboraba esos pensamientos, murió. Dios le dijo: «¡Necio! Vas a morir esta misma noche. ¿Y quién se quedará con todo aquello por lo que has trabajado?».

Jesús concluyó esta parábola advirtiendo a sus oyentes, y también a nosotros: «Así es, el que almacena riquezas terrenales pero no es rico en su relación con Dios es un necio».

No fuimos creados para acumular dinero y cosas. Fuimos hechos para glorificar a Dios y disfrutar de él para siempre. Debemos gastar nuestra vida y nuestro dinero haciendo aquello que le da gloria a Dios, en lugar de lo que nos hace felices por un momento. De ese modo, nos preparamos no solo para algunos años felices, sino para una encantadora eternidad.

EN CUANTO A MÍ Y A MI FAMILIA...

▶ ¿Están dedicando regularmente parte de su dinero a la obra del reino de Dios y para ayudar a sus hijos necesitados? Si no lo hacen, ¿cómo podrían comenzar?

▶ ¿Están dedicando regularmente parte de su tiempo a aquellas cosas que les ayudan a conocer mejor a Dios y a amarlo más?

▶ Pídanle a Dios que les ayude a evaluar con claridad, para que den valor a aquellas cosas a las que su palabra da verdadero valor, en lugar de aquellas que nos dan placer y que parecen tan atractivas.

72 DOS PARÁBOLAS: LA MONEDA PERDIDA Y LA OVEJA PERDIDA

Jesús busca y encuentra a los pecadores perdidos

Lucas 15:1-10

¡La mujer estaba segura de que había tenido diez monedas! Las había contado más de una vez y siempre habían sido diez. Sin embargo, ahora solo tenía nueve. ¿Dónde estaba la otra? Contó una vez más las monedas, y luego otra vez. Había solo nueve.

La mujer dejó las nueve monedas sobre la mesa, donde pudiera verlas. Se puso de pie y se sacudió la ropa, pero no cayó nada. Miró debajo del banco y buscó por el piso de la habitación. Nada. Quizás la moneda había quedado atrapada en su manga cuando salió a regar el jardín. La mujer salió y miró por todo el terreno. La vio una vecina.

> *«De la misma manera, ¡hay más alegría en el cielo por un pecador perdido que se arrepiente y regresa a Dios que por noventa y nueve justos que no se extraviaron!».*
>
> Lucas 15:7

—¿Perdiste algo? —le preguntó.

—Perdí una moneda —respondió la mujer, todavía recorriendo el suelo con la mirada—. ¿No la has visto?

—No —dijo la vecina, y ella también inspeccionó el suelo—. Si la encuentro, te avisaré.

La vecina del otro lado también estaba en su patio. La mujer la llamó:

—¿Has visto una moneda?

La vecina sacudió la cabeza.

La mujer entró a su casa, encendió una lámpara y buscó en todos los rincones oscuros. La moneda no aparecía. Dejó la lámpara y buscó la escoba. La usó para barrer debajo de los muebles, pasándola por todos los rincones donde podría haber rodado. Sacó cosas de los estantes, se arrodilló y miró debajo de los muebles, sacudió las mantas... y por fin encontró la moneda donde se había metido en un doblez de la manta. La mujer dio un grito de alegría, la levantó y corrió hacia la puerta. «¡Oigan! —llamó a sus vecinas, levantando la moneda en el aire—. ¡Alégrense conmigo porque encontré mi moneda perdida!».

«...96, 97...». El hombre sintió un escalofrío. «...98, 99». ¡Había tan solo noventa y nueve ovejas! ¡No podía ser! Volvió a contar, cuidadosamente, pero en efecto, había solo noventa y nueve. Debía haber cien. Levantó de prisa su cayado y recorrió el rebaño con la mirada para identificar cuál de las ovejas faltaba. Era la cordera adolescente, la de carácter animado.

El hombre marchó calle arriba, rehaciendo el camino por el que había guiado a su rebaño para alcanzar esta pastura. Buscaba con la mirada cerca, lejos, cerca, lejos, tratando de ver cualquier señal de movimiento. Fue serpenteando todo el camino mientras observaba con atención la acequia de un lado y luego metía su bastón en los arbustos del otro. Más arriba, vio a un vecino trabajando en su campo. Con sus manos formó un altavoz y lo llamó:

—¡Me falta una oveja! ¿Has visto alguna?

—¡No, lo lamento! —le respondió el vecino.

El hombre siguió su marcha. A medida que avanzaba, preguntó a otros vecinos, y hasta llamó a sus puertas para averiguar si alguien había visto a la oveja perdida. Nadie la había visto. El hombre buscó durante horas. Se acercó a cada roca lejana que pareciera una oveja recostada. Buscó entre las ramas que colgaban de los árboles hasta el suelo. El temor del hombre por su oveja crecía a cada momento. ¿Y si la había atrapado un lobo? ¿Y si había caído en un pozo? Por fin, alcanzó a ver un pequeño bulto de lana gris blanquecino en un campo, mascando pasto, muy tranquila. «¡Ahí estás!», gritó el hombre. La levantó con urgencia, la colocó sobre sus hombros y volvió de prisa a su casa. Entonces llamó a un sirviente para que fuera a la casa de todos sus vecinos a invitarlos con este mensaje: «Alégrense conmigo porque encontré mi oveja perdida».

Estos dos relatos están tomados de parábolas de Jesús. Las parábolas que él dijo eran más breves y sencillas que las historias que acabas de leer, pero una de ellas fue sobre la mujer que se alegró cuando encontró su moneda perdida, y la otra sobre el pastor que se alegró al encontrar a su oveja perdida. Jesús contó esas parábolas porque los fariseos y los escribas se quejaban de que Jesús recibía a los pecadores y comía con ellos. Era verdad que los cobradores de impuestos y los pecadores se acercaban a Jesús, pero eso era porque aprovechaban la oportunidad de escuchar su enseñanza sobre el arrepentimiento y el perdón. ¡Los fariseos y los escribas debían haberse alegrado!

Entonces Jesús contó estas parábolas sobre personas que dejan todo lo que todavía tienen para ir a buscar lo que han perdido, y que se regocijan cuando finalmente lo encuentran. «De la misma manera —dijo Jesús a quienes lo criticaban—, ¡hay más alegría en el cielo por un pecador perdido que se arrepiente y regresa a Dios que por noventa y nueve justos que no se extraviaron!». Jesús es el Salvador de los pecadores. Él busca a quienes están perdidos, y no descansará hasta que los encuentre. Una vez que han sido traídos a Dios, se alegra por cada uno de ellos.

EN CUANTO A MÍ Y A MI FAMILIA...

▸ Alaben a Jesús por amar a los pecadores y por ser su Salvador. Si hubiera venido a buscar solamente a personas justas, estaríamos todos perdidos porque todos somos pecadores.

▸ Pídanle a Dios que les dé la misma alegría que él siente cuando las personas abandonan su pecado y buscan a Cristo. Pídanle que les muestre por quién podrían orar porque todavía no conoce a Jesús, o por cuáles misioneros y países podrían orar, donde las personas son como ovejas perdidas que necesitan ser encontradas.

JESÚS SANA A DIEZ LEPROSOS
Jesús salva a las personas para darle gloria a Dios
Lucas 17:11-19

73

Jesús estaba camino a Jerusalén. Sabía que era allí donde iba a morir por los pecados de su pueblo, e iba a ese lugar por esa misma razón. Para llegar a Jerusalén desde su hogar en Galilea, Jesús debía pasar por la región de Samaria.

Los judíos de la época de Jesús no querían a los samaritanos. Hacía mucho tiempo, en Samaria habían vivido gentiles, y los judíos en ese lugar se habían casado con ellos. Los samaritanos eran descendientes de esos matrimonios mixtos. Por eso los judíos consideraban extranjeros a los samaritanos: gentiles, no judíos. No ayudaba mucho que los samaritanos además tenían ideas equivocadas sobre Dios. Los judíos

> «Y todo lo que hagan o digan, háganlo como representantes del Señor Jesús y den gracias a Dios Padre por medio de él».
> *Colosenses 3:17*

trataban de no pasar por Samaria si podían evitarlo. No hablaban con los samaritanos ni tocaban nada que ellos hubieran tocado.

Mientras Jesús viajaba hacia Jerusalén, pasó por una aldea cercana a la frontera entre Samaria y Galilea. Un grupo de diez leprosos lo vio venir. Los leprosos vivían sin esperanza de sanar jamás de su horrible enfermedad... hasta que oyeron de Jesús. Escucharon que había sanado a muchas personas, aun a algunos que tenían lepra. Quizás los sanaría también a ellos; ¿por qué no?

Los leprosos eran un grupo variado. Algunos eran judíos. Por lo menos uno de ellos era samaritano. A los leprosos no se les permitía vivir entre la gente sana. Vivían solos y exclamaban: «¡impuro!» cada vez que alguien se aproximaba. Eso era para evitar que las personas se les acercaran. Siendo leprosos, nunca podían estar con otras personas. Solo se tenían unos a otros. Seguramente ya no les importaba quién era judío y quién era samaritano.

Los leprosos vieron que se acercaba Jesús y se reunieron en un lugar donde él pudiera verlos y escucharlos sin acercarse demasiado. No se les permitía acercarse. A Jesús lo seguía habitualmente una multitud y las multitudes son ruidosas. Por eso los leprosos llamaron a viva voz. Esta podía ser la única oportunidad que jamás tendrían de pedirle ayuda a Jesús, y ¡querían estar seguros de que se enterara de que estaban allí!

—¡Jesús! ¡Maestro! —llamaron juntos los diez leprosos, a gritos—. ¡Ten compasión de nosotros!

Jesús los oyó. Los miró y les dijo:

—Vayan y preséntense a los sacerdotes.

Según la ley judía, si un leproso quedaba sano de su lepra (algo que casi nunca ocurría), debía presentarse ante el sacerdote. Los sacerdotes lo examinaban, y si realmente ya no tenía lepra, lo declaraban «limpio». Entonces el enfermo podía volver a su familia y a su antigua vida. Por eso ahora Jesús les dijo que fueran a presentarse ante los sacerdotes. Todavía eran leprosos; pero creyeron que, si Jesús los estaba enviando a los sacerdotes, se sanarían, y entonces fueron. Mientras iban, su lepra desapareció y quedaron limpios.

¡Imagínate su alegría y su entusiasmo! Nueve de ellos, al ver que la lepra realmente había desaparecido, se sintieron impulsados a apurarse más para llegar a donde el sacerdote. Pero para uno de ellos, ver que la lepra había desaparecido fue una razón para regresar y agradecer a Jesús. Este detuvo su loca carrera hacia los sacerdotes. Regresó alabando a Dios a viva voz. Llegó hasta Jesús y cayó a sus pies, dándole gracias.

Ocurrió que este hombre era un samaritano, alguien a quien los judíos despreciaban, alguien que tenía ideas equivocadas sobre Dios. Cuando el samaritano regresó alabando a Dios y dando gracias a Jesús, este preguntó: «¿No sané a diez hombres? ¿Dónde están los otros nueve? ¿Ninguno volvió para darle gloria a Dios excepto este extranjero?».

Todo lo que Jesús hace, lo hace para darle gloria a su Padre. El samaritano entendió que Dios le había mostrado una inmensa misericordia, y dio gracias por eso. «Levántate y sigue tu camino —le dijo Jesús al samaritano—. Tu fe te ha sanado». Los diez leprosos fueron sanados de su enfermedad física, pero da la impresión de que este samaritano encontró además sanación para su alma enferma por el pecado.

Jesús también nos salva a nosotros para la gloria de Dios. Perdona nuestras faltas y nos salva del pecado para que podamos llevar una vida de gratitud al Padre. Los hijos de Dios procuran vivir como él ha ordenado en su palabra. Lo hacen no porque de esta manera serán salvos, sino porque es el modo en que le dan gracias a Dios por haberlos salvado.

EN CUANTO A MÍ Y A MI FAMILIA...

▶ Después de describir lo que Jesús hizo por nosotros, la pregunta 2 del Catecismo de Heidelberg expresa: «¿Cuántas cosas debes saber para que, gozando de esta consolación, puedas vivir y morir dichosamente?». La respuesta: «Tres: La primera, cuán grande son mis pecados y miserias. La segunda, de qué manera puedo ser librado de ellos. Y la tercera, la gratitud que debo a Dios por su redención». Una vida de gratitud a Dios siempre conduce a la salvación genuina.

74

EL JOVEN RICO
Solo Jesús puede dar vida eterna
Mateo 19:16-26; Marcos 10:17-27

Este joven tenía dinero. Tenía todo tipo de cosas encantadoras que se pueden comprar con dinero, y las disfrutaba. Estaba bastante seguro de que el resto de su vida sería parecido a lo que había sido hasta ahora: cómodo y placentero.

Pero el joven también era una persona religiosa. Sabía que la vida no se trataba solo del aquí y ahora. La vida no era solo cosas materiales. Quería asegurarse de también estar bien en la vida después de la muerte. Quería asegurarse de haber hecho todo lo necesario para gozar

> «Dios los salvó por su gracia cuando creyeron. Ustedes no tienen ningún mérito en eso; es un regalo de Dios. La salvación no es un premio por las cosas buenas que hayamos hecho, así que ninguno de nosotros puede jactarse de ser salvo». Efesios 2:8-9

también de una vida cómoda y placentera con Dios.

De modo que cuando el joven supo que Jesús estaba en las cercanías, se puso en marcha para verlo y preguntarle cómo puede una persona estar segura de tener vida eterna. Resultó que Jesús estaba a punto de emprender un viaje, pero el joven llegó corriendo justo a tiempo. Se arrodilló a los pies de Jesús, y le preguntó rápidamente:

—Maestro bueno, ¿qué debo hacer para heredar la vida eterna?

Las primeras palabras de la respuesta de Jesús deberían haberle servido al joven como un indicio de que quizás obtener vida eterna no funcionaba del modo que él pensaba. Jesús le dijo:

—¿Por qué me llamas bueno? Solo Dios es verdaderamente bueno.

Jesús *es* bueno, por supuesto, pero eso se debe a que él *es* Dios. Jesús es el único ser humano que mantuvo una vida perfecta y sin pecado. Solo él es bueno. Todos los demás nacemos con una naturaleza pecaminosa. Somos incapaces de ganar la vida eterna haciendo lo bueno.

Pero el joven seguía esperando, de modo que Jesús continuó. «Si deseas recibir la vida eterna, cumple los mandamientos».

El joven aparentemente pensaba que eso era bastante fácil, de modo que presionó a Jesús sobre si había alguno en particular que debía practicar con más cuidado.

—¿Cuáles? —preguntó.

Entonces Jesús comenzó a recitar algunos de los diez mandamientos:

—"No cometas asesinato; no cometas adulterio; no robes; no des falso testimonio; honra a tu padre y a tu madre". —Entonces Jesús citó otro mandamiento de las Escrituras que no está en los diez mandamientos, pero resume a muchos de ellos—: "Ama a tu prójimo como a ti mismo".

El joven respiró con alivio. Se sintió seguro; ya conocía todos esos mandamientos.

—Maestro, he obedecido todos estos mandamientos desde que era joven.

Jesús lo miró y vio algo que este hombre no podía ver: su corazón era el de un pecador, y *no* guardaba todos los mandamientos de Dios. Pero Jesús lo amaba, y quería que reconociera su pecado. Si no lo hacía, nunca reconocería su necesidad de un Salvador.

Entonces Jesús le dio un mandamiento más.

—Hay una cosa que todavía no has hecho —le dijo—. Anda y vende todas tus posesiones y entrega el dinero a los pobres, y tendrás tesoro en el cielo. Después ven y sígueme.

El joven era religioso y seguramente muchas veces había dado dinero a los pobres. Pero era mucho, mucho más lo que había guardado para sí. Seguramente había tenido gestos para mostrar su amor al prójimo, pero nunca había amado a su prójimo ni siquiera cerca de cuanto se amaba a sí mismo.

Quizás el joven estuvo allí unos minutos, debatiéndose con las palabras de Jesús. Si daba todo lo que tenía en obediencia a este Maestro enviado por Dios, y lo seguía, sería una prueba de que para él Dios era más importante que sus posesiones. Pero si daba a los pobres *todo* lo que tenía, nunca más disfrutaría de las cosas que había llegado a amar. Una vida de placer y comodidad ahora con todas sus posesiones, *o* la vida eterna; debía elegir. Seguramente habrá dejado caer los hombros e inclinado la cabeza al marcharse, desalentado y apenado. Al menos por ahora, eligió sus posesiones.

Mientras Jesús lo miraba irse, dijo a sus discípulos que es muy difícil entrar al reino de Dios, especialmente para una persona rica. Los discípulos se sorprendieron; pensaban que debería ser más fácil para una persona rica.

—Entonces, ¿quién podrá ser salvo? —preguntaron.

—Humanamente hablando —respondió Jesús—, es imposible, pero no para Dios. Con Dios, todo es posible.

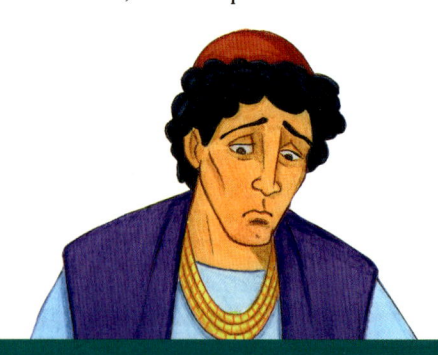

Jesús sabía que nadie es capaz de entrar al reino de Dios o ganar la vida eterna por su propio esfuerzo. Él quería que este joven religioso pero rico también lo entendiera. Quizás el joven se fue a casa y estuvo pensando en lo que Jesús le había dicho. Quizás más adelante llegó a entender su necesidad de un Salvador y puso su fe en Cristo.

El primer paso hacia la salvación es reconocer que no podemos salvarnos a nosotros mismos. Somos pecadores y necesitamos un Salvador.

EN CUANTO A MÍ Y A MI FAMILIA...

▶ Cuando reflexionan en los Diez Mandamientos o en los mandatos de amar a Dios con todo su corazón, con toda su alma y con todas sus fuerzas, y al prójimo como a sí mismo, ¿consideran que los están cumpliendo? ¿Se ven en el camino de agradar a Dios por ser buenos? Pídanle a Dios que les ayude a ver dos cosas en relación con sus mandamientos: (1) Su incapacidad de cumplirlos y su necesidad de un Salvador, y (2) de qué manera pueden mostrar su gratitud a Dios cumpliendo sus mandamientos ahora que han sido salvados.

LA PARÁBOLA DEL GRAN BANQUETE

El pueblo de Dios escuchará su invitación y concurrirá

Lucas 14:15-24

75

¿No es verdad que te alegras cuando recibes una invitación a una fiesta? A veces sabes por anticipado que habrá una. Sabes que tu amigo no puede invitar a todos, pero tienes la esperanza de ser uno de los que reciba la invitación a asistir. Cuando la recibes, estás ansioso por ir.

> «¿Alguien tiene sed?
> Venga y beba,
> ¡aunque no tenga dinero!
> Vengan, tomen vino o leche,
> ¡es todo gratis! (...)
> Busquen al Señor mientras puedan encontrarlo;
> llámenlo ahora, mientras está cerca».
>
> Isaías 55:1, 6

Y cuando tú eres quien da la fiesta, deseas que la gente asista. Por supuesto, entiendes cuando alguien no puede asistir si tiene otro compromiso, pero tu deseo es que la mayoría de los invitados llegue. Imagínate organizar una fiesta y que ninguno de los invitados pudiera venir... ¡o no quisiera venir!

Jesús relató una parábola sobre una fiesta en la que eso ocurrió. Cuando la dijo, estaba él mismo en una fiesta, en una cena. Había sido uno de los afortunados en recibir la invitación, pero el anfitrión lo había invitado con el único propósito de que él y sus amigos pudieran observarlo caer en algún error. El anfitrión y sus amigos eran fariseos. Estaban molestos con Jesús y se negaban a creer que fuera el Mesías prometido por Dios.

Alguien que estaba participando de la cena hizo el siguiente comentario: «¡Qué bendición será participar de un banquete en el reino de Dios!». Los profetas del Antiguo Testamento habían anunciado un banquete que se llevaría a cabo en el futuro, una vez que viniera el Mesías. Todos los que participaran de ese banquete serían bendecidos y tendrían paz con Dios para siempre.

Seguramente Jesús estaba de acuerdo en que todos los que participaran en el reino de Dios serían bendecidos. Sin embargo, sabía que la mayoría de los que estaban participando con él en la cena rechazaban la invitación de Dios a participar en su reino, porque lo rechazaban a él, el Mesías prometido por Dios. Por eso Jesús relató la parábola de un banquete, una gran cena elegante, a la que los invitados se negaron a asistir.

Un hombre planificó una cena muy importante. Sería un honor participar en ese banquete. Iba a servirse la mejor comida y la mejor bebida, y las mesas estarían adornadas con los platos más delicados y la ornamentación más exquisita. El hombre era generoso y tenía la intención de invitar a muchas personas para que compartieran con él este gran banquete. Se enviaron invitaciones con mucha anticipación, y comenzaron los preparativos. Por fin, un tiempo después, llegó el día del banquete. La comida maravillosa había sido comprada y preparada y la casa estaba decorada. Era casi la hora de comenzar el banquete.

Entonces el anfitrión envió a sus sirvientes a las casas de todos sus invitados para recordarles que el día había llegado y el banquete estaba listo. Era hora de llegar. Pero el primer invitado dijo: «Acabo de comprar un campo y debo ir a inspeccionarlo». Esta persona dijo que no podía asistir.

Otro dijo: «Acabo de comprar cinco yuntas de bueyes y quiero ir a probarlas». Entonces dijo que no podía ir tampoco.

El tercer invitado dijo: «Acabo de casarme, así que no puedo ir».

¡Todos los invitados tenían excusas! Todos dijeron que no podían asistir.

El hombre que había sido tan generoso al preparar ese grandioso banquete e invitarlos a todos se enfureció con su ingratitud. ¡Ya encontraría otros para tomar su lugar! Todo estaba listo y no lo quería desperdiciar. «Ve rápido a las calles y los callejones de la ciudad e invita a los pobres, a los lisiados, a los ciegos y a los cojos», le dijo a su sirviente.

El sirviente salió. La gente que recibió la invitación apenas podía creer su buena fortuna. Banquetes como este, ofrecidos por personas ricas, eran para otros ricos, no para gente como ellos. Aunque nunca habían asistido antes a nada parecido, fueron con gusto.

Una vez que los pobres, los lisiados, los ciegos y los cojos estuvieron todos ubicados alrededor de la mesa del banquete, todavía quedaba lugar. Entonces el dueño de la casa volvió a enviar a su sirviente. Le ordenó que fuera un poco más lejos y trajera a viajeros, a desconocidos y a cualquiera. Debían invitarlos también a ellos, porque quería que su casa estuviera llena. Deseaba compartir todo lo que había preparado. En cuanto a los invitados originales, más tarde quizás se darían cuenta del banquete maravilloso que se estaban perdiendo, y cambiarían de idea. Quizás, después de todo, querrían asistir. Pero ya sería demasiado tarde; no quedaría lugar para ellos.

La parábola de Jesús era una advertencia a los líderes religiosos de su época, de que estaban rechazando la invitación más importante de todos los tiempos. Dios tiene personas que responderán a su invitación, y su reino estará abarrotado. Incluirá a los pecadores y a los gentiles, a personas que los líderes judíos habrán pensado que jamás podrían entrar en el reino de Dios. Los judíos que estaban rechazando a Jesús debían arrepentirse mientras todavía hubiera tiempo, y recibir lo que Dios les ofrecía en Cristo.

EN CUANTO A MÍ Y A MI FAMILIA...

▶ Mucha gente piensa en «el reino de Dios» como algo lejano, para mucho más adelante. Para ellos lo importante es el aquí y el ahora. Son como los primeros invitados. No se dan cuenta del valor de lo que Dios les ofrece, y entonces no lo reciben. Algún día será demasiado tarde. Otros son como las personas pobres en la parábola. Apenas pueden creer que *ellos* han sido invitados al reino de Dios, y aceptan con gusto la invitación. ¿A cuáles de estas personas se parecen ustedes?

76

LA PARÁBOLA DE LOS AGRICULTORES MALVADOS
Dios juzga a aquellos que rechazan a su Mesías elegido
Lucas 20:1-18

Un día, Jesús estaba enseñando en el templo y predicando la Buena Noticia. Los principales sacerdotes, los maestros de la ley religiosa y los ancianos vinieron a él con el siguiente reclamo: «¿Con qué autoridad haces todas estas cosas? ¿Quién te dio el derecho?».

Es posible que los discípulos que oyeron eso se quedaran mirando boqui-

> «"La piedra que los constructores rechazaron ahora se ha convertido en la piedra principal"(.)
> Todo el que tropiece con esa piedra se hará pedazos, y la piedra aplastará a quienes les caiga encima».
>
> *Lucas 20:17-18*

abiertos a esos líderes judíos. *¿De verdad? ¿Preguntan qué autoridad tiene Jesús?* Había realizado milagro tras milagro de sanación, aun a personas ciegas, lisiadas o sordas de nacimiento. Había tocado a leprosos que luego sanaron. Había vuelto a la vida a personas muertas. Había dado órdenes a demonios que obedecieron de inmediato. Había reprendido a las tormentas y estas se habían detenido en seguida. ¿Acaso esos líderes judíos estaban ciegos? ¿De quién podía ser la autoridad de Jesús que no fuera de Dios mismo?

Sin embargo, Jesús no se sorprendió de eso porque él puede ver el corazón de las personas. Sabía que esos líderes judíos estaban celosos de él y llenos de rebelión contra Dios. No querían reconocer que Jesús venía de Dios. No querían aceptar su autoridad.

Jesús no respondió a su pregunta. En lugar de eso, relató la siguiente parábola. Un hombre plantó un viñedo en una tierra de su propiedad. Hizo todo lo que pudo para que el viñedo produjera una cosecha abundante de uvas. Lo cercó para impedir que los animales salvajes comieran la fruta. Cavó un pozo y construyó un lagar para que los obreros pudieran exprimir las uvas para hacer el vino. Construyó una torre. Hizo lo necesario para que el viñedo fuera lo mejor posible, y luego lo arrendó. El arreglo era que los arrendatarios trabajarían el viñedo. Podían vender o guardar todas las uvas que cultivaran y el vino que produjeran. Pero como pago por el arriendo, entregarían una parte del producto al dueño del viñedo.

Los arrendatarios trabajaron y obtuvieron una excelente cosecha de uvas. Cuando llegó el momento de pagar su parte al dueño del viñedo, este envió a un siervo para recibirla. Sin embargo, en lugar de pagarle lo que debían, los arrendatarios atacaron al siervo, lo golpearon y lo echaron con las manos vacías. El dueño del terreno habrá pensado que debió haber habido un error, de modo que envió a otro siervo. Los arrendatarios lo golpearon en la cabeza y lo insultaron vergonzosamente, también despachándolo con las manos vacías. El dueño de la tierra envió a otros siervos, y fue peor. Algunos fueron apaleados; otros fueron incluso asesinados; ninguno recibió lo que le debían al dueño.

Finalmente, el dueño del viñedo mandó a su querido hijo. ¡Seguramente los arrendatarios respetarían al hijo del dueño! Pero cuando lo vieron llegar, se dijeron entre ellos: «Aquí viene el heredero de esta propiedad. ¡Matémoslo!». Pensaron que si el heredero estaba muerto, podrían quedarse con la propiedad del viñedo. De manera que los arrendatarios mataron al hijo del dueño.

—¿Qué creen ustedes que hará con ellos el dueño del viñedo? —preguntó Jesús—. Les diré: irá y matará a los agricultores y alquilará el viñedo a otros.

—¡Eso jamás! —respondieron los líderes judíos. Entendieron que Jesús estaba hablando de ellos. Eran como los arrendatarios del viñedo de la historia. Dios era el dueño de su pueblo, Israel. Había puesto a estos líderes a cargo del pueblo para que trabajaran para él. Durante siglos, Dios había estado esperando el fruto de su pueblo sin recibir nada. Había mandado a un profeta tras otro para llamar a su pueblo al arrepentimiento. ¡Dios había mandado a muchos más profetas y había dado muchas más oportunidades que cualquier propietario hubiera hecho por los arrendatarios! Pero el pueblo de Dios y sus líderes constantemente maltrataron, ignoraron y hasta mataron a sus profetas.

Ahora Dios había mandado a su querido Hijo. Era la última oportunidad para estos líderes de Israel. Sin embargo, lo matarían, y Jesús lo sabía. Les estaba advirtiendo que se arrepintieran antes de que fuera demasiado tarde, de lo contrario Dios los juzgaría y confiaría su pueblo a otros líderes.

Pero su respuesta fue: «¡Eso jamás!».

Jesús los miró de frente y les recordó el pasaje de las Escrituras que dice: «La piedra que los constructores rechazaron ahora se ha convertido en la piedra principal». Dios envió a Jesús como Aquel sobre quién construiría su iglesia, y estos «constructores» lo estaban rechazando. Continuó diciendo Jesús: «Todo el que tropiece con esa piedra se hará pedazos, y la piedra aplastará a quienes les caiga encima».

Jesús es el único Salvador que Dios provee. Fuera de él, no puede haber salvación. Rechazarlo es elegir el juicio de Dios.

EN CUANTO A MÍ Y A MI FAMILIA...

▶ Hagan una lista de los profetas del Antiguo Testamento que recuerden. El índice de su Biblia puede ayudar, aunque hay otros profetas que no escribieron ningún libro de la Biblia. Una vez que tengan la lista verán cuánta paciencia tuvo Dios en mandar a tantos siervos para llamar a su pueblo al arrepentimiento cuando continuaban viviendo en rebeldía con él.

▶ Alaben a Dios por su maravillosa gracia y su paciencia, que lo hicieron enviar a su Hijo para acercarnos a él, aun después de tantos siglos de rebelión de su pueblo.

▶ Alaben a Jesús por ser el único medio de salvación de Dios.

LA PARÁBOLA DE LAS DIEZ JÓVENES

Jesús requiere que la gente esté preparada para su regreso

Mateo 25:1-13

77

¿Has estado alguna vez en una boda? Si es así, seguramente hubo varias cosas que tuviste que hacer para prepararte. La gente generalmente se viste bien para una boda. Tu familia probablemente preparó un regalo y firmó una tarjeta para los novios.

En la época de Jesús, las bodas eran mucho más complicadas. Por un lado, la fiesta podía durar varios días. Y la hora del festejo era apenas aproximada: los invitados simplemente debían estar preparados.

> «Ustedes también deben estar preparados todo el tiempo, porque el Hijo del Hombre vendrá cuando menos lo esperen». Mateo 24:44

El novio y sus amigos alistaban todo para los festejos en su casa, y una vez que todo estaba listo, se dirigían a la casa de la novia, donde se llevaría a cabo la ceremonia de la boda. Después de la ceremonia, el novio llevaba a su nueva esposa en una procesión hasta su casa para el banquete.

Los invitados de la boda tenían que esperar y estar atentos a la procesión. Esperaban desde donde podían ver la casa del novio, para poder darse cuenta de cuando llegaba de regreso con la novia. En ese momento, se abrían las puertas de la casa y entraban todos los invitados a la fiesta.

Jesús relató una historia acerca de diez jóvenes que habían sido invitadas a un banquete de bodas. La boda era de noche. Las diez jóvenes salieron a las calles con sus lámparas de aceite y se instalaron para esperar el regreso del novio con la novia. Cinco de estas jóvenes fueron sabias; comprendieron que era probable que los novios se retrasaran y que tendrían que esperar largo tiempo. Estas jóvenes trajeron aceite adicional para sus lámparas. Las otras cinco fueron necias. No lo pensaron con anterioridad y no llevaron más aceite.

Al comienzo, las diez jóvenes habrían estado entusiasmadas, conversando sobre sus amigos que se estaban casando, sobre cómo sería la fiesta, sobre otros amigos que tal vez se casarían. No obstante, la procesión parecía demorarse mucho, y seguramente las jóvenes se quedaron sin temas de conversación. Tal vez comenzaron a aburrirse y finalmente se habrán quedado en silencio. Se hizo cada vez más tarde, y una tras otra fueron quedándose dormidas.

¿Alguna vez te has quedado dormido fuera de casa y despertado de repente? Cuesta un poco recordar dónde estás y por qué estás ahí. Pudo haber pasado algo así con estas diez jóvenes cuando a medianoche finalmente llegó la procesión del casamiento. Se habrán despertado cuando alguien gritó: «¡Miren, ya viene el novio! ¡Salgan a recibirlo!».

Ah, sí, habrán pensado las jóvenes, *es la boda. Estábamos esperando al novio.* Se levantaron rápidamente, se acomodaron la ropa y comenzaron a preparar sus lámparas. Fue entonces cuando se puso en evidencia cuáles habían sido sabias y cuáles necias.

Las cinco jóvenes que habían traído aceite adicional agregaron el aceite a sus lámparas y estas se encendieron vivamente. Estas jóvenes estaban preparadas para unirse a la procesión y entrar a la fiesta. Pero las otras jóvenes dijeron:

—Por favor, dennos un poco de aceite, porque nuestras lámparas se están apagando.

Las cinco jóvenes sabias habrán querido ayudarlas, pero no lo podían hacer. Habían traído aceite adicional, pero solo lo suficiente para sus propias lámparas. De modo que dijeron:

—No tenemos suficiente para todas. Vayan a una tienda y compren un poco para ustedes.

Así es que las cinco jóvenes necias corrieron a una tienda a comprar aceite para sus lámparas. ¡Pero era medianoche! Es probable que fuera difícil encontrar una tienda abierta. Mientras estaban intentando conseguir aceite, llegó el novio. Las cinco jóvenes sabias pusieron en alto sus lámparas, y se unieron a los amigos y familiares felices que se dirigían a la casa del novio. Juntos entraron a la fiesta de casamiento y se cerraron las puertas.

Más tarde, finalmente llegaron las otras cinco jóvenes con sus lámparas recargadas. Las calles estaban desiertas y en silencio. Se dirigieron a la casa del novio y llamaron a la puerta: «¡Señor, señor! ¡Ábrenos la puerta!», dijeron. Pero era demasiado tarde. No habían estado preparadas, y la puerta se había cerrado. La fiesta seguiría sin ellas, y no podrían participar de la misma.

Jesús contó varias parábolas como esta. Quiere que la gente esté preparada para su regreso. Cuando Jesús regrese, llevará a todos los que estén preparados para estar con él para siempre. Los que no lo estén, comprenderán cuán necios fueron. Comprenderán que deberían haberse apartado del pecado, puesto su fe en Jesús y dedicado su vida a él. Pero será demasiado tarde.

EN CUANTO A MÍ Y A MI FAMILIA...

▶ El pueblo de Dios tiene una esperanza que otros no tienen. Dios ha prometido una eternidad con él, sin ninguna de las cosas que hacen que esta vida sea triste. Si forman parte del pueblo de Dios, pueden alegrarse y alabarlo por esta esperanza. Si no están seguros de estar preparados para el regreso de Jesús, hablen con sus padres o su pastor sobre lo que significa arrepentirse y confiar en Cristo.

78 LA PARÁBOLA DE LOS TALENTOS
Jesús es un amo al que debemos servir fielmente
Mateo 25:14-30

Se acercaba el tiempo en que Jesús debía morir en la cruz por su pueblo. Jesús lo sabía. No obstante, sus discípulos serían tomados completamente por sorpresa. Jesús había intentado advertirles. Les

«El amo lo llenó de elogios. "Bien hecho, mi buen siervo fiel. Has sido fiel en administrar esta pequeña cantidad, así que ahora te daré muchas más responsabilidades. ¡Ven a celebrar conmigo!"». Mateo 25:21

había dicho una y otra vez que sería arrestado en Jerusalén por los líderes judíos, que sufriría, sería entregado a los gentiles y sería condenado a muerte. Luego resucitaría. Pero a pesar de todas las veces que lo habían oído, los discípulos no lo entendían. *Todavía* esperaban que Jesús estableciera pronto su reino terrenal. De hecho, ahora que estaban en Jerusalén y estaba llena de gente por la fiesta de la Pascua, les parecía que seguramente Jesús establecería su reino ahora mismo.

Jesús sabía que les aguardaba una larga espera. No solo todavía tenía que morir y resucitar, sino que volvería al cielo y ellos se quedarían en la tierra para esperar su regreso. Cada vez que la gente preguntaba cuándo sería ese regreso, Jesús respondía que solo el Padre conocía el día y la hora. Aun así, Jesús sabía que pasaría mucho tiempo hasta que ocurriera.

Eso era así porque había trabajo que hacer, y el plan de Jesús era hacer ese trabajo por medio de la iglesia, su pueblo. Pero hasta ese momento, solo algunas personas en la pequeña nación de Israel sabían que él había venido. Hacía falta que la gente de todas las naciones lo supiera, porque su iglesia debía incluir a gente de todas las naciones.

Por eso Jesús relató otra parábola. El propósito de esta parábola era ayudar a sus discípulos a entender que no establecería un reino en la tierra a corto plazo. Tendrían que esperar y tener paciencia. No solo eso, sino tendrían que trabajar mientras esperaban.

El reino de los cielos no sería como un reino terrenal donde los discípulos de Jesús gobernarían a otros. A lo que *realmente* se parecía el reino de los cielos era a un hombre que se va de viaje y entrega las cosas importantes a sus siervos para que las cuiden mientras está ausente.

La parábola de Jesús relata que un hombre se fue de viaje, pero primero llamó a sus siervos y les entregó su propiedad. Se las entregó en talentos; un talento equivalía a una suma importante de dinero. El hombre le dio a su primer siervo cinco talentos; al segundo dos talentos; y al tercero un talento. Decidió cuánto dar a cada uno sobre la base de sus habilidades. No eran regalos que les estaba dando para que los usaran a su gusto. Los talentos pertenecían al amo, y la tarea de sus siervos era usarlos para producir más dinero para él.

El amo se fue. El primer siervo se dispuso a utilizar los cinco talentos que se le habían dado. Quizás compró materiales para fabricar algo que pudiera vender, o tal vez invirtió los talentos en algún tipo de negocio. Obró con sabiduría y con diligencia, y trabajó duro. Pronto, los cinco talentos se habían convertido en diez.

El segundo siervo hizo algo parecido con sus dos talentos, y pronto estos se convirtieron en cuatro.

El tercer siervo, en cambio, cavó un hueco en la tierra y escondió el dinero de su amo.

Al cabo de mucho tiempo, el amo regresó y llamó a sus siervos a que le rindieran cuentas de lo que habían hecho con su dinero. El primer siervo presentó diez talentos en lugar de cinco, y el segundo cuatro en lugar de dos. «Bien hecho, mi buen siervo fiel —dijo el amo a cada uno de los hombres—. Has sido fiel en administrar esta pequeña cantidad, así que ahora te daré muchas más responsabilidades. ¡Ven a celebrar conmigo!».

Después vino el tercer siervo y mostró su único talento, que seguía siendo uno solo. No había hecho nada con él. Puso excusas, y luego entregó el talento a su amo. El amo llamó malvado y perezoso a su tercer siervo. Le quitó el talento y se lo entregó al que tenía diez talentos. Luego el amo despachó al tercer siervo para ser castigado.

Si Jesús nos salvó, nos salvó para él. Nos salvó para servirle y vivir para él. No podemos hacer eso de manera perfecta en esta vida, pero en gratitud por nuestra salvación, queremos vivir para Jesús, no para nosotros mismos. Debemos utilizar todo lo que nos ha dado para hacer avanzar sus intereses, no los nuestros, y debemos servirle fielmente como sirven los siervos que aprecian a su amo.

EN CUANTO A MÍ Y A MI FAMILIA...

▶ Dios no nos hizo a todos iguales, y tenemos diferentes habilidades. El amo no regañó al segundo siervo por tener solamente cuatro talentos; después de todo, ese siervo había comenzado solo con dos. No tenemos por qué estar frustrados ni desanimados si no hacemos las grandes cosas por Jesús que otras personas pueden hacer. Solo tenemos que ser fieles al usar lo que se nos ha dado para su gloria. ¿Qué tipo de cosas poseen y qué habilidades tienen? ¿Cómo pueden usarlas para servir a Jesús?

JESÚS LAVA LOS PIES DE SUS DISCÍPULOS
Jesús ama y sirve a su pueblo
Juan 13

79

¿Qué pasaría si supieras que esta noche es la última noche que pasarías con tu familia o tus amigos? ¿Y si supieras que es la última noche porque vas a morir por el bien de ellos? ¿Acaso no

«Antes de la celebración de la Pascua, Jesús sabía que había llegado su momento para dejar este mundo y regresar a su Padre. Había amado a sus discípulos durante el ministerio que realizó en la tierra y ahora los amó hasta el final». *Juan 13:1*

esperarías que tu familia y amigos hicieran algo importante para ti esa última noche? No esperarías pasar esa última noche limpiando la habitación de tu hermano o lavando los platos solo.

Esa noche, Jesús sería arrestado. Al día siguiente, lo condenarían a morir en una cruz. Jesús lo sabía. Sabía que era la última cena que tendría con los discípulos, que eran sus amigos más cercanos. Jesús no perdió tiempo sintiendo lástima de sí mismo. No esperaba que sus discípulos le sirvieran ni le prestaran atención especial. En lugar de eso, Jesús los amó hasta el final.

Sabiendo que no estaría con ellos mucho más tiempo, Jesús buscó una manera más de mostrar amor a sus discípulos. La encontró en una toalla y un recipiente. En la época de Jesús, era costumbre que un siervo lavara los pies de las personas cuando entraban a una casa. Se viajaba a todas partes a pie, y los caminos eran polvorientos. Si la gente llegaba a su destino y no había alguien para lavarles los pies, se sentían incómodos y descontentos porque sus pies estaban tan sucios. El lavado de pies se consideraba uno de los trabajos más humillantes y solo se daba esa tarea a los siervos de menor categoría.

Jesús y sus discípulos estaban cenando, ¡y nadie les había lavado los pies! Indudablemente, los discípulos se sentían molestos con esa situación. Por supuesto, hubieran podido lavarse los pies unos a otros o al menos lavarse los propios... ¡pero ese no era su trabajo! ¡Era el trabajo de un siervo!

Juan, que era uno de los discípulos que estaba en la sala, después escribió lo siguiente: «Jesús sabía que el Padre le había dado autoridad sobre todas las cosas y que había venido de Dios y regresaría a Dios». Ahora bien, a continuación, ¿acaso no esperarías leer que, ya que Jesús sabía esas cosas, «esperaba que sus discípulos lo adoraran»? ¿O... «esperaba que sus discípulos lo sirvieran»? En lugar de eso, leemos que, sabiendo lo grande y glorioso que era como Dios, y sabiendo que estaba a punto de morir por esos hombres, Jesús se puso de pie para hacer la tarea de un siervo. Se ató una toalla en la cintura, echó agua en un recipiente y se acercó a cada discípulo, lavándole los pies.

Seguramente los discípulos se sintieron avergonzados. Cuando Jesús llegó a Pedro, este protestó. Dijo a Jesús: «Jamás me lavarás los pies». La respuesta de Jesús fue que, si no le lavaba los pies, Pedro no tendría parte con él. Todo verdadero creyente en Jesús debe estar dispuesto a humillarse lo suficiente como para permitir que Jesús haga por él lo que necesita.

Y lo asombroso es que, como Jesús sabía todas las cosas, sabía que uno de los discípulos cuyos pies estaba lavando, Judas, ¡tenía la intención de entregarlo a sus enemigos esa misma noche! Sin embargo, de todos modos le lavó los pies.

Cuando Jesús terminó, dijo a sus discípulos que así como él los había servido, siendo su Señor y Maestro, ellos debían servirse unos a otros también.

Entonces Jesús se sintió angustiado al pensar en Judas. «Les digo la verdad, ¡uno de ustedes va a traicionarme!».

Todos los discípulos comenzaron a preguntar: «Señor, ¿quién es?». Por lo menos, no dieron simplemente por sentado que no podía ser alguno de ellos. Comprendían que su corazón era pecador y engañoso. Juan, quien escribió esta historia, se inclinó hacia Jesús y le preguntó a quién se refería.

Jesús respondió que lo traicionaría aquel a quien él diera el trozo de pan que estaba por mojar en el plato. Mojó el pan, y se lo entregó a Judas. Este lo tomó, y la Biblia dice que luego «Satanás entró en él». Se levantó y salió, dirigiéndose a los enemigos de Jesús.

Jesús es Dios, y Dios es amor. Vemos el amor de Jesús no solo en la gran salvación que nos dio con su sufrimiento y su muerte, sino también en la manera humilde de servir en esa tarea común y asquerosa de lavar los pies. Vemos el amor de Jesús no solo en lo que hizo por sus amigos, sino también en lo que hizo por aquel quien sabía que lo traicionaría.

EN CUANTO A MÍ Y A MI FAMILIA...

▶ ¿Acaso no es duro tener que hacer un trabajo que disfrutamos cuando en realidad no es nuestra obligación hacerlo? ¿Acaso no es difícil ceder y hacer lo que hace falta? Pídanle a Jesús que les dé el mismo espíritu de siervo que él tenía.

▶ Lean juntos Filipenses 2:3-11. ¿Cómo se relaciona ese pasaje con la historia que acaban de leer? Alaben a Jesús por lo que esos textos nos dicen acerca de él.

80 — JESÚS ES ARRESTADO Y JUZGADO
Jesús vino para cumplir la voluntad de su Padre
Marcos 14:26-72

¡Yo no!, gritó Pedro mentalmente. *¡No lo voy a hacer!* Jesús acababa de decir que todos, ¡*todos* ellos!, lo abandonarían. Luego Jesús había dicho:

—Sin embargo, después de ser levantado de los muertos, iré delante de ustedes a Galilea y allí los veré.

«Pues he descendido del cielo para hacer la voluntad de Dios, quien me envió, no para hacer mi propia voluntad». Juan 6:38

Pedro no tenía idea de lo que estaba hablando Jesús. Pero lo que sí sabía era que ¡jamás lo abandonaría!

—Aunque todos te abandonen, yo jamás lo haré —le dijo en voz alta a Jesús.

—Te digo la verdad, Pedro: esta misma noche, antes de que cante el gallo dos veces, negarás tres veces que me conoces —insistió Jesús.

¿Negarlo? Pedro se sintió horrorizado. Era imposible que negara a Jesús. ¡Y mucho menos tres veces en una noche!

—Aunque tenga que morir contigo, ¡jamás te negaré! —dijo Pedro.

Estaban camino a uno de los lugares preferidos de Jesús para alejarse de las multitudes de Jerusalén. Cuando llegaron a lo que se conocía como el huerto de Getsemaní, Jesús pidió al resto de los discípulos que esperaran. Llevó con él a Pedro, a Santiago y a Juan.

Pedro había tenido un día largo al final de una semana larga. Era tarde, y estaba agotado. Pero la noche pareció volverse más oscura todavía porque se daba cuenta de que Jesús se sentía muy angustiado y afligido. Jesús les dijo: «Mi alma está destrozada de tanta tristeza, hasta el punto de la muerte. Quédense aquí, y velen conmigo».

Pedro tenía intenciones de vigilar y esperar a que Jesús regresara. Hasta pudo haber pensado en orar, sin comprender bien qué ocurría, pero consciente de que Jesús necesitaba oraciones. Pero estaba muy cansado; le pesaban los ojos; y estaba muy triste de ver a Jesús triste... Y antes de que se diera cuenta, Jesús estaba sacudiéndolo y diciéndole: «Simón, ¿estás dormido? ¿No pudiste velar conmigo ni siquiera una hora? Velen y oren». Pedro se despabiló y se propuso hacerlo mejor, mientras Jesús se alejaba nuevamente para estar solo. Pero pronto Jesús lo estaba despertando nuevamente, y lo llamaba a velar y orar. Una vez más, Jesús se alejó a orar, y una vez más, Pedro (al igual que Santiago y Juan) se durmió de inmediato. La tercera vez que Jesús los despertó, dijo: «La hora ha llegado. El Hijo del Hombre es traicionado y entregado en manos de pecadores».

Fue entonces cuando Pedro oyó voces y vio las antorchas. Había venido una multitud y frente a la misma estaba Judas, quien se acercó a Jesús y lo besó. Como si esa fuera la señal, unos hombres salieron de la multitud y atraparon a Jesús. Pedro entró en acción. Tomó una espada y la blandió en el aire, cortándole la oreja a uno que estaba en la multitud. Jesús le dijo a Pedro que guardara la espada. Dijo que podía pedir al Padre y vendrían cientos de ángeles a defenderlo. Y entonces Jesús sanó la oreja del hombre. Frente a eso, Pedro no supo qué hacer. ¿Cómo se defiende a alguien que sana al enemigo al que has herido? Pedro y los otros discípulos se volvieron y huyeron.

La multitud condujo a Jesús a la casa

del sumo sacerdote para iniciar un juicio. Esperaban encontrar algo por lo cual culpar a Jesús. Juan conocía a alguien de la familia del sumo sacerdote, de modo que pudo entrar al patio y llevó con él a Pedro. Mientras Pedro esperaba para ver qué ocurría, percibió que alguien lo miraba. Era una sirvienta que dijo: «Tú eres uno de los que estaban con Jesús de Nazaret».

Pedro lo negó. Dijo que no sabía de qué le hablaba. En la distancia, cantó un gallo. Sin embargo, la muchacha comenzó a decirle a otros que Pedro era amigo de Jesús. Una vez más, Pedro lo negó. Más tarde, algunas de las personas dijeron a Pedro:

—Seguro que tú eres uno de ellos, porque eres galileo.

Pedro juró y maldijo.

—¡No conozco a ese hombre del que hablan!

Inmediatamente, un gallo volvió a cantar. En ese preciso momento, la gente pasaba por ahí llevando a Jesús. Lo habían golpeado y sangraba, y al pasar se volvió y miró a Pedro. Pedro recordó que Jesús le había dicho que lo negaría tres veces antes de que un gallo cantara dos. Era más de lo que Pedro podía soportar, de manera que se volvió, salió corriendo hacia la noche y lloró amargamente.

Lo que Pedro no había visto era a Jesús orando en el huerto mientras él dormía, cuando le decía al Padre que ansiaba que pasara esa copa, pero que la bebería si era la voluntad del Padre. Lo que Pedro no había visto era que Jesús no decía nada para defenderse contra las falsas acusaciones en el juicio. Aunque Jesús le había advertido que eso ocurriría, Pedro no había entendido que Jesús tenía que sufrir para traer la salvación a su pueblo. Jesús había venido para hacer la voluntad de su Padre, y eso significaba sufrir y morir en nuestro lugar, para pagar por nuestros pecados.

EN CUANTO A MÍ Y A MI FAMILIA...

▶ Como pecadores, si velamos por cuenta propia, siempre elegiremos nuestra propia voluntad en lugar de la de Dios. Jesús vino a hacer la voluntad de su Padre, aunque siempre supo lo que le costaría. Lean Juan 4:32-34. ¿Qué dijo Jesús que era la voluntad del Padre para él?

▶ Procuren encontrar una copia de la pintura de Rembrandt *La negación de san Pedro* (quizás en Google). Es fácil criticar a Pedro, pero ¿lo hubiéramos hecho mejor que él? Oren por los cristianos perseguidos que cada día se ven tentados a negar a Cristo, pero permanecen firmes.

JESÚS MUERE EN LA CRUZ

Jesús murió por el pecado en lugar de su pueblo

Mateo 27:39-43, 54; Lucas 23:18-46

81

Mientras yacía en la celda de la prisión, Barrabás esperaba que su castigo fuera la muerte. Sabía que los romanos no mostraban ninguna piedad por quienes causaban alboroto contra su gobierno. Había robado, había matado, y ahora lo habían atrapado. No podía esperar otra cosa que la muerte.

Ese día en particular, la gente gritaba

> «Cuando todavía éramos pecadores, Cristo murió por nosotros. Y ahora que hemos sido justificados por su sangre, ¡con cuánta más razón, por medio de él, seremos salvados del castigo de Dios!». Romanos 5:8-9, NVI

el nombre de Barrabás. A lo mejor los oía. De ser así, también los oyó gritando: «¡Crucifícalo!», y hubiera dado por sentado que se referían a *él*, Barrabás.

De repente, oyó los pasos de un guardia y el ruido de llaves en la cerradura. Ante su total asombro, el guardia abrió la celda, le quitó las esposas y le ordenó marcharse. Seguramente Barrabás salió de prisa y corrió para perderse entre la multitud antes de que el guardia cambiara de idea. Mientras tanto se preguntaba por qué lo estaban dejando en libertad. La gente seguía gritando: «¡Crucifícalo!».

Pero había otro preso de pie frente a la multitud, callado y sangrando. Un prisionero que había sido golpeado y azotado. No parecía peligroso en lo más mínimo, pero era a quien la multitud quería ver crucificado. A lo mejor fue entonces que Barrabás comprendió.

Era la Pascua, y en la Pascua, Pilato solía liberar a un preso de los judíos. Él, Barrabás, había sido liberado. Ese otro preso, llamado Jesús, moriría en su lugar.

Había un ladrón que también esperaba morir. Le aterraba morir crucificado, pero sabía que no podía esperar otra cosa. Efectivamente, llegó el día en que lo condujeron con otro criminal a una colina donde los colgaron de unas cruces y los dejaron a morir. El dolor que padecía era intenso. Pero estaba consciente de Jesús, a quien crucificaban en ese mismo momento.

El criminal sabía que Jesús no había hecho nada malo para merecer esa muerte horrible. Se sorprendía de la forma en que la multitud parecía odiar a ese hombre. Ni siquiera lo dejaban sufrir y morir en paz, sino que se quedaban allí burlándose de él. «Salvó a otros... que se salve a sí mismo si en verdad es el Mesías de Dios, el Elegido», gritaban sarcásticamente. «¡Que baje de la cruz ahora mismo y creeremos en él! Confió en Dios, entonces, ¡que Dios lo rescate ahora si lo quiere! Pues dijo: "Soy el Hijo de Dios"».

Es posible que el criminal hubiera oído acerca de Jesús. Quizás lo había visto sanar gente o lo había oído predicar. O tan solo habría escuchado lo que afirmaban los burladores que Jesús había dicho de sí mismo: que era el Rey, que confiaba en Dios y que era el Hijo de Dios. A lo mejor escuchó a Jesús orar para que sus enemigos fueran perdonados. De alguna manera, ese criminal llegó a entender que Jesús podía salvarlo, y que necesitaba ser salvado. Supo que necesitaba ser perdonado.

Cuando el criminal de la otra cruz se burlaba de Jesús, junto con la multitud, este criminal lo reprendió:

—¿Ni siquiera temes a Dios ahora que estás condenado a muerte? Nosotros merecemos morir por nuestros crímenes, pero este hombre no ha hecho nada malo. —Luego dijo—: Jesús, acuérdate de mí cuando vengas en tu reino.

Jesús respondió:

—Te aseguro que hoy estarás conmigo en el paraíso.

Y así siguieron sufriendo juntos, el criminal por sus crímenes, Jesús por el pecado de su pueblo, incluso por el pecado de ese criminal. Este escuchó el grito triunfal de Jesús: «¡Todo está cumplido!» justo antes de morir, y oyó al centurión romano decir: «¡Este hombre era verdaderamente el Hijo de Dios!». Finalmente, el criminal también murió, y su espíritu fue a estar con su nuevo Señor y Salvador.

Jesús fue el único ser humano que no debió haber muerto: era perfecto y no tenía pecado propio por el cual pagar. Jesús murió la muerte que debió haber sufrido Barrabás; y por nosotros, cargó con la ira de Dios que nosotros deberíamos haber experimentado. Quienes se burlaban de él tenían razón: Jesús no pudo salvarse a sí mismo, no si quería salvar a otros. Como el criminal en la cruz, cuando admitimos nuestro pecado y necesitamos buscar a Jesús con una fe sencilla, él nos salvará. Su muerte pagará por nuestro pecado, y estaremos por siempre con él.

EN CUANTO A MÍ Y A MI FAMILIA...

▶ Lean Isaías 53 juntos, en espíritu de oración, agradeciendo a Jesús por su amor que lo dispuso a cargar con la ira de Dios por nuestro pecado, y alabándolo por su poder, por medio del cual pudo salvarnos.

82 JESÚS RESUCITA DE LA MUERTE

La resurrección de Jesús comprueba que es el Hijo de Dios
Lucas 24:36-42; Juan 20:1-10, 19-20

¿Podía haber algo peor que lo que había ocurrido el viernes? Jesús había muerto. Jesús no era solo el amigo más querido de Pedro y la persona a la que más amaba en el mundo. Jesús también era el Mesías. Y era el Hijo de Dios. Al menos eso era lo que Pedro había pensado, por los muchos actos

«Y ahora nosotros estamos aquí para traerles la Buena Noticia. La promesa fue dirigida a nuestros antepasados. Y ahora Dios nos la cumplió a nosotros, los descendientes, al resucitar a Jesús. (…) Por medio de este hombre Jesús, ustedes tienen el perdón de sus pecados».

Hechos 13:32-33, 38

de poder que había visto realizar a Jesús. Pero si era el Mesías prometido de Dios, ¿cómo pudo Dios haberlo abandonado en manos de hombres malvados que lo torturaron y lo mataron ese viernes? Y si Jesús era el Hijo de Dios, ¿cómo era posible que hubiera muerto? Tal vez Pedro había estado equivocado; tal vez Jesús no era el Mesías o el Hijo de Dios. ¿Y qué podía ser peor que eso?

Peor sería lo siguiente: si Pedro hubiera podido hacer algo por Jesús en su sufrimiento y no lo hubiera hecho; si el último recuerdo que Jesús hubiera tenido de él hubiera sido el de Pedro haciendo algo que hiriera a Jesús: eso lo haría todo peor. Y eso fue exactamente lo que había ocurrido. Pedro había negado conocer a Jesús; no sola una vez, sino tres veces. Y cuando terminaba de hablar la tercera vez, Jesús —azotado, ensangrentado y sufriendo— había sido llevado por ahí y se había vuelto para mirar a Pedro. Luego Jesús había desaparecido, y pocas horas después había muerto. Pedro no tuvo la oportunidad de decirle lo terriblemente arrepentido que estaba.

La desesperación de Pedro era total.

Ahora era domingo por la mañana, y Pedro seguramente sentía que el resto de su vida sería tan oscuro y triste como habían sido los últimos días. ¿Quedaba algo por lo cual seguir viviendo? ¿Cómo podría jamás ser perdonado?

Cuando comenzó el insistente llamado a la puerta, la primera reacción de Pedro fue de pánico. ¿Acaso los soldados venían también por él? Pedro se apresuró a ver quién estaba ahí. Se asomó al día que amanecía. Allí estaba María Magdalena, jadeante y casi frenética. Apenas se abrió la puerta, clamó: «¡Sacaron de la tumba el cuerpo del Señor, y no sabemos dónde lo pusieron!».

Pedro no esperó a escuchar nada más. Salió disparado de la casa. María Magdalena se lo contó también a Juan, y Juan siguió a Pedro. Juan corría más rápido y pronto lo superó. Cuando llegaron a la tumba, donde la enorme roca ya no cubría la entrada, Juan se detuvo. Se inclinó y miró adentro. Pedro lo alcanzó, se abrió paso y entró. No había ningún cuerpo. Las telas en las que había sido envuelto estaban allí, y a un lado, estaba la tela con la que habían cubierto el rostro de Jesús. Había sido doblada con esmero.

María Magdalena estaba en lo cierto cuando dijo que el cuerpo ya no estaba allí. Pero había dicho «sacaron». Quienes lo hubieran sacado, si se llevaron el cuerpo de Jesús, ¿por qué le habían quitado primero todas las telas con las que lo sepultaron? ¿Y por qué se habían tomado el tiempo de doblar la tela del rostro? ¿Cómo podrían haber pasado sin ser vistos por los soldados que vigilaban la entrada?

Pedro y Juan regresaron a sus hogares y pasaron un día largo y lleno de ansiedad y muchas preguntas. ¿Qué estaba pasando? ¿Dónde estaba Jesús? Cuando llegó la noche, se reunieron todos los discípulos (excepto Tomás). ¡Tenían mucho que hablar! Se aseguraron de poner cerrojo a las puertas, para que los enemigos de Jesús no pudieran encontrarlos.

Pedro y Juan contaron lo que habían visto en la tumba. Mientras los discípulos conversaban, Pedro de repente se dio cuenta de que había llegado alguien más a la sala, a pesar de que no se había abierto la puerta. De inmediato, se llenó de sorpresa, alegría y terror a la vez, ¡porque el recién llegado era Jesús! Por mucho que los discípulos hubieran deseado que Jesús siguiera vivo, era atemorizante verlo allí sabiendo que había muerto. Al principio, pensaron que se trataba de un fantasma. «Tóquenme y asegúrense de que no soy un fantasma —dijo Jesús—, pues los fantasmas no tienen cuerpo, como ven que yo tengo». Jesús les mostró las heridas de los clavos y de la lanza para que pudieran ver que era el mismo cuerpo que había muerto, el que ahora estaba vivo ante ellos. Los discípulos no lo podían creer. ¡Parecía demasiado bueno para ser cierto! Jesús también comió un trozo de pescado, para que pudieran ver que no se trataba de un fantasma, sino del Señor Jesús, nuevamente vivo.

Jesús es el Mesías prometido. Es el Hijo de Dios. La prueba está en su resurrección. Su muerte fue por el pecado de su pueblo, y su resurrección fue la prueba de que había cumplido aquello para lo cual el Padre lo había enviado. La negación de Pedro a Jesús, y todos sus otros pecados, ya estaban cancelados. Pedro había sido perdonado.

EN CUANTO A MÍ Y A MI FAMILIA

▶ Cuando Pedro y Juan se asomaron al interior de la tumba, ¿qué les sugirió que el cuerpo de Jesús no había sido llevado por alguien?

▶ ¿Qué parte de la historia deja en claro que no era solamente el espíritu de Jesús que seguía vivo, sino que su cuerpo muerto había vuelto a la vida?

▶ ¿Qué tan valiente fue Pedro en el momento de la muerte de Jesús? Sin embargo, más tarde, Pedro predicó valientemente a la misma gente que había arrestado a Jesús y lo había hecho matar. Más adelante, Pedro también fue condenado a muerte por predicar con fidelidad. ¿Cuál es la evidencia de que Pedro y los demás discípulos no habían simplemente inventado la historia de que Jesús había resucitado de entre los muertos?

JESÚS ESTABLECE LA GRAN COMISIÓN

Jesús da a su pueblo una tarea y lo prepara para ella

Mateo 28:16-20; Hechos 1:1-8

83

La tarea de Jesús en la tierra estaba casi terminada: casi, pero no totalmente. Había vivido en obediencia perfecta a Dios, en lugar de su pueblo. Había elegido a hombres para ser sus apóstoles y había dedicado tres años a enseñarles. Había muerto en la cruz para pagar por el pecado de su pueblo, y había resucitado de entre los muertos. Continuaría su obra para su pueblo desde el cielo, pero, antes de volver allí, tenía que

> *«Jesús se acercó y dijo a sus discípulos: "Se me ha dado toda autoridad en el cielo y en la tierra. Por lo tanto, vayan y hagan discípulos de todas las naciones, bautizándolos en el nombre del Padre y del Hijo y del Espíritu Santo. Enseñen a los nuevos discípulos a obedecer todos los mandatos que les he dado. Y tengan por seguro esto: que estoy con ustedes siempre, hasta el fin de los tiempos"».*
>
> *Mateo 28:18-20*

preparar a sus discípulos para continuar su obra en la tierra.

Después de resucitar de entre los muertos, Jesús se apareció a sus discípulos muchas veces. En una ocasión, se les apareció ante quinientas personas a la vez. Era importante que los apóstoles estuvieran absolutamente convencidos de que Jesús realmente había resucitado. Tendrían que enfrentar persecución y muerte al proclamar su Buena Noticia, y necesitaban estar seguros de que era verdad.

Jesús pasó cuarenta días más con quienes había llamado a ser apóstoles, a veces en Jerusalén y a veces en Galilea. Les enseñó del reino de Dios, para que ya no pensaran que se trataba de un reino terrenal. Les enseñó a ver que las Escrituras y los sacrificios y la adoración en el Antiguo Testamento todos apuntaban a él. Les mostró cómo había cumplido las promesas de los profetas.

Entonces Jesús dio a sus apóstoles una tarea que ellos pasarían a su iglesia. Les dijo que hicieran discípulos, seguidores de Jesús, de todas las naciones. Bajo el antiguo pacto, Dios había querido que Israel tuviera cuidado de no mezclarse con otras naciones por temor a que los israelitas terminaran adorando a otros dioses. Pero desde siempre, el propósito de Dios había sido que su Hijo viniera de Israel y trajera salvación y perdón de los pecados para todos, en todas partes. De ahora en adelante, el pueblo de Dios sería más grande que solo la nación de Israel. Estaría compuesto por todos aquellos que ponen su fe en Jesús y lo obedecen como Señor. Los apóstoles debían dirigir la iglesia para llevar esa Buena Noticia a toda la gente.

¿Alguna vez te han dado una tarea que te parecía demasiado grande, a lo mejor porque nunca antes la habías realizado, y no tenías idea de cómo encararla? ¿Acaso no hubiera sido útil si alguien te hubiera dado instrucciones muy claras y luego toda la preparación necesaria para hacerla? Hacer discípulos de Jesús entre la gente de toda nación, gente que por naturaleza es pecadora y enemiga de Dios, ¡es una gran tarea! Jesús les dijo a los discípulos qué debían hacer para cumplir el mandato. Los apóstoles debían ir, a bautizar y enseñar a la gente a hacer todo lo que Jesús había mandado.

Es por eso que las iglesias fieles predican la Buena Noticia y tienen ministros para enseñar. Están usando lo que Jesús les dio para hacer la tarea de formar discípulos. Es por eso que las iglesias fieles realizan bautismos, y envían a gente cerca (en su propio vecindario) y lejos (a países distantes) para compartir con la gente la Buena Noticia de Jesucristo. Es lo que Jesús les dijo que hicieran y de la manera que les mandó.

A ese mandato de hacer discípulos de todas las naciones lo llamamos «**la gran** comisión». En el mandato mismo, Jesús dice cómo llevará a cabo esa tarea su iglesia: al ir, al bautizar y al enseñar. Jesús también dijo a los discípulos con qué ayuda contarían. Antes de dar el mandato, Jesús les había dicho: «Se me ha dado toda autoridad en el cielo y en la tierra». Cuando Jesús regresó al cielo, se sentó a la derecha del Padre, donde gobernará sobre todas las cosas, siempre trabajando por el bien de su amada iglesia.

No es de extrañar que todavía pareciera una tarea abrumadora para unos cuantos seres humanos comunes. Pero luego Jesús agregó: «Y tengan por seguro esto: que estoy con ustedes siempre, hasta el fin de los tiempos». ¡Eso hacía la diferencia! Si Jesús estaba con ellos, podrían hacerlo. Pero Jesús iba a regresar al cielo. ¿Cómo podría estar con ellos? Antes, la noche que Jesús fue arrestado, había prometido a sus discípulos que, una vez que regresara al cielo, enviaría al Espíritu Santo. El Espíritu Santo haría posible que hicieran el trabajo encomendado por Jesús. Obraría en el corazón de la gente que oyera la Buena Noticia de los discípulos y les mostraría que era verdad. Por medio de su Espíritu en ellos, Jesús siempre estaría con su pueblo.

Después de que Jesús ascendió al cielo, envió el Espíritu Santo como había prometido. Los apóstoles predicaban fielmente, escribían y enseñaban lo que habían aprendido de Jesús y del Espíritu Santo. La iglesia creció hasta que hubo discípulos en todo el mundo. Las iglesias fieles hoy todavía procuran ir, bautizar y enseñar para hacer más discípulos de Jesús.

EN CUANTO A MÍ Y A MI FAMILIA...

▶ ¿Qué naciones aparecen hoy en las noticias? Oren juntos por ellas, pidiendo a Dios que obre por medio de las circunstancias en aquellos países para que más gente oiga y crea la Buena Noticia.

▶ ¿Qué misioneros conocen ustedes o su iglesia? Oren por ellos para que sean fieles en cumplir la gran comisión, utilizando las cosas que Jesús les dio para hacerlo.

▶ Oren por sus propios pastores y ancianos para que sean fieles en sus ministerios de predicación y enseñanza, para proclamar la Buena Noticia como Jesús dijo que debían hacerlo.

84 EL SERMÓN DE PEDRO EN PENTECOSTÉS
El Espíritu Santo obra en el pueblo de Dios
Hechos 2

Imagínate a un par de jóvenes que vivían en la Jerusalén del tiempo de la Biblia y que supieran todo acerca de Jesús. Bueno, por lo menos estos jóvenes, buenos amigos, sabían que Jesús había sido un maestro popular y que había hecho milagros. Estos jóvenes habrán estado en la multitud el día que Jesús entró a Jerusalén montado en un burro. Se habrán alegrado mucho de pensar que el Rey ungido de Dios había llegado, y que por fin los judíos podrían deshacerse del gobierno de los romanos. Los dos habrán

> «Se lo enviaré a ustedes; y cuando él venga, convencerá al mundo de pecado y de la justicia de Dios y del juicio que viene».
> Juan 16:7-8

arrojado sus mantos sobre el camino para que el burro de Jesús pisara sobre ellos, en muestra de su apoyo a ese Rey. Habrán corrido a cortar hojas de palmera para agitar mientras gritaban «¡Alabado sea Dios!» al paso de Jesús.

Pero una vez que Jesús entró a Jerusalén, no organizó un ejército. No hizo nada contra el gobierno romano. Lo único interesante que hizo fue pasar por los patios del templo volcando mesas y echando a los cambistas de dinero, y eso estaba dirigido no contra los romanos, sino contra los propios líderes judíos. ¿Quién se creía? Fuera de eso, Jesús no había hecho otra cosa que enseñar.

Nuestros dos jóvenes, como muchos otros, se habrán desilusionado de Jesús. Él no era lo que querían. De manera que se volvieron en su contra cuando los líderes judíos lo arrestaron por blasfemia y llamaron a todos los judíos leales a pedir su muerte. Cuando Pilato, el gobernante romano, preguntó qué debía hacer con Jesús, estos dos jóvenes se unieron a la gran turba de judíos que gritaban: «¡Crucifícalo! ¡Crucifícalo!». Los dos jóvenes habrán ido al Calvario como muchos otros para observar a Jesús morir, burlándose de él como impostor mientras sufría.

Como vivían en Jerusalén, los dos jóvenes habrán oído los asombrosos rumores de que Jesús había resucitado. Por supuesto, eran demasiado sensatos como para creerlo. Los muertos no vuelven a la vida. Pero era un misterio fascinante, porque nadie había podido hacer aparecer el cuerpo de Jesús. Los soldados que habían estado vigilando la tumba afirmaban que los discípulos de Jesús habían robado el cuerpo mientras ellos dormían. Pero eso era ridículo, ya que todos sabían que los soldados romanos que se dormían mientras vigilaban o que perdían lo que estaban custodiando eran ejecutados. Nadie había castigado a esos soldados, lo cual solo aumentaba el misterio.

Y ahora, siete semanas más tarde, los dos amigos estaban entre una multitud mirando lo que parecía otro misterio. Jerusalén estaba llena de extranjeros de todo tipo que habían venido para el festival de Pentecostés. Allí, mientras la multitud observaba, los seguidores del Jesús crucificado hablaban con todos esos extranjeros *en sus propios idiomas*. Los jóvenes podían oír a la gente diciendo: «¿Cómo puede ser? Todas estas personas son de Galilea, ¡y aun así las oímos hablar en nuestra lengua materna!».

Para los dos jóvenes, que no conocían esas lenguas extranjeras, todo sonaba a palabras sin sentido. Se rieron junto con otros que decían: «Solo están borrachos, eso es todo».

Entonces uno de los seguidores de Jesús pidió silencio y comenzó a hablar a la multitud. Les aseguró que él y sus compañeros no estaban borrachos; ¡era demasiado temprano para eso! Luego citó un pasaje del profeta Joel donde Dios prometía que un día derramaría su Espíritu Santo sobre personas de todo tipo y que estas profetizarían. Pedro les recordó sobre la vida y los milagros de Jesús. Les recordó que ellos, los judíos de Jerusalén, lo habían crucificado. Insistió en que Jesús había resucitado de la muerte. Habiendo resucitado, explicó Pedro, Jesús había sido exaltado y ahora estaba a la derecha del Padre en el cielo. Desde allí Jesús había cumplido la profecía de Joel derramando su Espíritu sobre sus seguidores. Era por eso que podían hablar en idiomas que no conocían. Concluyó Pedro: «Que todos en Israel sepan sin lugar a dudas, que a este Jesús, a quienes ustedes crucificaron, ¡Dios lo ha hecho tanto Señor como Mesías!».

Entonces ocurrió lo más extraño de todo. Los dos amigos, junto con el resto de la multitud, esa misma gente que había exigido la muerte de Jesús y había ridiculizado la idea de su resurrección, sintieron como si las palabras les traspasaran el corazón. «Hermanos, ¿qué debemos hacer?», preguntaron a Pedro y a los demás apóstoles.

Pedro les dijo que se arrepintieran y se bautizaran en el nombre de Jesucristo para el perdón de los pecados y que entonces recibirían el Espíritu Santo. Tres mil personas de esa multitud antes hostil creyeron y fueron bautizadas ese mismo día.

El don del Espíritu Santo no solo da a los seguidores de Jesús la capacidad de vivir para él y ser testigos de lo que hizo. El mismo Espíritu también obra en quienes todavía no son seguidores de Jesús para cambiar su corazón, convirtiendo su burla en arrepentimiento y fe.

EN CUANTO A MÍ Y A MI FAMILIA...

▶ Jesús es quien habla en nuestro versículo clave. Hablaba a sus discípulos en la última noche que compartieron. A quien Jesús promete enviar es «el Ayudador» o el Espíritu Santo. Busquen esos versículos y lean los versículos que los rodean.

▶ Lean el sermón completo de Pedro en Hechos 2:14-41.

▶ Oren por sus amigos que no creen, para que el Espíritu Santo los haga sentir que tienen el corazón «traspasado» por su pecado, y se vuelvan a Cristo en arrepentimiento y fe.

LA IGLESIA PRIMITIVA ENFRENTA PRUEBAS
El Espíritu Santo da valor al pueblo de Dios
Hechos 4:1-31

85

No habían hecho más que sanar un hombre rengo. Ese hombre había sido lisiado toda su vida. No podía trabajar para mantenerse, de manera que tenía que depender de que otros lo llevaran a la puerta del templo y lo dejaran allí todo el día, donde podía mendigar monedas para comprar algo de comida. Pedro y Juan le habían ordenado, en el nombre de Jesucristo de Nazaret, que se levantara y caminara. El hombre lo había hecho y todo el mundo a su alrededor lo había visto. No habían hecho más que sanar a un hombre lisiado. ¿Qué tenía de malo? ¿Por qué se habían metido en problemas?

> Pedro y Juan respondieron: "¿Acaso piensan que Dios quiere que los obedezcamos a ustedes en lugar de él? Nosotros no podemos dejar de hablar acerca de todo lo que hemos visto y oído"». Hechos 4:19-20

También habían predicado un sermón. Pedro y Juan habían comenzado ofreciendo una explicación a la multitud que se había reunido para mirar al hombre que antes era lisiado y ahora caminaba y saltaba y alababa a Dios. Pedro y Juan habían dicho que no era por su poder ni su santidad que el hombre había sido sanado. En lugar de eso, dijeron, quien lo había sanado era Jesús. Luego habían dicho que Jesús es el Autor de la Vida, el Santo y el Justo, el Cristo anunciado por los profetas. Habían continuado su sermón diciendo que los judíos habían negado a ese enviado de Dios, y lo habían matado. Los judíos necesitaban arrepentirse, dijeron Pedro y Juan. Fue entonces que los líderes judíos comenzaron a molestarse.

No habían hecho otra cosa que afirmar claramente quién era Jesús: el que perdonaría sus pecados si volvían en fe a él, y también quien los juzgaría y destruiría si no lo escuchaban. A esas alturas, Pedro y Juan estaban en problemas. Los líderes judíos los arrestaron y los pusieron presos hasta el día siguiente, cuando decidirían qué hacer con ellos. (Pero mientras tanto, los miles que habían visto a Pedro sanar al hombre lisiado y habían escuchado su sermón, pusieron su fe en Jesús).

Por la mañana, Pedro y Juan fueron llevados ante los gobernantes, incluso el sumo sacerdote. Era la misma gente que había llevado a cabo un juicio injusto contra Jesús, que había terminado en su crucifixión. No sería de extrañar que Pedro y Juan se sintieran un poco nerviosos al entrar a la sala donde estaban reunidos aquellos hombres.

El juicio comenzó con la pregunta: «¿Con qué poder o en nombre de quién han hecho esto?». Si Pedro había estado un poco nervioso antes, ya se había calmado para cuando, lleno del Espíritu Santo, respondió esa pregunta. Dijo que si lo malo que habían hecho era sanar un hombre lisiado (¿y cómo podía estar mal eso?), lo habían hecho en el nombre de Jesús. Pedro señaló que a pesar de que esos líderes judíos habían rechazado a Jesús y lo habían matado, Dios lo había resucitado. «¡En ningún otro hay salvación! Dios no ha dado ningún otro nombre bajo el cielo, mediante el cual podamos ser salvos», concluyó Pedro.

¡A los líderes judíos no les gustó escuchar eso, para nada! Pero demasiadas personas habían visto el milagro y se habían asombrado, y eso hacía difícil que pudieran castigar a Pedro y a Juan. A la vez, no querían que esa enseñanza se extendiera, de manera que advirtieron firmemente a Pedro y a Juan que no debían seguir hablando en nombre de Jesús. No dijeron lo que ocurriría si Pedro y Juan no acataban la advertencia, pero, como esos líderes eran los mismos que habían matado a Jesús, Pedro y Juan lo podían imaginar. De todas maneras, el Espíritu Santo llenó a los apóstoles de valor, y respondieron: «¿Acaso piensan que Dios quiere que los obedezcamos a ustedes en lugar de a él? Nosotros no podemos dejar de hablar acerca de todo lo que hemos visto y oído». Los líderes judíos los amenazaron más, y luego los dejaron ir.

Pedro y Juan se apresuraron a reunirse con sus amigos, el resto de la iglesia. Juntos oraron por esa alarmante situación. Primero, alabaron a Dios como Señor soberano, quien gobierna sobre todo, incluso sobre sus enemigos. Lo alabaron porque, aunque parecía que los enemigos de Dios habían ganado cuando crucificaron a Jesús, eso era exactamente lo que Dios había planeado como el medio por el cual Jesús obtendría la salvación del pueblo de Dios. Los seguidores de Jesús no pidieron a Dios que los protegiera de la muerte o de otros perjuicios. En lugar de eso, oraron pidiendo valor para seguir anunciando la palabra de Dios y proclamando la Buena Noticia. Pidieron que Dios continuara obrando por medio de ellos para ganar más personas para él. Dice la Biblia: «Después de esta oración, el lugar donde estaban reunidos tembló y todos fueron llenos del Espíritu Santo. Y predicaban con valentía la palabra de Dios».

El Espíritu Santo es un don maravilloso, que hace muchas cosas por el pueblo de Dios, cosas que no podrían hacer por sí mismos. Una de ellas es dar valor a las personas para seguir proclamando su verdad cuando se ven amenazadas con perjuicios, heridas o aun la muerte.

EN CUANTO A MÍ Y A MI FAMILIA...

▶ Corrie ten Boom, una mujer que sufrió terriblemente por servir con fidelidad a Cristo, escribió que la valentía en medio de la persecución es como un boleto de tren: no se le da hasta que lo necesite. Si se sienten preocupados por temor a no ser fieles si les tocara enfrentar persecución, den gracias a Dios por su promesa de proveer lo que necesitan cuando les haga falta.

▶ Pongan en oración a sus hermanos y hermanas que enfrentan persecución ahora, pidiéndole a Dios que les dé el valor que necesiten para permanecer fieles a Cristo.

86 LA IGLESIA ELIGE A SIETE PARA SERVIR
El Espíritu Santo aparta a siervos
Hechos 6:1-7

> «Nosotros, los apóstoles, deberíamos ocupar nuestro tiempo en enseñar la palabra de Dios, y no en dirigir la distribución de alimento. Por lo tanto, hermanos, escojan a siete hombres que sean muy respetados, que estén llenos del Espíritu y de sabiduría. A ellos les daremos esa responsabilidad. Entonces nosotros, los apóstoles, podremos dedicar nuestro tiempo a la oración y a enseñar la palabra».
>
> Hechos 6:2-4

Dolores de crecimiento, en realidad eso era todo. Los dolores de crecimiento iniciaron todo el problema. Las semanas y meses después de la resurrección de Jesús, la iglesia en Jerusalén creció a pasos agigantados. El Señor estaba obrando por medio de las predicaciones de sus apóstoles, como había prometido que lo haría, y la gente que oía la Buena Noticia de la boca de ellos creía y se integraba a la iglesia. Ninguno de los líderes de la joven iglesia tenía experiencia alguna para dirigir una comunidad de ningún tamaño, y esta iglesia estaba creciendo rápidamente.

Luego, para complicar aún más las cosas, las personas que se agregaban a la iglesia eran de diferentes naciones. En el momento del primer sermón de Pedro, el día que Jesús había enviado al Espíritu Santo para que viviera en cada persona que lo seguía, había en Jerusalén gente de todo el imperio romano para Pentecostés. A lo mejor algunos de los que habían escuchado el sermón de Pedro creyeron, se integraron a la iglesia en Jerusalén y luego sencillamente se quedaron allí. En cualquier caso, había gente de otros lugares, judíos de cultura griega que no hablaban el idioma usado normalmente por los judíos de Jerusalén. Era seguro que surgirían problemas de comunicación, y en efecto, surgieron.

En los tiempos bíblicos, las mujeres por lo general no trabajaban fuera de la casa. Cuando moría el esposo de una mujer, si no tenía padre, hermanos o hijos que se ocuparan de ella, no tenía ninguna manera de ganar dinero y comprar alimentos. La iglesia primitiva no quería tener entre sus miembros a personas que pasaran hambre. De manera que quienes tenían más que suficiente daban parte de su dinero para los creyentes que tenían menos recursos. De este dinero compartido, los apóstoles distribuían comida a las viudas necesitadas cada día.

Sin embargo, de alguna manera pasaron por alto a las viudas de habla griega. Cuando se repartía la comida, ellas no recibían nada. Si solamente hubiera ocurrido una vez, habría sido considerado un simple descuido. Pero había ocurrido más de una vez. Ocurría con tanta frecuencia que los creyentes de habla griega comenzaron a protestar. ¿Estaba sucediendo a propósito? ¿Acaso los judíos de Jerusalén no se preocupaban tanto por esas otras viudas que eran diferentes?

Por supuesto, no era el caso. Pero los doce apóstoles podían ver que significaba un gran problema, en parte para las viudas que estaban siendo pasadas por alto y no tenían qué comer, y en parte para la unidad en la iglesia.

Algo había que hacer. Pero los apóstoles reconocieron que no podían ser ellos quienes lo hicieran. Jesús les había dado una tarea muy específica. Les había ordenado que hicieran discípulos, que bautizaran a los nuevos creyentes y sirvieran la Cena del Señor, además de enseñar todas las cosas que Jesús les había enseñado mientras estaba con ellos. No tenían tiempo para resolver el problema de asegurarse que todas las viudas recibieran lo que necesitaban.

De manera que los apóstoles dijeron lo siguiente a los demás seguidores de Jesús: «Nosotros, los apóstoles, deberíamos ocupar nuestro tiempo en enseñar la palabra de Dios, y no en dirigir la distribución de alimento. Por lo tanto, hermanos, escojan a siete hombres que sean muy respetados, que estén llenos del Espíritu y de sabiduría. A ellos les daremos esa responsabilidad. Entonces nosotros, los apóstoles, podremos dedicar nuestro tiempo a la oración y a enseñar la palabra».

Eso le pareció sensato al resto de la iglesia, así que eligieron a siete hombres: Esteban, Felipe, Prócoro, Nicanor, Timón, Parmenas y Nicolás de Antioquía. Ellos administrarían la distribución diaria de comida a los necesitados. Los apóstoles impusieron sus manos sobre estos hombres y oraron por ellos, que era una manera de apartarlos para este ministerio específico.

Ya no tenemos apóstoles, pero tenemos pastores y ancianos. Jesús ya no está físicamente con nosotros para señalar quiénes deben servir como pastores o líderes; ha dado esa tarea a la iglesia. Los ancianos y la gente eligen juntos a hombres que tienen un carácter piadoso y una buena reputación para servir de esa forma.

Como los apóstoles de esta historia, el llamado de nuestros pastores y líderes es a predicar y enseñar la palabra de Dios y a orar por su pueblo. Sería un error que ellos descuidaran su ministerio para ocuparse de otras responsabilidades en la iglesia. Otros creyentes deben estar dispuestos a ofrecerse para hacer las cosas que hace falta hacer, para que los pastores y los líderes puedan ser fieles a lo que Dios les ha encomendado.

Dios llama a diferentes personas en la iglesia para diferentes ministerios, y desea que todos sirvamos fielmente y con alegría.

EN CUANTO A MÍ Y A MI FAMILIA...

▶ Además de los ancianos, que dirigen y enseñan en la iglesia, la Biblia habla de diáconos que sirven de otras maneras. Muchos piensan que los siete elegidos en esta historia fueron los primeros diáconos. ¿Conocen a los diáconos y a los ancianos de su iglesia? Oren por ellos (1) para que sean piadosos; (2) para que tengan la sabiduría que necesitan para llevar a cabo las tareas que Dios les ha encomendado; y (3) para que sean fieles en la tarea a la que Dios los ha llamado. Luego escriban una nota a uno o más de ellos, agradeciéndoles por su ministerio y haciéndoles saber que están orando por ellos.

UN ÁNGEL LIBERA A PEDRO DE LA PRISIÓN

87

La palabra de Dios se extiende a pesar de la oposición

Hechos 12

Rode se sentía enferma. La noche anterior no había podido dormir, y en todo el día no había podido probar bocado. Tenía un nudo en el estómago y una sensación de ansiedad y mareo, que sabía que no tenían nada que ver con estar enferma. Rode estaba desesperadamente preocupada. Tenía una profunda tristeza además de la preocupación.

La tristeza había comenzado el día en que el rey Herodes había hecho matar al apóstol Santiago. Parecía que Herodes quería que los líderes judíos apoyaran a su gobierno. Sabiendo que odiaban a Jesús y a sus seguidores, había comenzado una persecución contra la iglesia, y había ordenado que Santiago fuera muerto a espada. La iglesia había quedado estupefacta primero, y luego desolada. Sabían que Santiago

> «Mientras tanto, la palabra de Dios seguía extendiéndose, y hubo muchos nuevos creyentes».
> Hechos 12:24

estaría en el cielo con Jesús, pero lo echarían de menos a él y al ministerio que había tenido entre ellos.

Luego, al ver que había complicado a los judíos con el asesinato de Santiago, el rey Herodes había arrestado también a Pedro y lo había puesto en prisión. La ansiedad de Rode había ido en aumento. Se decía que Herodes tenía la intención de matar a Pedro en cuanto terminara la Pascua.

La iglesia en Jerusalén se había estado reuniendo cada día para orar por Pedro. Rode misma había asistido a las reuniones de oración, y había orado sin cesar por él. Sin embargo, Pedro seguía preso, y Herodes tenía la intención de sacarlo al día siguiente y hacerlo ejecutar. Esa noche, la iglesia estaba nuevamente reunida, orando. Esta vez, la reunión era en la casa donde Rode trabajaba como sirvienta, el hogar de Juan Marcos y su madre, María. Esa noche, Rode no participaba en la reunión de oración; tenía la responsabilidad de atender la puerta. A medida que llegaban otros creyentes, ella debía abrir y conducirlos al lugar donde la iglesia estaba orando.

Se había hecho tarde, pero Rode sabía que de todas maneras no hubiera podido dormir. Estaba en medio de su oración personal por la seguridad de Pedro cuando oyó que alguien más llamaba a la puerta. Esta persona parecía querer asegurarse de que solo la oyera la persona encargada de abrir, porque llamó suavemente. Rode fue hasta la puerta, y para su sorpresa y alegría, era la voz de Pedro la que pedía entrar.

Rode estaba tan emocionada que olvidó abrir la puerta. Corrió al interior de la casa donde estaban reunidos los creyentes, y anunció que Pedro estaba libre. ¡Estaba esperando en la entrada!

Los creyentes arrodillados la miraron, boquiabiertos. A lo mejor su ama, María, intentó calmar a Rode. Es posible que otros pusieran en duda que fuera la voz de Pedro la que había oído. Pero ella insistió en que Pedro estaba en la puerta. Terminaron por decirle: «¡Estás loca!».

Sin embargo, no podían negar que *alguien* llamaba a la puerta. Los golpes continuaron hasta que fueron a abrir. Y efectivamente, allí estaba Pedro. Rode ni siquiera se molestó en decir: «¿Vieron? ¡Les dije!». Estaba demasiado contenta, lo mismo que los demás, de que Pedro estuviera allí, libre, sano y salvo.

Pedro les pidió que guardaran silencio, luego les contó lo que había sucedido. Estaba durmiendo en su celda, encadenado a un soldado de cada lado, detrás de una puerta vigilada por centinelas. Se despertó cuando alguien lo golpeó en el costado. Abrió los ojos y encontró su celda llena de luz y un ángel a su lado. «¡Rápido! ¡Levántate!», dijo el ángel, y las cadenas de Pedro cayeron al piso. «Vístete y ponte tus sandalias». Pedro obedeció, todo el tiempo pensando que era un sueño. Luego el ángel continuó: «Ahora ponte tu abrigo y sígueme». Pedro lo había seguido pasando frente a un guardia, y luego frente al otro. Llegaron a la puerta de hierro que separaba a la prisión del resto de la ciudad. La puerta se abrió sola, y el ángel y Pedro habían pasado tranquilamente.

Finalmente estaban en la calle y el ángel desapareció. En ese momento, Pedro comprendió que no era un sueño. El Señor lo había rescatado de los planes de Herodes y de las expectativas de los judíos. Entonces se apresuró a llegar a la casa de María. Pedro pidió a los reunidos que hicieran saber a los demás creyentes lo que había sucedido. Luego partió para un lugar seguro.

Sin duda Rode tampoco pudo dormir esa noche, pero esta vez de emoción y entusiasmo. Por la mañana, toda Jerusalén estaba alborotada con la noticia de que el prisionero de Herodes tan cuidadosamente vigilado había desaparecido. En cuanto a Herodes mismo, tuvo un final muy desagradable, y la Biblia dice específicamente que fue porque no dio gloria a Dios. A pesar de los esfuerzos de Herodes para frenarla, dice la Biblia que «la palabra de Dios seguía extendiéndose, y hubo muchos nuevos creyentes». Nadie puede evitar que Dios lleve a cabo sus planes y sus propósitos.

EN CUANTO A MÍ Y A MI FAMILIA...

▸ Todavía hoy, Dios está trabajando para construir su iglesia y enviar su palabra a todas partes del mundo. Oren por los misioneros y grupos que intentan llevar la palabra de Dios a lugares donde todavía no se le conoce. Pídanle a Dios que bendiga su trabajo y haga crecer allí la iglesia.

▸ Oren por aquellos países donde se prohíbe o se restringe severamente la palabra de Dios. Pidan a Dios que quite a los enemigos de su palabra y que esta se extienda y prospere a pesar de ellos.

88 LA IGLESIA ENVÍA MISIONEROS
Dios envía su evangelio a través de su iglesia
Hechos 11:19-26, 13:1-3

Bernabé sonrió para sí mismo y sacudió la cabeza. Estaba comenzando a comprender que uno nunca puede adivinar lo que el Espíritu Santo hará a continuación. ¿Quién hubiera pensado que la salvación era para los gentiles tanto como para los judíos? Ya había sido desconcertante cuando Felipe predicó en Samaria y muchos samaritanos

> «Mientras estos hombres adoraban al Señor y ayunaban, el Espíritu Santo dijo: "Designen a Bernabé y a Saulo para el trabajo especial al cual los he llamado"». *Hechos 13:2*

habían creído y fueron bautizados. Eso no pareció del todo correcto en ese momento. ¿Integrar a los samaritanos, con sus ideas religiosas extrañas? Pero cuando oyeron la Buena Noticia, la aceptaron, y el Espíritu Santo había venido sobre ellos de manera que no había ninguna duda de que los samaritanos también podían ser parte de la iglesia de Dios.

Pero ¿los gentiles? Los samaritanos por lo menos eran parcialmente judíos. Durante siglos, los judíos se habían esforzado por mantenerse apartados de los gentiles. Estos adoraban a dioses falsos. Pero llegó el día en que un centurión gentil llamado Cornelio vio a un ángel, y el apóstol Pedro tuvo una visión, y a ambos se les dijo que Pedro debía ir a predicar la Buena Noticia a Cornelio y sus amigos gentiles. Antes de que Pedro hubiera terminado su sermón, el Espíritu Santo había bajado sobre esos gentiles también. Bernabé volvió a sacudir la cabeza. El Espíritu Santo estaba lleno de sorpresas.

Pero posiblemente la mayor sorpresa de todas fue cuando Saulo, el destacado fariseo, el hombre que odiaba y perseguía a los discípulos de Jesús, se convirtió en seguidor de Jesús. Sin embargo, las sorpresas no terminaron allí. Saulo no solo se convirtió en un creyente en Jesús; Jesús le indicó a Saulo que su tarea particular sería llevar la Buena Noticia a los gentiles. *¡A los gentiles!* Bernabé volvió a sonreír. Imagínate a Saulo, siempre tan cuidadoso de no cometer errores y mantener todas las reglas, dirigiéndose ahora a los *gentiles*, a propósito, ¡con la Buena Noticia de Jesucristo! Seguramente sería interesante ver cómo saldrían las cosas.

Efectivamente, en ese preciso momento, Bernabé iba camino a Tarso para encontrase con Saulo y ayudarlo a iniciar su ministerio entre los gentiles. Saulo podía comenzar ayudando a Bernabé en la iglesia de Antioquía. Tiempo antes, cuando gentiles y judíos de la gran ciudad de Antioquía habían creído por primera vez la Buena Noticia y se habían bautizado, los apóstoles de Jerusalén habían enviado a Bernabé para ver qué estaba pasando. Al llegar a Antioquía, Bernabé se había alegrado de lo que vio. Muchas personas ya habían recibido la gracia de Dios, y cuando llegó Bernabé, creyeron muchos más. Ahora el grupo de creyentes estaba creciendo tanto que se necesitaban más maestros. Bernabé iba camino a traer a Saulo devuelta consigo. Saulo había recibido una excelente educación en las Escrituras. Podía ser un buen maestro. Además, Jesús le había dicho a Saulo que estaba llamado a ministrar a los gentiles, y había muchos gentiles en Antioquía. ¡Sería una combinación perfecta!

Una vez que Bernabé encontró a Saulo y le explicó lo que quería hacer, Saulo volvió gustoso a Antioquía con él. Los dos hombres pasaron todo un año allí, enseñando a los nuevos creyentes (a quienes la gente comenzaba a llamar «cristianos»). Finalmente, otros creyentes estuvieron en condiciones de enseñar, y se unieron a Bernabé y a Saulo en el ministerio de enseñanza.

Un día, mientras los creyentes de Antioquía estaban reunidos para adorar al Señor, el Espíritu Santo les dijo que separaran a Bernabé y a Saulo para un trabajo que tenía para ellos. La iglesia, y Bernabé y Saulo también, obedecieron inmediatamente. Solo esperaron lo suficiente para pasar un tiempo de ayuno y oración juntos. Luego la iglesia envió a Saulo y Bernabé para la obra de Dios. El Señor Jesús había dado una tarea a la iglesia antes de ascender al cielo. Saulo y Bernabé serían los agentes de la iglesia en el cumplimiento de esa tarea. Debían llevar el mensaje de la Buena Noticia a otras naciones donde aún no se había oído.

Debían proclamar el evangelio, bautizar a los que creían en él y enseñarles a obedecer al Señor Jesucristo.

Así fue como Saulo comenzó a cumplir el llamado de Jesús de llevar la Buena Noticia a los gentiles. Después de un tiempo comenzó a usar el nombre «Pablo» (el nombre gentil para «Saulo»).

La iglesia de hoy tiene la misma misión que la iglesia de Antioquía. La iglesia debe proclamar la Buena Noticia en todas partes, bautizar a aquellos que creen y enseñarles a obedecer todo lo que Jesús enseñó. Los misioneros van como agentes para esa tarea, y debemos apoyarlos en todo lo posible, con nuestro interés, nuestras oraciones y nuestro dinero.

EN CUANTO A MÍ Y A MI FAMILIA...

▶ Dediquen tiempo como familia a orar por los misioneros que ustedes y su iglesia apoyan. Piensen en cómo pueden apoyarlos de otras maneras también. Consulten sus boletines informativos para saber qué pedidos específicos de oración tienen y oren por ellos regularmente. Comiencen una alcancía para reunir dinero que puedan mandar para algún proyecto para el que necesiten fondos especiales. Hagan que todos en la familia contribuyan con una nota o un dibujo para mandarles un paquete de cartas de apoyo.

EL NAUFRAGIO Y LA MORDEDURA DE VÍBORA

89

Nada puede detener la obra de Dios

Hechos 27–28

Pablo se aferró a una baranda cercana cuando la nave trepó otra ola enorme. Se aseguró bien en preparación para la caída en la profunda depresión de la ola. Se preguntaba si los marineros alguna vez se acostumbraban a tormentas como esa. Suponía que no, ya que hasta los marineros habían dejado de comer. Parecía que todos, los soldados y los marineros por igual, habían perdido toda esperanza de salir con vida. No habían visto el sol ni las estrellas durante tres días y tres noches, así que, ¿quién sabía dónde estaban en ese momento? Habían arrojado por la borda alimentos y equipo de la nave, y todo el mundo estaba desesperado: aún más razón para que Pablo les diera su mensaje de esperanza. Se

> «(Pablo) recibía a todos los que lo visitaban, y proclamaba con valentía el reino de Dios y enseñaba acerca del Señor Jesucristo; y nadie intentó detenerlo». Hechos 28:30-31

aferró con más fuerza a la baranda y se hizo camino lentamente mientras la nave subía y bajaba las olas, inclinándose por momentos hacia un lado y luego hacia el otro.

El barco se dirigía a Roma, y Pablo viajaba como prisionero. Había estado visitando Jerusalén cuando una turba de judíos enojados se abalanzó sobre él. Un centurión romano lo arrestó para protegerlo y lo envió al gobernador romano en otra ciudad. Ese gobernador había mantenido a Pablo en prisión durante dos años. Cuando llegó un nuevo gobernador, pensó que lo mejor era enviar a Pablo a Jerusalén para someterlo a juicio. Pero Pablo supo que los judíos tramaban matarlo en el camino. De manera que hizo uso del derecho que tenía como ciudadano romano y pidió un juicio en Roma en lugar de Jerusalén. Así fue como Pablo terminó en una nave que se dirigía a Roma y estaba ahora en medio de una terrible tormenta.

Pablo se resbalaba y tropezaba mientras se dirigía a donde estaban reunidos los soldados y marineros fuera de servicio. Se paró en medio de ellos y les dijo: «Señores, ustedes debieran haberme escuchado al principio y no haber salido de Creta. Así se hubieran evitado todos estos daños y pérdidas. ¡Pero anímense! Ninguno de ustedes perderá la vida, aunque el barco se hundirá. Pues anoche un ángel del Dios a quien pertenezco y a quien sirvo estuvo a mi lado y dijo: "¡Pablo, no temas, porque ciertamente serás juzgado ante el César! Además, Dios, en su bondad, ha concedido protección a todos los que navegan contigo". Así que, ¡anímense! Pues yo le creo a Dios. Sucederá tal como él lo dijo, pero seremos náufragos en una isla».

¿Le creyó la gente a Pablo? No parece, ya que pasaron otros once días más en los que la nave continuó siendo arrastrada a la deriva por vientos de tormenta, y los hombres seguían sin comer. Una noche, después de catorce días de tiempo tormentoso, parecía que la nave chocaría con unas rocas. Los marineros intentaron huir en los botes salvavidas. Pablo vio lo que estaban tramando y advirtió al centurión romano, que hizo que los marineros cortaran las cuerdas de los botes salvavidas. Una vez más, Pablo recomendó a todos que comieran algo. Les aseguró que todos se salvarían. Esta vez lo escucharon, comieron y se animaron.

Cuando amaneció, vieron tierra, pero la nave encalló en un banco de arena. Las fuertes olas comenzaron a destrozar el barco. Los que podían nadar saltaron por la borda y se dirigieron a la costa. Los que no podían se aferraron a tablas del barco destrozado. Al final, tal como Pablo había dicho, todos llegaron a salvo a tierra.

La tierra era la isla de Malta, y sus habitantes encendieron una gran fogata para dar calor a los empapados sobrevivientes del naufragio. Pablo estaba ayudando a atizar el fuego cuando una víbora venenosa, perturbada por el calor del fuego, salió y mordió la mano de Pablo. Los isleños pensaron que eso significaba que Pablo era un hombre malo, probablemente un asesino, que había escapado al naufragio pero que con seguridad moriría por la mordedura de la víbora. Pablo sacudió la mano para liberarse de la víbora y siguió como si nada, sin daño alguno. Eso hizo que los isleños pensaran que se trataba más bien de algún dios.

El jefe de los isleños tenía a su padre muy enfermo. Cuando Pablo oró por él y le impuso las manos sobre la cabeza, el enfermo se recuperó. Entonces todos comenzaron a traer personas enfermas a Pablo. La Biblia no lo dice, pero es muy probable que Pablo no solo sanara a esa gente, sino que también les predicara la Buena Noticia.

Finalmente, tres meses después, todos estaban nuevamente en un barco rumbo a Roma. Una vez en Roma, Pablo estuvo bajo arresto domiciliario durante otros dos años, esperando el juicio. Pero Pablo estaba contento. Ni los judíos enojados, ni la tormenta en el mar, ni el naufragio o la víbora venenosa habían podido detener la Buena Noticia. Ahí estaba, en la capital del mundo, todavía predicando y enseñando a los gentiles. El mensaje de la Buena Noticia seguía avanzando, como Jesús quería. Ahí en Roma, como dice la Biblia, Pablo «recibía a todos los que lo visitaban, y proclamaba con valentía el reino de Dios y enseñaba acerca del Señor Jesucristo, y nadie intentó detenerlo».

EN CUANTO A MÍ Y A MI FAMILIA...

▶ Lean 2 Corintios 11:23-27 para ver la lista de otras cosas que sufrió Pablo en su ministerio a los gentiles. Ninguna de ellas pudo evitar que la Buena Noticia se extendiera. (¡Y todas esas cosas ocurrieron *antes* de la historia del naufragio y la mordedora de la víbora!).

▶ Hay en el mundo muchos enemigos de la Buena Noticia. Algunos gobiernos prohíben las iglesias y la Biblia, y algunas personas persiguen violentamente a los cristianos cuando se reúnen o dan testimonio. Oren para que el reino de Dios continúe extendiéndose y que esos enemigos no puedan evitar que toda la gente oiga el mensaje de la Buena Noticia y llegue a tener fe en Cristo.

90

EL DRAGÓN Y EL BEBÉ
Jesús vence a Satanás
Apocalipsis 12

Juan ya era anciano. Cuando recordaba las expectativas que había tenido de joven y recién comenzaba a seguir a un nuevo maestro popular llamado «Jesús de Nazaret», Juan tenía que admitir que las cosas no habían salido como él había esperado. Por un tiempo, en aquellos primeros días, cuando Jesús venía realizando tantos milagros y la gente se agolpaba para verlo y escucharlo, Juan había estado seguro de que Jesús *era* el Mesías prometido que los libraría de los romanos y establecería su reino en Jerusalén. Jesús era el Mesías prometido, sí, pero eso no significaba nada parecido a lo que Juan, en aquel entonces, pensaba que significaba.

«Luego oí una fuerte voz que resonaba por todo el cielo: "Por fin han llegado la salvación y el poder, el reino de nuestro Dios, y la autoridad de su Cristo. Pues el acusador de nuestros hermanos —el que los acusa delante de nuestro Dios día y noche— ha sido lanzado a la tierra. Ellos lo han vencido por medio de la sangre del Cordero"». Apocalipsis 12:10-11

Juan había estado tan seguro de que Jesús sería un gobernante terrenal que, en determinado punto, él y su hermano Santiago le habían preguntado a Jesús si podían tener las posiciones más altas en su nuevo reino.

—Cuando te sientes en tu trono glorioso, nosotros queremos sentarnos en lugares de honor a tu lado, uno a tu derecha y el otro a tu izquierda —le habían pedido.

—¡No saben lo que piden! —respondió Jesús—. ¿Acaso pueden beber de la copa amarga de sufrimiento que yo estoy a punto de beber? ¿Acaso pueden ser bautizados con el bautismo de sufrimiento con el cual yo tengo que ser bautizado?

Sin duda Juan se sentía avergonzado al recordar su respuesta y la de Santiago. Al no tener ninguna idea de lo que Jesús estaba hablando, ambos habían exclamado rápidamente:

—¡Claro que sí! ¡Podemos!

Ahora Juan comprendía que Jesús se había referido a la copa y al bautismo del sufrimiento. ¿Hubieran sido capaces de sufrir como Jesús? Más adelante, con la muerte de Jesús, las esperanzas de Santiago y de Juan habían colapsado. Sin embargo, cuando Jesús resucitó de la muerte, parecía que su reino se extendería por todo el mundo y vencería a todos sus enemigos inmediatamente.

El reino efectivamente se extendió, pero también continuaron los sufrimientos. Ponían en prisión, amenazaban y apaleaban a los cristianos. El rey Herodes había matado a Santiago, el hermano de Juan. Otros apóstoles habían sido condenados a muerte por creer en Jesús y hablar a otros sobre él.

Y el sufrimiento seguía y seguía. Los cristianos seguían siendo encarcelados y ejecutados, y el propio Juan había sido desterrado a esta pequeña isla, Patmos, en medio de la nada, por hablar a otros sobre Jesús.

Un día del Señor, mientras Juan pensaba en esas cosas y adoraba a Dios allí en Patmos, se le apareció el Señor Jesús y le dio una visión, que se convirtió luego en el libro de Apocalipsis en nuestra Biblia. En ella, Jesús le mostró a Juan la violencia con la que los enemigos de Dios se oponen a la iglesia, pero también le mostró que, al final, la iglesia triunfaría y sus enemigos serían juzgados. En medio de las revelaciones de Jesús a Juan, hay una visión que explica la razón de todos los sufrimientos que afrontaban los cristianos.

En la visión de Juan, vio una mujer a punto de dar a luz. La mujer representaba el pueblo de Dios del Antiguo Testamento, y el bebé por nacer sería el Mesías prometido, Jesús. Un gran dragón rojo, con siete cabezas que portaban siete coronas con diez cuernos, estaba de pie frente a la mujer, preparado para devorar a su bebé tan pronto naciera. El dragón representaba a Satanás. El Antiguo Testamento está lleno de historias donde parece que algo va a sucederle a Israel que impedirá la venida del Mesías. Incluso en el tiempo del nacimiento de Jesús, el rey Herodes hizo matar a todos los niños en Belén, con la intención de matar a Jesús.

En la visión de Juan, la mujer dio a luz a su bebé, y el niño fue llevado a Dios y puesto en su trono. El dragón había perdido. El Mesías había venido, tal como Dios lo había prometido. Juan sabía que Jesús había vencido a Satanás en la cruz. Ahora, en su visión, vio al dragón furioso por su derrota, alistándose para hacer la guerra a todos los hijos de la mujer, «todos los que obedecen los mandamientos de Dios y se mantienen firmes en su testimonio de Jesús».

Por eso, en el tiempo de Juan, los cristianos sufrían tanto. Por eso, todavía en nuestro tiempo, tantos cristianos en tantos lugares son perseguidos por su fe. Satanás sabe que ha sido derrotado, y lo enfurece tanto que hace todo lo posible por herir a quienes Jesús ama. Más adelante en la visión, Juan pudo ver el futuro. Juan vio a Jesús, esta vez ya adulto y montado en un caballo de guerra, regresando a destruir a todos sus enemigos. Vio al dragón comandando a innumerables enemigos de Cristo y rodeando al pueblo de Dios para hacerle daño. Luego Juan vio que del cielo salía fuego, y Satanás y todos los enemigos de Dios eran arrojados a un lago de fuego donde permanecerían para siempre.

Es asombroso ver con qué fuerza algunas personas odian a los cristianos y al cristianismo. El motivo detrás de eso es el terrible odio de Satanás a Cristo. El consuelo para Juan y para todos los creyentes perseguidos en su tiempo, y en el nuestro, es que Jesús también sufrió, y ha ganado la victoria. Jesús mantendrá a su pueblo a salvo de Satanás, y, al final, destruirá todo enemigo que él y la iglesia tengan.

EN CUANTO A MÍ Y A MI FAMILIA...

- A veces, Jesús destruye a sus enemigos al convertirlos en sus seguidores. Los cristianos que han sufrido a lo largo de los siglos y todavía hoy, a veces comparten la Buena Noticia con sus enemigos a pesar del peligro. Oren para que Dios transforme el corazón de sus enemigos cuando su pueblo perseguido les da testimonio en medio de la persecución.

- Alaben a Jesús por su victoria sobre Satanás en la cruz y por la destrucción final de todos sus enemigos en el día de su regreso.